Die Autorin bedankt sich bei der Kulturstiftung des Freistaates Sachsen
für die Unterstützung bei der Arbeit an diesem Buch

4. Auflage 2021

© Verlag Voland & Quist GmbH, Berlin und Dresden 2021
Korrektorat: Helge Pfannenschmidt
Umschlaggestaltung: HawaiiF3
Satz: Fred Uhde
Druck und Bindung: Beltz Grafische Betriebe Bad Langensalza

ISBN 978-3-86391-297-0

www.voland-quist.de

KLUB
DRUSHBA

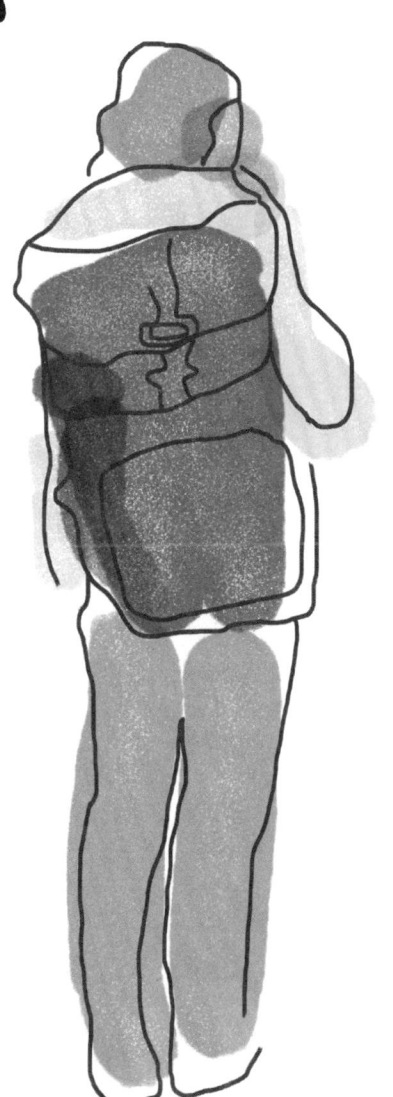

Voland & Quist

ebecca Maria Salentin

Zum Glück habe ich immer Glück!

Meinen Freundinnen und Freunden

Dieser Reisebericht beruht auf meinen Erlebnissen und persönlichen Erinnerungen. Manchmal habe ich Namen und Details, die der Identifizierung dienen könnten, modifiziert, um Anonymität zu gewährleisten.

Thüringen, April 2019

Schwer atmend kämpfe ich mich den Berg hinauf und habe dabei noch nicht mal den offiziellen Startpunkt erreicht. Irgendwo da oben, verdeckt durch Baumwipfel, thront sie, die weltberühmte Wartburg, in der sich einst Martin Luther versteckte und die Bibel übersetzte. Und an dieser historischen, zum UNESCO-Welterbe gehörenden Stätte geht er los, der EB. Das Kürzel EB steht für Eisenach–Budapest. Und genau das habe ich vor: zu Fuß von Eisenach nach Budapest gehen. Bepackt mit Rucksack, Zelt und Kocher will ich beinahe 2.700 Kilometer weit laufen.

Angesichts dessen, dass meine Unterschenkel schon auf den ersten Metern ebenso erbarmungslos brennen wie die für den Monat April ungewöhnlich heiße Sonne, frage ich mich allerdings einmal mehr, wie ausgerechnet ich auf die Idee kommen konnte, eine solche Wanderung zu bewältigen. Ich bin weder mutig noch trainiert. Ich ächze und schnaufe bei jeder Treppenstufe, breche bei der kleinsten Anstrengung in Schweiß aus, werde beim Radfahren von Rentnern überholt, habe Angst vor Spinnen, Hunden, vor Gewitter, tiefen Seen und steilen Höhen, ich fürchte mich im Wald und bin außerdem nachtblind. Ich war schon als Kleinkind motorisch ungeschickt, lernte erst spät laufen und galt als Stubenhockerin. In der Grundschule blieb ich bei Mannschaftsspielen übrig bis zum Schluss, stand neben denen, die als dick galten, und dem Spätaussiedler, der in einem schwarzen Anzug zum Unterricht kam, dem er längst entwachsen war. Mit uns wollte keiner spielen, uns wollte keiner in seiner Mannschaft haben. Ich war so ungeschickt und ängstlich, dass ich zu den ersten gehörte, die abgeworfen wurden und auf der langen Holzbank Platz nehmen mussten. Bundesjugendspiele waren mir ein derartiges Grauen, dass ich mir einmal mit Absicht einen großen Stein auf den Fuß plumpsen ließ, nur um nicht teilnehmen zu müssen.

Damit noch nicht genug: Ich finde Funktionskleidung hässlich. Bei mir passen normalerweise die Schuhe zum Gürtel, der Gürtel zur Handtasche, die Handtasche zu den Ohrringen und die Ohrringe zum Nagellack. Ich liebe Blümchen, Rüschen und Stickerei. Wandern hingegen mag ich nicht. Und schon gar nicht, wenn es bergauf geht.

Was treibt mich also an? Zum einen bin ich ziemlich stur, was die Durchsetzung meiner Pläne und Träume angeht. Und davon habe ich so viele, dass ich zum anderen berüchtigt bin für meine Wutzideen. Eine Wutzidee, das ist in der Region, in der ich aufwuchs, nämlich in der Eifel, der Begriff für einen dummen Einfall, ein absurdes Vorhaben oder eine verbissene Fixierung. Wutzideen sind in der Regel etwas, worüber das Umfeld lacht, den Kopf schüttelt oder schimpft.

Aber wenn ich mir etwas vornehme, dann ziehe ich es auch durch, egal wie hanebüchen oder spinnert andere es finden. Ich meckere laut vor mich hin, irritiere Spaziergänger und Anwohner. Wie ich bloß auf eine so dumme Idee kommen konnte, bis Budapest zu laufen, nur weil ich drei Jahre zuvor im Elbsandsteingebirge zufällig über eine EB-Hinweistafel stolperte!

»Man kann von Eisenach bis Budapest wandern?«, wunderte ich mich damals angesichts des beeindruckenden Schaubilds – und beschloss noch in derselben Minute: »Das will ich machen!«

Natürlich hatte ich schon vom Fernwandern gehört, wusste, dass man tausende Kilometer von Mexiko bis Kanada, von Italien bis ans norwegische Nordkap oder ganz populär auf dem Jakobsweg nach Santiago de Compostela wandern konnte. Aber von diesem Weg hatte ich noch nie gehört, obwohl er direkt um die Ecke lag. Ich lebe in Leipzig, nur 200 Kilometer entfernt von Eisenach – das Abenteuer wartet quasi vor der Haustür. Wozu weit reisen oder über den Atlantik fliegen, wenn man abgeschiedene Wälder, einsame Moore, zerklüftete Gebirge, schwindelerregende Gratwege und freilebende Bären von zu Hause aus erreichen konnte? Denn so interessant ich die Berichte über die großen amerikanischen Trails auch fand, mich schreckte ab, dass man dafür nicht nur so fit sein musste, dass man dreißig Kilometer täglich schaffte, sondern außerdem teure und umweltschädliche Flüge buchen, Visa, Feuergenehmigungen und Nationalparktickets beantragen und Versorgungspakete vorschicken musste. Und sollte ich auf den ersten Kilometern merken, dass ein sogenannter Thruhike doch nicht das Richtige ist, ware es schon ein bisschen blöder, diese Erkenntnis in der kalifornischen Wüste zu haben als in der thüringischen Provinz. Ich fand es beruhigend, zu wissen, dass ich bei einer Kapitulation vor meiner eigenen Courage einfach in den Zug steigen und wieder nach Hause fahren konnte.

Kurzentschlossen legte ich an diesem Tag im Sommer 2016 auch direkt das Startdatum fest: Am 19.04.2019 würde ich an der Wartburg losmarschieren und den EB bezwingen! Ob Isergebirge, Altvatergebirge oder die Karpaten – ich war bereit, jede einzelne Bergkuppe der Mittelgebirge zu erklimmen, auf die der Bergwanderweg führt! Doch mit dem Wort Bergwanderweg fangen die Probleme schon an: Aufgrund einer Autoimmunkrankheit ist jeder Höhenmeter für mich eine besondere Belastung. Dumm nur, dass der EB mit rund 75.000 Höhenmetern aufwartet. Manch einer munkelt sogar, es wären 90.000! Dazu kommt: Ich vertrage kein Gluten. Brot, Nudeln, Mehlspeisen, Soßen, Bier: nichts für mich. Wenn ich glutenhaltige Speisen verzehre, quelle ich auf wie ein Wasserballon, bekomme fürchterliche Kopfschmerzen, werde müde und kraftlos und bin mehrere Tage außer Gefecht gesetzt. Von den Darmproblemen ganz zu schweigen. Verpflegung außerhalb meiner eigenen Küche ist wie Russisch Roulette. Daran kann ich nichts ändern, aber was die Fitness betrifft, hatte ich Hoffnung. Denn auch darum ging es mir in der Sekunde des spontanen Entschlusses: die Kontrolle über meinen Körper zurückzugewinnen, die mir seit Langem verloren schien. Früher ging ich mehrmals die Woche klettern, raste mit dem Fahrrad durch die Gegend und tanzte mich leidenschaftlich durch die Tangosalons, aber dann wurde ich immer schlapper. Irgendwann ging es mir so schlecht, dass ich die Treppe zu meiner Wohnung im ersten Stock kaum noch hochkam. Ich war ausgelaugt, ständig müde, wahlweise gereizt oder niedergeschlagen und nahm in kurzer Zeit beinahe dreißig Kilo zu.

»Sie sind selbstständig und ziehen zwei Kinder alleine groß, Sie brauchen mal eine Pause«, sprach der Hausarzt und verordnete mir eine Mutter-Kind-Kur, die an meinen Beschwerden nicht das Geringste änderte. Stattdessen wurde es immer schlimmer; das dunkelste Kapitel meines Lebens begann, denn morgens klappte ich direkt nach dem Aufstehen regelmäßig zusammen. Ich musste meine Kinder an diesen Tagen vom Bett aus in den Tag dirigieren und fühlte mich dabei wie eine Rabenmutter. Weil es nach dem Urteil des Arztes keine physische Ursache gab, zweifelte ich an meiner Psyche. Ich glaubte, einfach nicht stabil und stark genug zu sein. Erst als ich ein paar

Jahre später den Arzt wechselte, bekamen die Symptome mit der Diagnose Hashimoto-Thyreoiditis einen Namen. Diese Autoimmunkrankheit äußert sich in einer dauerhaften Entzündung der Schilddrüse und der Zerstörung des Schilddrüsengewebes, wodurch eine chronische Unterfunktion entsteht. Man überwies mich zu einem Endokrinologen, der feststellte, dass die Zerstörung schon so weit fortgeschritten war, dass ich kurz davorstand, ins Koma zu fallen, seit Jahren unfruchtbar sei, und sich auch an meinem Gewicht nichts mehr ändern werde. Ich bekam Hormontabletten und warf meine Personenwaage weg. Nach ein paar Monaten konnte ich meinen Alltag wieder bewältigen, erreichte aber nie mehr das Aktivitätslevel, das ich vor der Krankheit hatte (und war froh, dass meine Familienplanung schon längst abgeschlossen war).

Dennoch: Schwindel, Herzrasen und Atemlosigkeit bleiben meine ständigen Begleiter, besonders wenn es aufwärts geht.

Die Trekkingstöcke liegen ungewohnt und sperrig in meinen Händen, das Gewicht des Rucksacks drückt mich nieder. Ich stolpere auf den steil hinauf führenden Pflastersteinen. Die Gasse ist gesäumt von akkuraten Vorgärten, bunte Plastik-Ostereier baumeln an beinahe jedem Strauch. An den Laternen prangen nicht minder bunte Wahlplakate für die bevorstehende Europawahl, vornehmlich von AfD und NPD. Vornüber auf die Stöcke gestützt, rackere ich mich voran und fühle mich dabei ungefähr so flink und beweglich wie Lonesome George, das letzte Exemplar einer Galapagos-Schildkröten-Art.

Diese Fernwanderung sollte der symbolische Übergang von meinem Leben als Mutter und Cafébesitzerin zur neuen Unabhängigkeit sein. Doch wenn ich ehrlich bin, ist das Gefühl, alles verloren zu haben, in diesem Moment stark und übermächtig.

Als ich endlich an der Wartburg ankomme und mir der Wind ungewohnt kühl um den rasierten Nacken fährt, denke ich einmal mehr daran, dass innerhalb des letzten Jahres alle Konstanten weggebrochen sind, die mein Leben prägten.

Geplant waren nur der Verkauf meines Cafés und der Kurzhaarschnitt. Extra für die Wanderung habe ich mich von meinen langen, roten Locken getrennt, die mein Leben lang das auffälligste meiner äußeren Merkmale waren. Als ich verkündete, sie abzuschneiden, waren die Reaktionen heftig. Alle waren dagegen. Dabei war es eine rein pragmatische Entscheidung: Ich kann meine Haare nur kämmen, wenn sie nass und mit Conditioner getränkt sind. Tue ich das nicht, habe ich eine Frisur, die meine Kinder stets zum Lachen brachte. »Mama ist fluffy Amadeus!«, riefen sie kichernd, wenn ich morgens aus dem Bett stieg. In ihren Augen sah ich aus wie Mozart mit aufgebürsteter Perücke.

Was habe ich als Kind geweint, wenn meine Oma mir das Haar bürstete! Meine Oma wurde während der Inflation als jüngstes von achtzehn Kindern eines Bäckermeisters geboren. Im Krieg wurde sie ausgebombt und evakuiert. Sie heiratete und zog neben ihrer Tätigkeit als Sekretärin neun Kinder groß, in Zeiten, in denen Schmalhans Küchenmeister und die Prügelstrafe noch gängig war. Da hatte sie wenig Verständnis für meinen Widerstand gegen das Kämmen. »Wie die Haare, so der Sinn«, schalt sie mich.

Sie abzuschneiden war ein radikaler Schritt, denn meine Frisur war Markenzeichen und Schutzschild zugleich. »Die mit den roten Locken«, so beschreiben mich die meisten Leute (auch wenn der Kupferton längst aus der Tube kam). Warum ich als Einzige in der Familie eine so starke Krause habe, weiß ich nicht. Allerdings weiß es eine nicht geringe Zahl von

Menschen, die hören, dass mein Vater Israeli ist: »Ach daher die Haare! Ihr Juden habt ja alle Locken!«

Ganz bestimmt die richtige Fährte, Sherlock!

Es störte mich, dass man mich davon abbringen wollte, sie abzuschneiden. Zuvor gab es nur eine Sache, zu der mir noch mehr Leute ihre Meinung aufdrängten: meine Gewichtszunahme im Zuge der noch nicht entdeckten Schilddrüsenunterfunktion. Ständig wies man mich darauf hin, wie dick ich geworden sei. Als ob ich selbst nicht merkte, dass ich innerhalb eines Jahres von Kleidergröße 36 zu 44 wechseln musste. Und vor allem: Als ob ich die Leute damit persönlich beleidigen wolle. Mich trafen die abschätzigen Kommentare und Blicke. Sie machten es mir noch schwerer, und ich hatte ja schon mit immer schlimmeren Stimmungsschwankungen, Herzrasen und Atemnot zu kämpfen. Sobald ich mich nach der Arbeit aufs Rad setzte, liefen mir Rotz und Wasser übers Gesicht, ohne dass ich selbst wusste, warum ich weinte. Ich schrie meine Söhne wegen Nichtigkeiten an, etwa wenn sie ihr Zimmer nicht aufräumten oder sich Brote schmierten und alles auf der Arbeitsplatte liegen ließen. Ich schlief vierzehn Stunden und war immer noch müde. Ich war zittrig, nervös und labil. Und alles, was die Leute interessierte, war, dass ich dick wurde. Die meisten Tipps und Ratschläge, die ich in dieser Zeit bekam, bezogen sich aufs Abnehmen.

Als ich dann die Diagnose und Hormone bekam, hörte es nicht auf. »Dann wirst du dank der Tabletten hoffentlich schnell wieder schlank!«, hörte ich oft.

Die Lektion war klar: Dick ist doof. Tatsächlich waren meine roten Locken das Einzige, wofür ich noch Komplimente bekam. Bis ich ankündigte, sie für die Tour abzuschneiden. Dick und kurze Haare – das ist anscheinend doppelt doof.

Und ja, ich steckte im Konflikt: Ich wollte meine Haare abschneiden und zugleich fürchtete ich mich davor.

Es war mir egal, ein paar Monate lang mit zwei T-Shirts, einer langen und einer kurzen Hose, einem Pullover, drei Unterhosen und zwei paar Socken auskommen zu müssen, obwohl ich über einen Kleiderschrank verfüge, mit dem ich ganze Karnevalszüge ausstatten könnte. Es war mir auch egal, mich in dieser Zeit auf ein Stück Seife, Zahnbürste, Zahnpasta und Sonnencreme zu beschränken, obwohl ich Kosmetika in Hülle und Fülle besitze.

Aber mit dem Haarschnitt, da haderte ich: Wenn dick und kurzhaarig schon doof war, was sagte man dann erst zu dick, kurzhaarig und grau? Ich färbte meine Haare schon so lange, dass ich gar nicht mehr wusste, welche Naturhaarfarbe ich habe. Aber die Ansätze verrieten: Viel war davon eh nicht mehr übrig.

Als ich wenige Tage vor der Tour bei meiner Friseurin saß, lagen meine Nerven blank. Der Friseurtermin kam mir vor wie der Point of no Return: Waren die Haare ab, gab es kein Zurück mehr. Ich saß auf dem alten ledernen Drehstuhl in dem kleinen Salon, der im Fünfziger-Jahre-Stil eingerichtet ist. Es war Anfang April, aber beinahe sommerlich warm. Vor der großen Fensterfront tummelten sich auf dem breiten Bürgersteig Flaneure, Radler und Eisesser. Die Friseurin war mindestens so nervös wie ich. Als sie anfing zu schneiden, fiel es mir schwer, in den Spiegel zu gucken. Und es war, wie ich befürchtet hatte: Sobald die ersten Strähnen fielen, war alles grau. Ich würde als Oma den Salon verlassen! Aber zugleich war es, als ob mit jeder roten Locke, die zu Boden segelte, eine riesige Last von mir abfiel. (Trotzdem war mir klar, dass ich nach der Tour stante pede den Friseursalon stürmen würde.)

Am Ende sah ich übrigens überhaupt nicht aus wie eine Oma, vielmehr war ich Punk! Die Spitzen des Deckhaars trugen immer noch Spuren der künstlichen Farbe. Wie rote Schaumkronen wippten sie auf meinem Kopf, als ich auf die Straße trat.

Der warme Aprilwind fuhr säuselnd durch die Bäume, deren Kronen noch kein einziges grünes Blatt trugen. Ich traf mehrere Bekannte. Niemand erkannte mich. Ich schickte ein Foto an meine Söhne. Ihr Urteil: »Mama, so siehst du cool aus, so kannst du bleiben!«

Die Umkehrgrenze war überschritten, der letzte aller Punkte auf meiner To-do-Liste erledigt, nun konnte es endlich losgehen.

Im Jahr zuvor hatte ich wie geplant mein Sommercafé verkauft. Als ich es 2009 in einem alten Zirkuswagen am Leipziger Richard-Wagner-Hain eröffnete, stand für mich schon fest, dass ich es nur zehn Jahre betreiben wollte. Dafür gab es einen ganz einfachen Grund: meinen vierzigsten Geburtstag.

»Mit vierzig gehe ich in Rente«, war mein durchaus ernst gemeintes Motto, auch wenn »in Rente gehen« in meinem Fall bedeutete, mich nur noch aufs Schreiben zu konzentrieren. Jedenfalls wollte ich ab diesem Lebensjahr an nichts mehr gebunden sein. Manche fürchten dieses Alter wegen der berüchtigten Midlife-Crisis, ich freute mich drauf. Vierzig zu werden, bedeutete in meinem Fall, dass mein jüngster Sohn volljährig wurde. Und damit war Zeit für ein neues Kapitel in meinem Leben. Es fällt mir manchmal selbst schwer zu glauben, dass diese zwei kleinen süßen Racker, die mein größtes Glück im Leben sind, jetzt erwachsen und selbstständig sind. Es macht mich unglaublich stolz, ihnen dabei zuzusehen, wie sie von Tag zu Tag ihr Leben mehr und mehr ohne mich meistern. Sie brauchen mich nicht mehr in ihrem Alltag, aber wir sprechen oder schreiben uns beinahe täglich.

Zurück zu meinem Sommercafé: Obwohl ich es liebte, fiel mir der Abschied nicht schwer. Denn was mir anfänglich das Schreiben ermöglichen sollte, war über die Jahre zu seinem größten Konkurrenten geworden. Ich hatte es als zweites

Standbein zur Schriftstellerei eröffnet, da ich erstens mit dem Schreiben meine Kinder nicht ernähren konnte und zweitens Abwechslung zum Alltag im stillen Schreibkämmerlein suchte. Als gebürtige Rheinländerin brauche ich Gesellschaft und Geselligkeit, um nicht einzugehen wie ein schlecht gegossenes Zimmerpflänzchen. Also beschloss ich, jedes Jahr zwischen dem 1. April und dem 31. Oktober Kaffee, Kuchen, Limo, Eis und Baguettes in einem umgebauten Zirkuswagen zu verkaufen. Das restliche Jahr blieb zum Schreiben. Ich hatte nichts: kein Kapital, keine Gastronomieerfahrung und auch keinen Verkaufswagen. Aber ich hatte einen Namen: *ZierlichManierlich*. Und ich glaubte fest daran, dass es allerhöchste Zeit war für eine Alternative zu den üblichen Leipziger Bier- und Bratwurstständen, die in ihren Blechbüchsen außer ihrem faden Angebot meist auch sächsische Unfreundlichkeit servierten. Mein Konzept stand schnell und war einfach: Der Wagen sollte schön sein, das Speisenangebot qualitativ hochwertig und der Service freundlich. Ich hatte keine Ausbildung und kein geregeltes Einkommen, war alleinerziehend und bekam Hartz IV. Das Arbeitsamt verweigerte mir den Existenzgründerzuschuss, weil sie nicht an den Erfolg des Unternehmens glaubten. Das Stadtplanungsamt wollte keine Gastronomie im Park, und bio schon mal gar nicht. Selbst meine beste Freundin war skeptisch, weil der Richard-Wagner-Hain zwar zentrumsnah liegt, nachts aber verlassen und unbewacht ist. Der Wagen war Vandalen und Dieben schutzlos ausgeliefert. Ich wollte aber keinen anderen Ort, ich wollte, dass das kleine Büdchen genau an der Stelle stand, wo ich jedes Mal, wenn ich mit meinen Kindern zum Badesee radelte, dachte: Jetzt und hier ein Kaffee! Dazu ein Stück Kuchen und ein Eis für die Kinder, das wär's doch!

Also blieb ich unbeirrt dran an dieser Wutzidee, erst recht, als ich zufällig im Garten einer Freundin einen alten, heruntergekommenen Bauwagen aus den sechziger Jahren entdeckte, den sie mir kurzerhand schenkte. Der Wagen hatte jahrelang vor sich hin gemodert, die gelbe Farbe war verwittert, das Holz feucht und mit Moos bewachsen. Die Reifen waren platt. Efeu hatte sich um die rostigen Achsen geschlungen, als wolle er das klapprige Gefährt für immer festhalten. Um den Wagen freizubekommen, mussten wir eine Schneise in das Gestrüpp schlagen, das ihn eingekesselt hatte wie eine feindliche Armee. Bei Glatteis wurde er von einem Wagenplatzbewohner mit einer alten Diesel-Pritsche über Landstraßen 600 Kilometer bis Leipzig gezogen. Dort konnte ich ihn auf dem Wagenplatz entkernen und ausbauen. Mit Hilfe von Familie, Freunden und Freundinnen riss ich alles raus, schliff die Außenwände ab, entrostete das Dach und baute den Innenraum zum Speisewagen um. Ich lieh mir Geld, besuchte Hygiene- und Existenzgründervorträge, lernte das Bedienen einer Siebträgermaschine, überzeugte die zuständigen Ämter, bis ich alle Genehmigungen zusammen hatte, castete Personal und eröffnete entgegen aller Widerstände und Zweifel am Karfreitag 2009. Karfreitage scheinen in meinem Leben eine große Rolle bezüglich neuer Lebensabschnitte zu spielen.

Zugegeben: Anfangs lief es schleppend. Es kam zu wenig Kundschaft, wir arbeiteten nicht professionell genug, und ja: randaliert oder eingebrochen wurde auch ständig. Doch ab dem dritten Geschäftsjahr wurde das *ZierlichManierlich* immer bekannter und beliebter. Und ehe ich mich versah, dirigierte ich plötzlich ein Team aus mehr als zehn Festangestellten und Minijobberinnen. Das, was ich an meinem kleinen Sommercafé so liebte, nämlich den persönlichen Kontakt mit den Kolleginnen und Kunden, geriet immer mehr in den Hintergrund. Wenn die Ladenluke abends und in den Wintermonaten geschlossen war, war für mich noch lange nicht Feierabend: Buchhaltung, Steuer,

Lohnabrechnungen und Reparaturen nahmen mehr von meiner Zeit in Anspruch, als mir lieb war.

Also war ich froh, dass es mit dem Verkauf nach genau zehn Jahren klappte: 2018 arbeitete ich meine zehnte und letzte Saison im *ZierlichManierlich* und es war zugleich die erste, in der der Wagen nicht mehr unter meinem Kommando stand. Das *ZierlichManierlich* gehört nun Julia, die seit dem ersten Jahr Stammkundin war. Wir hatten uns darauf geeinigt, dass ich noch eine Saison im Café das Zepter in der Hand hielt, während sie im Hintergrund die Fäden zog. So war der Übergang für alle sanft. Die sieben Monate in meinem ehemaligen Café waren übrigens bisher die einzige Zeit in meinem Leben, in der ich angestellt war.

So weit, so gut. Alles schien bestens zu laufen: Das Café war verkauft, die Kinder wurden erwachsen, ich hörte auf, mir die Haare zu färben, kaufte Funktionskleidung und Wanderequipment.

Trotzdem ist jetzt nichts, wie es sein sollte. Denn eigentlich wollte ich nicht alleine an der Wartburg stehen, sondern mit meinem langjährigen Lebenspartner. Seinetwegen hatte ich den Karfreitag als Starttag ausgesucht, er konnte mich nur in den Ferien und an den Wochenenden begleiten. Mein Plan war: Wir starten zusammen, damit ich mich noch ein bisschen länger vor meiner Angst drücken konnte, alleine im Wald zu zelten. Kehrte er am Ende der Osterferien nach Leipzig zurück, war ich diesbezüglich hoffentlich gestärkt genug, um alleine weiterzuziehen. Danach wollte er mich an den Wochenenden und in den Ferien so oft wie möglich auf dem Trail besuchen. Mein Freund fand, dass ich zu naiv an die Vorbereitungen ging.

»Ich würde ab jetzt nur noch zu Fuß gehen, egal was du zu erledigen hast. Du musst dich unbedingt im Fitnessstudio anmelden oder wenigstens Intervalltraining machen. Am besten steigst du jedes Wochenende auf den Brocken. Aber mindestens einen Halbmarathon musst du laufen!«

Um ehrlich zu sein: Ich tat von alledem nichts. Ich googelte lieber Ausrüstungsgegenstände und las Erfahrungsberichte von Thruhikerinnen.

»Wandern ist Gehen und Tragen«, antwortete ich. »Dazu brauche ich nur zwei gesunde Beine und einen starken Rücken. Hab ich beides. Die Fitness kommt dann schon von alleine. Ich gehe den Weg, egal wie lang es dauert! Und wenn ich zu Beginn nur fünf Kilometer am Tag schaffe, mir doch wurscht! Du kannst ja vorrennen und abends mit aufgebautem Zelt und 3-Sterne-Camping-Menü auf mich warten.«

Also beschäftigte ich mich stoisch weiter mit Themen wie Campingkochern, Offlinekarten, Powerbanks, Isomatten, Merinowäsche, glutenfreiem Proviant, Wasserfiltern, Schlafsäcken, Ultraleichtzelten und Wanderschuhen. Bevor ich viel Geld für falsche Produkte ausgab, wollte ich mir das Wichtigste für einen Testlauf leihen. Wir planten eine mehrtägige Probewanderung, um alles in Ruhe auszuprobieren, überlegten, ob wir ins Elbsandsteingebirge fahren sollten, wo wir uns beide gut auskannten, oder in den Harz, wo mein Freund regelmäßig alleine wanderte. Es war noch ein Jahr hin bis zum Start auf dem EB.

Und dann brach innerhalb kürzester Zeit alles zusammen. Es flog eine so große Lüge auf, dass eine Trennung unausweichlich war. Mir blieb der Atem weg, wochenlang. Zum Luftholen kam ich nicht, denn die erste Entdeckung war nur der Auftakt zu einem wahren Lügencrescendo. Es war, als ob man eine Dominosteinkette zu Fall gebracht hatte: Immer mehr unglaubliche Dinge kamen zum Vorschein, das ganze Kartenhaus unserer Beziehung fiel in sich zusammen. Nichts war mehr sicher, außer dass nichts mehr sicher war. Aber das ist eine andere Geschichte, die hier keinen Platz finden soll, denn es kostete mich schon genug Zeit, Kraft und Aufwand, mir nach der Trennung meine Räume wieder zurückzuerobern. Mir war der Boden unter den Füßen weggerissen worden. Meine Wanderpläne waren das Einzige, was ich noch hatte.

An der Wartburg tummeln sich die Feiertagsausflügler. Um mich herum wird gelacht und fotografiert. Dazwischen fühle ich mich mit meinem knallroten Kopf, dem schweißnassen Hemd, dem dicken Rucksack und den störrischen Trekkingstöcken plump und unbeholfen. Einen kurzen Moment überlege ich, einfach nur die Burganlage zu besichtigen und wieder nach Hause zu fahren. Nur, dass ich kein Zuhause mehr habe: Meine geliebte Wohnung fiel wie so vieles der Trennung zum Opfer. Ich bin im Grunde obdachlos. Was ich im Zuge der Wohnungsauflösung behalten habe, steht im ehemaligen Kinderzimmer meines Nachbarn, der sich auch um meine Post und Zimmerpflanzen kümmert. Alles, was ich in den nächsten Monaten brauche, trage ich am Leib und auf dem Rücken. Ich habe keine Alternative. Also ziehe ich los, um mir den Boden unter den Füßen zurückzuerlaufen.

An der Zugbrücke zeigt eine Schautafel den einschüchternden Verlauf des EB: Eine 2.690 Kilometer lange Schlaufe durch Thüringen, Sachsen, Tschechien, Polen und die Slowakei bis in Ungarns Hauptstadt. Dabei führt der Weg zwar immer wieder durch populäre und touristisch erschlossene Abschnitte, verläuft aber meist durch abgelegene Landstriche mit ursprünglichen Wäldern, sprudelnden Bächen, stillen Mooren und steilen Kammwegen. Ich werde also mutterseelenallein unberührte Natur durchschreiten und dort zelten, wo Braunbären und Wolfsrudel leben. Mich erwarten verwunschene Landschaften, einzigartige Naturphänomene und altertümliche Dörfer, in denen die Uhren stillstehen. Spuren der Ära von Köhlern, Flößern und Silbererzminengräbern. Alte Handelswege und Salzstraßen, Heilquellen und Thermalbäder. Hirten, die mit ihren Herden über die Bergwiesen ziehen. Umgebinde- und Laubenganghäuser, Burgen, Schlösser, orthodoxe Zwiebeltürmchen und Holzkirchen. Mich erwarten auch: die stummen Zeugen vergangener Kriege. Wehranlagen, Bunker, Mahnmale.

Gegründet im Jahr 1983 war der EB der einzige grenzüberschreitende Fernwanderweg im Sozialismus. Während die großen amerikanischen Trails längst kein Geheimtipp mehr sind, geriet der EB nach der Wende in Vergessenheit. Es gibt zwar Reiseführer, die den EB in sieben große Abschnitte teilen, aber die meisten davon sind vergriffen. Über Antiquariate bekam ich sie doch noch alle zusammen. Ein kurzer Wikipedia-Eintrag, eine private Website und ein Blog von einer EB-Wanderin – das waren alle Informationen, die ich damals fand. Ich erfuhr: Nur in Deutschland ist der Weg noch als EB ausgewiesen, ansonsten wurde er ins Netz europäischer Fernwege integriert. Es gibt eine Interessengemeinschaft, die sich um die Beschilderung des Wegs kümmert, Stempelhefte, Aufnäher sowie das alte sozialistische Reglement verschickt, und ein jährliches Treffen für alle organisiert, die die Gesamtstrecke bewältigt haben. Das sind nach Angaben des *Freundeskreis EB* in den beinahe vierzig Jahren seit seiner Gründung nicht einmal hundert Leute. Und lediglich zwölf davon haben es nach dieser Statistik bisher in einem Rutsch geschafft.

Der offizielle Name des EB lautet: *Internationaler Bergwanderweg Eisenach–Budapest*. Angelegt im Sinne der Völkerverständigung verliehen ihm die Mitgliedsländer DDR, Tschechoslowakei, Polen und Ungarn den Beinamen *Weg der Freundschaft*.

»Der Name ist Programm!«, sagte ich mir, nachdem der erste Schock über meine Trennung verdaut war. Ich lud meine Freundinnen und Freunde ein, mich auf dem Weg zu besuchen.

Mir waren Freundschaften schon immer mit das Wichtigste im Leben. Ich liebe es, in Gesellschaft zu sein und zu plaudern, ich brauche regelmäßigen Kontakt zu meinen engsten Vertrauten, um glücklich zu sein. Und ich lebe lange genug im Osten, um zu wissen, dass sich Sozialisten und Kommunisten mit »Freundschaft!« grüßten: Drushba! So gründete ich den *Klub Drushba* und eröffnete eine gleichnamige WhatsApp-Gruppe, über die ich alle, die an meinem Abenteuer teilhaben wollen, auf dem Laufenden hielt.

Ich druckte ein Schaubild vom Verlauf des Wegs aus und trug dort ein, wann ich wo sein wollte. Um das zu errechnen, halbierte ich alle Etappen, die im Wanderführer mit mehr als sieben Stunden reine Gehzeit angegeben wurden, rechnete einen Ruhetag pro Woche und zusätzlich zwei pro Monat obendrauf. Ich würde also meinen vierzigsten Geburtstag irgendwo in den Karpaten feiern. Dann markierte ich in dem Ausdruck, wer mich wo und wann besuchen wollte. Fünfzehn Freunde und Freundinnen hatten sich zum Mitwandern gemeldet. Ich war beeindruckt, in welch entlegene Ecken sie anreisen wollten, nur um ein paar Tage mit mir zu verbringen. Da wusste ich: Vielleicht mag ich so gut wie alles verloren haben, aber ich war nicht verloren.

»Auch der längste Weg beginnt mit dem ersten Schritt«, stand auf dem zerknitterten Zettelchen eines Glückskeks, den ich bei einem vietnamesischen Mittagessen geschenkt bekam. Diesen Spruch machte ich zum Gruppenbild des *Klub Drushba*.

Ich googelte Supermärkte am deutschen Abschnitt und trug mir in die Wanderführer ein, für wie viele Tage im Voraus ich Proviant kaufen musste. Außerdem suchte ich nach Schwimmbädern und Saunen am Wegesrand, denn ich war entschlossen, jeden Pool, jede heiße Quelle und jede Therme mitzunehmen. Folglich waren Badesachen unter den wenigen Luxusgegenständen, die ich einpackte. Wie man einem Esel eine Möhre vor die Nase bindet, um ihn voranzutreiben, hielt ich mir die berühmten Thermalbäder in Budapest vor Augen. Ich wollte mich in jedes einzelne davon stürzen, wenn ich es bis ans Ziel schaffte, und bevor ich überhaupt den ersten Schritt gemacht hatte, malte ich mir schon aus, wie ich in Budapest umgehend alle Wanderklamotten in die Tonne pfefferte und mir ein schönes Sommerkleid kaufte.

Mit den Personen, die sich verbindlich angemeldet hatten, plante ich, was sie mir mitbringen konnten, damit ich nicht von Anfang an alles mitschleppen musste – alle sieben Wanderführer, säckeweise glutenfreie Asianudeln, 150 Hormontabletten, ebenso viele Tütchen Magnesiumpulver und ein Bärenseil brauchte ich in Thüringen sicherlich noch nicht.

Die einzige vorbereitende Maßnahme, die ich nicht an meinem Schreibtisch traf, war die Probewanderung zum Testen der Ausrüstung. Aber ich fuhr weder ins Elbsandsteingebirge noch in den Harz. Stattdessen startete ich direkt an meiner Haustür. Von dort waren es nur 900 Meter auf den Pilgerweg Via Regia. Ich packte mir den Rucksack so voll, dass er das Maximalgewicht hatte, das ich mir für die Fernwanderung ausgerechnet hatte, lief durch spätsommerliche Buchen- und Eichenwälder, stapfte im Nieselregen stundenlang über den Damm der Luppe, immer dem auf Baumstämmen, Schildern und Pollern aufgemalten Muschelsymbol der Jakobswege hinterher, folgte mit meinem Blick den über abgeernteten Getreidefeldern kreisenden Raubvögeln und lauschte dem Rauschen des Winds in den hoch stehenden Maisfeldern. Schwärme wilder Wespen schwirrten auf den Landstraßen um aufgeplatztes Fallobst, Hochzeitgesellschaften fuhren klappernd und hupend mit glänzend polierten Oldtimern und Blechbüchsen im Schlepptau über die Alleen, und Traktoren zogen Ellipsen in ihre Felder. Verstreute Gruppen wilder Schwäne und dunkler Enten schaukelten auf den vom Wind aufgeblasenen Wellen ehemaliger Bergbaugruben. Ich durchquerte putzige Provinzdörfer vor den Toren Leipzigs, von deren Existenz ich zuvor nichts geahnt hatte. Schmale Kopfsteinpflasterstraßen erstreckten sich unter der flirrenden Sommerhitze staubig und verlassen vor mir, umgeben von der gespenstischen Stille zugezogener Gardinen, die höchstens vom Widerhall meiner Schritte und dem Kläffen aufgeschreckter Hofhunde durchbrochen wurde. Ich kochte mir Nudeln auf dem Spirituskocher und füllte meine Wasserflasche in rustikalen Gaststätten. Eigentlich lief alles super, bis ich abends meine Schuhe auszog. Ich hatte keine Schmerzen beim Gehen gehabt, aber die verstärkte Kappe hatte an den Zehen gedrückt. Das Resultat waren riesige Blasen an und unter den Zehennägeln. Ich schickte ein Foto davon an eine Freundin, die mir befahl, die Wanderung sofort abzubrechen, sie würde sich jetzt ein Auto leihen und mich retten. In Socken setzte ich mich auf meinen Rucksack an den Wegesrand und wartete Grashalme kauend im Schein der langsam untergehenden Sonne an einem Landwirtschaftsweg in the middle of nowhere. Diese kurze Probewanderung kostete mich sechs Zehennägel, die mir in den Wochen danach abfielen.

Meine erste Lektion hatte ich gelernt: Es muss nicht weh tun, um falsch zu sein. Es reicht, wenn es drückt. Und ohne gute Freundinnen und Freunde bin ich verloren.

So ist das einzig Beruhigende beim Blick auf die riesige Schlaufe, die der EB von der Wartburg aus bis nach Budapest schlägt, die Gewissheit, dass ich die Strecke nicht in Einsamkeit bewältigen muss.

Ehrfürchtig setze ich die Füße auf den Pfad. Ich beschließe es anzugehen wie Beppo, der Straßenkehrer: Schritt für Schritt. Zum Glück ist der Einstieg leicht, denn er führt mich auf den populären Rennsteig. Ich füge mich in die Massen der Ausflügler ein, die in Richtung des beliebtesten Fernwegs Deutschlands strömen, und gehe die ersten Schritte auf dem Weg der Freundschaft.

Die moosbewachsene Drachenschlucht ist so eng, dass ich mit meinem Rucksack beinahe stecken bleibe. Dann geht es steil hinauf zum Rennsteig. Der historische Grenzweg führt vom Eisenacher Ortsteil Hörschel bis Blankenstein. Für die ersten hundert Kilometer wird sein Erkennungszeichen, das weiße »R«, auch mein Wegweiser sein. Zwischen gestressten Eltern schlecht hörender Kinder, rüstigen Rentnern und rasanten Radfahrern schiebe ich mich durch die wärmende Sonne, deren Strahlen flackernd durch die kahlen Baumkronen fallen. Kolonnen von Motorrädern rasen auf einer angrenzenden Straße die Kurven hinauf oder hinunter. Überfüllte Gaststätten und Biergärten säumen den Weg. Schwitzende Wirte stehen hinter Zapfhähnen, Fritteusen und Grillrosten. Spätestens jetzt wird mir klar, wie überflüssig es war, Proviant für mehrere Tage einzupacken und drei Liter Wasser mitzuschleppen. Ich muss über mich lachen, darüber, dass ich davon ausging, mich tagelang in tiefster Wildnis fern jeglicher Zivilisation komplett selbst verpflegen zu müssen. Statt Instantsuppe gibt's Fritten und Cola. Alle Leute mit großen Rucksäcken spreche ich an, hoffe, dass es noch weitere gibt, die den EB in Angriff nehmen, aber ich treffe nur Menschen, die das Osterwochenende für eine kleine Auszeit nutzen.

»Gut Runst!«, ruft mir eine Gruppe zum Abschied hinterher und ich wiederhole winkend den traditionellen Gruß der Rennsteigwanderer.

Der Weg ist breit und eben, kahle Laubbäume und grüne Fichten werfen lange Schatten. Im Licht der goldenen Abendsonne erreiche ich eine der vielen Schutzhütten am Rennsteig. Oft sind es nur rudimentäre Unterstände, aber diese ist komfortabler: ein hölzernes Finnhäuschen mit offener Front und einem großen Plexiglasfenster an der Rückseite. Der Boden ist mit Schotter aufgefüllt, es gibt eine lange hölzerne Tafel und zwei Bänke. Der Tisch ist liebevoll dekoriert: Teelichter, Blumen und sogar ein mit bunten Ostereiern gefüllter Kranz warten neben dem Hüttenbuch auf mich. Angesichts des breiten Holztischs verzichte ich darauf, mein Zelt aufzubauen. Mit der untergehenden Sonne mache ich meine müden Beine und den schmerzenden Rücken lang, der mir sagt, dass ich ganz schnell meinen zu üppig kalkulierten Proviant essen muss. Beim Rest der Ausrüstung habe ich nicht den Eindruck, dass es noch Spielraum für Reduktion gibt, obwohl ich beileibe nicht ultraleicht unterwegs bin. Mir war wichtig, einen gewissen Komfort zu haben. Dafür war ich bereit, ein paar Kilo mehr zu tragen.

Internet und Handyempfang gibt es im Thüringer Wald nicht, und so kann ich die Mitglieder des *Klub Drushba* weder über meinen Standort noch den Verlauf des ersten Tages informieren. Schade, denn ich hätte mich gerne von den Geräuschen abgelenkt, die aus der Dunkelheit tönen. Dabei handelt es sich allerdings weniger um röhrende Hirsche und knackende Äste, sondern um röhrende Auspuffe knackender Mopeds. Die Jugend ist auf der Suche nach einer leerstehenden Hütte für ihr Osterbesäufnis.

Ich denke daran, wie es wäre, jetzt nicht alleine, sondern mit meinem Exfreund hier zu liegen. Die Trennung liegt nun ungefähr ein Jahr zurück.

Während der Beziehung war mein Partner lange arbeitslos. Er wurde antriebslos und unzufrieden. Dieser Zustand wurde mit der Zeit so belastend, dass ich nicht mehr weiterwusste. Ich dachte ein erstes Mal über Trennung nach. Aber ich dachte auch: So ist das eben in einer Beziehung, da geht man gemeinsam durch dick und dünn. Ich glaubte, dass wir aus seiner Krise als Paar noch viel stärker hervortreten würden. Meine größte Stärke ist zugleich meine größte Schwäche: Wenn ich einmal mein Herz an einen Menschen verschenke, dann für immer. Und dabei ist es vollkommen egal, um welche Form der Liebe es sich handelt. Ob Agape, Philia oder Eros, wenn ich mich für jemanden entscheide, bin ich treu, loyal und kämpferisch. Das führt aber auch dazu, dass ich zu lange über unentschuldbares Verhalten wegsehe und Menschen auch dann noch in Schutz nehme, wenn ich mich eigentlich selber schützen sollte. Es fällt mir schwer, mich zu trennen. Heute wünschte ich, ich hätte besser auf meine Intuition vertraut und sofort die Turnschuhe angezogen, um ganz schnell ganz weit weg zu rennen.

Als ich herausfand, dass er mir jahrelang Existenzielles verschwiegen und mich grob belogen hatte, musste ich einsehen, dass vieles nur vorgespielt war. Ich musste begreifen, dass ich unfreiwillig Zuschauerin eines One-man-Theaters gewesen war, und dass es viele Rollen auf seinem Storyboard gab.

Nachdem das Husten des letzten frisierten Auspuffs verklungen ist, wälze und drehe ich mich angespannt auf der quietschenden Isomatte umher, lausche auf jedes Knacken im Unterholz. In dieser Nacht schlafe ich nicht wirklich fest. Es ist ungewohnt, auf der Isomatte zu schlafen, auch wenn diese dick wie eine Luftmatratze und somit sehr komfortabel ist. Und meine Gedanken kreisen um alles, was passieren könnte: Wildschweine, die die offene Hütte stürmen. Ich kenne aus der Eifel ausreichend Horrorstorys von Keilern, die auf Menschen zurasten, ihnen mit ihren mächtigen Hauern die Oberschenkel aufschlitzten und die Verblutenden bei lebendigem Leib fraßen. Gut, dass ich auf einem Tisch liege und nicht in meinem kleinen Zelt, denn da könnten kapitale Dammhirsche über die Schnüre stolpern und mein gut getarntes Kabäuschen und mich platt walzen. Wenn mich nicht vorher der Förster mit vorgehaltener Flinte aus seinem Revier verjagt, weil Wildzelten in Deutschland nicht erlaubt ist. Ein Jäger ist mir aber immer noch lieber als irgendwelche zwielichtigen Gestalten, die sich mit unlauteren Absichten nachts im Wald herumtreiben. Und ein bisschen Angst habe ich auch vor den Gefühlen, die auftauchen, wenn man tagelang alleine durch die Gegend stapft.

Morgens bin ich gerädert: Mein Nacken schmerzt, mein Hals knirscht, mein Kiefer drückt, und kalt ist mir auch noch. Letzteres zumindest ändert sich schnell, denn es herrscht wieder Kaiserwetter. Und so ist der Rennsteig schon am frühen Morgen gut gefüllt mit Mountainbike- und Wandergruppen. Noch habe ich die Hoffnung nicht aufgegeben, jemanden zu treffen, der sich ebenfalls auf den weiten Weg bis Budapest gemacht hat. Ich quatsche weiterhin alle Menschen mit großen, verdächtig nach Fernwanderung aussehenden Rucksäcken an. Meine angeborene rheinische Frohnatur und die dem Eifelvölkchen eigene Neugierde kommen mir dabei zugute. Wir sind ja der Prototyp der am Gartenzaun stehenden Plaudertasche. Wir kommentieren alles, was vor unseren Augen geschieht, und haben zu jedem Thema unseren Senf beizutragen.

Obwohl einige Wanderer dickere Rucksäcke schleppen als ich, absolvieren sie doch nur ihre Runst. Aber dann werde ich plötzlich selbst angesprochen: Ob ich denn die Person sei, die bis Budapest laufe, will man wissen. Hat sich wohl schon rumgesprochen.

»Hast du keine Angst, so allein als Frau?«, werde ich häufig gefragt.

»Natürlich habe ich Angst!«, antworte ich. »Aber ich mach's halt trotzdem.«

Schon im Vorfeld der Wanderung gab es jede Menge Tipps, und zwar ungefragt und umsonst. Und natürlich gab es viele Skeptiker, kaum jemand glaubte, dass ich lange durchhalten würde (ich selbst am wenigsten). Die vehementesten Einwände und eifrigsten Tipps kamen von Leuten, die selbst nie wandern. Insbesondere Männer fühlten sich bemüßigt, mir in aller Ausführlichkeit von ihren einsamen Nächten in Kanada oder Spitzbergen zu berichten, wo mindestens Kojoten, Wölfe, Grizzlys und Eisbären ums Lagerfeuer schlichen. Maschinengewehrähnlich ratterten sie ab, wie ich mich vorbereiten, was ich mitnehmen und wie ich mich während der Wanderung verhalten sollte. Maßgeblich hatten sie so wertvolle Tipps wie:

»Trailrunner gehen gar nicht. Es müssen richtig schwere Boots sein, am besten Armeestiefel. Einmal reinpinkeln, dann kann nichts mehr schiefgehen.«

»Hirschtalg für die Füße? Na damit wirst du dein blaues Wunder erleben! Der Schwager von einem Freund seinem Bruder fährt Downhill und cremt sich für die Buckelpisten immer ordentlich den Hintern mit Hirschtalg ein. Und dann ist ihm eines Tages doch tatsächlich ein brünftiger Zweiender auf die Pelle gerückt und kilometerweit sabbernd hinterhergaloppiert!«

»Das wichtigste Accessoire auf einem Survival-Trip? Feuchttücher. Es gibt auf so einer Tour nämlich nichts Geileres, als sich den Arsch mit Feuchttüchern sauber zu wischen!«

Ahja, dachte ich, sehr umweltfreundlich und naturnah, du Outdoor-Held! Diese großspurigen Tausendsassas behandelten mich, als ob ich mir keinerlei Gedanken gemacht hätte. Ich hatte vielleicht noch nie eine Fernwanderung unternommen, aber ich war doch nicht bescheuert! Schnell merkte ich: Ich konnte diese harten Kerle mit einem einzigen Argument in Angst und Schrecken versetzen. Ich musste nur erwähnen, dass ich nicht vorhatte, einen Rasierer mitzunehmen, schon schüttelten sie sich vor Ekel und Entsetzen.

Bald sprechen mich zwei junge Leute an. Auch sie haben von der Frau gehört, die nach Budapest laufen will, und identifizieren mich anhand des Solarpaneels an meinem Rucksack. So lerne ich Richard und Pauline kennen, zwei Studenten, die ebenfalls mit dem Zelt unterwegs sind. Wir laufen ein Stück zusammen und tauschen uns über Ausrüstung, Proviant und Schlafplätze aus. Und obwohl mein Rucksack dank meiner Verpflegungs-Misskalkulation viel zu schwer ist, haben sie zu zweit sogar doppelt so viele Kilos für ein langes Wochenende dabei, wobei Richard den größten Teil davon trägt. Plaudernd folgen wir dem mit roten Nadeln und altem Laub bedeckten Waldweg. Mittags trennen sich unsere Wege wieder. Die beiden wollen sich an einer Bank ein Mittagessen kochen, ich aber will unbedingt den Großen Inselsberg erklimmen, bevor ich raste. Auf dem Gipfelplateau habe ich genau ein Prozent der Gesamtstrecke geschafft, und diesen heroischen Meilenstein verewige ich mit einem verschwitzten Selfie vor dem Wegweiser.

Der Weg hinunter führt über steile unebene Stufen im festgetretenen lehmigen Waldboden. Erst am Fuße des Bergs lege ich mich nahe einer großen Wiese für ein Stündchen ins Moos.

Abends baue ich zum ersten Mal mein Zelt auf, versteckt zwischen ein paar Bäumen, aber nur einen Steinwurf entfernt von einer Schutzhütte. Mit der untergehenden Sonne gehe ich schlafen. Ich lausche ängstlich in die Nacht. Aber sobald es duster wird, merke ich, wie mucksmäuschenstill es ist, so tief im Wald. Da ist nichts bis auf das Rauschen des Windes in den Wipfeln und das Zwitschern der Vögel im Morgengrauen.

Trotzdem wird es ein paar Tage dauern, bis ich mich daran gewöhnt habe. Ebenso lange dauert es, herauszufinden, wie ich mich im Zelt am besten bette, welche Kleiderkombination am wärmsten ist und woraus sich das komfortabelste Kissen formen lässt, nämlich aus den Wanderkleidern. So vergisst man auch nachts nicht, wie man tagsüber stinkt. Auch beim Packen dauert es, bis jeder Gegenstand den optimalen Platz im Rucksack hat.

Ich schlafe zwölf Stunden und krieche erst um halb neun aus dem Zelt. Dass sich mein Rhythmus mit der Zeit dem der Natur anpassen wird, davon gehe ich aus. Dass ich nach wenigen Tagen mit dem ersten Vogelträllern putzmunter aus dem Zelt springe. Nun, ich kann vorwegnehmen: Das wird nicht passieren. Ich bin eine Langschläferin. Und war es schon immer. Deswegen wurde ich sogar ein Jahr später eingeschult. Mein Exfreund sagte immer: »Rebecca gehört zur Bohème, denn sie schläft bis um zehne!«

Das stimmt zwar nicht so ganz, denn ich hatte ja Schulkinder und ein Café, das um zehn Uhr öffnete, aber wann immer es ging, schlief ich aus. Und warum sollte ich das jetzt nicht tun? Es ist ja meine Wanderung, meine Auszeit, während der ich mich ganz nach meinem Rhythmus richten kann. Also beschließe ich, mir auf der Tour niemals einen Wecker zu stellen. Ich will aufstehen, wenn ich von alleine wach werde und ich will aufhören zu laufen, wenn mir die Füße weh tun oder ich einen perfekten Schlafplatz gefunden habe. Ich sehe keinen Sinn darin, jemals im Leben wieder früh aufzustehen, wo der Schulalltag meiner Söhne es mir nicht mehr diktiert. Außerdem bin ich erschöpft von den Ereignissen des letzten Jahres, die mir so viel abverlangten.

Die Zeit nach der Trennung verbrachte ich in einem Zustand zwischen Trance, Trauer und Wut. Aber wenigstens war jetzt jeder Tag Adrien-Brody-Tag. Das half. Wenn ich vor lauter Kummer nicht einschlafen konnte, holte Adrien mich mit dem Motorrad ab und brauste mit mir in den Sonnenuntergang. So wurde ich morgens mit einem breiten Grinsen wach. Was vielleicht auch daran lag, dass die größte Spannung in meinem Alltag weg war. Konnte es Zufall sein, dass meine Migräne mit dem Tag der Trennung verschwunden war? Hätte ich gewusst, dass das Heilmittel im Schlussmachen bestand, hätte ich mir viel Geld für Akupunktur, Ayurvedakuren, Osteopathie, Medikamente und sonstige Therapien sparen können. Ich beschloss, eine »happy crab alone« zu sein, bei uns ein geflügelter Begriff, seit mein jüngerer Sohn Pharrell Williams' Song »Happy« falsch interpretierte: Statt »because I'm happy clap along«, sang er fröhlich klatschend: »Because I'm a happy crab alone.« Natürlich war ich auch als happy crab alone nicht dauernd glücklich. Nur noch in den Trümmern der vertrauten Wohnung zu sitzen, war deprimierend. Ich kam gar nicht dazu, mich in irgendeiner Form auf die Wanderung einzustellen, befürchtete sogar, dass ich, wenn endlich der ganze Druck von mir abfiel, als heulendes Elend über den Rennsteig wanken würde, wie ein Gespenst durch leere Schlosshallen um Mitternacht. Die eigens geplante Abschiedsparty von der Wohnung, in der ich die längste Zeit meines Lebens mit meinen Kindern und vielen tollen Mitbewohnern und Mitbewohnerinnen gelebt und in der wir rauschende Feste gefeiert hatten, blies ich kurzfristig ab, weil ich mich nicht feierlich fühlte, sondern auf allen Ebenen gescheitert. Ich hatte eigentlich alles erreicht, was ich im Leben erreichen wollte, die Kinder waren aus dem Haus, ich hatte zwei Romane veröffentlicht, ein Café gegründet und wieder verkauft, aber trotzdem hatte ich das Gefühl, dass mir alles unter den Händen wegbrach und ich vor dem Nichts stand. Von fröhlicher Aufbruchstimmung konnte keine Rede sein. Ich stand am Nullpunkt. Der letzte Tag hatte es dann nochmal richtig in sich, denn die Hausverwaltung hatte meine Wohnungsabnahme vergessen und verlangte nun von mir, die Stadt nicht zu verlassen, bis sie irgendwann nach den Osterfeiertagen wieder Zeit hätten.

»Denen zeigen wir's jetzt aber!«, rief mein Nachbar, bei dem ich meine Sachen einlagerte, und zog seine Lederjacke an, die aus dem respektablen Arzt umgehend einen knallharten Kerl machte. Wir fuhren zur Hausverwaltung und knallten die Wohnungsschlüssel auf den Tresen.

Es gab eine hitzige Diskussion. Mein Nachbar haute ziemlich auf den Putz, während ich mir in meinen Wanderklamotten und mit der punkigen Frisur unseriös vorkam. Schließlich gelang es uns, alles über eine Vollmacht für meinen Nachbarn zu regeln. Als die Tür der Hausverwaltung hinter uns zufiel, war ich ein schlüsselloser Mensch.

Mit meinem Rucksack, in den ich in der Eile alles nur lose hineingeworfen hatte, fuhr ich zum *ZierlichManierlich*. Eigentlich hatte ich dort ganz in Ruhe mit meinen Freundinnen Julia und Magdalena einen Abschiedskaffee trinken wollen. Stattdessen kippte ich den Inhalt des Rucksacks auf die Wiese und begutachtete ein letztes Mal meine Ausrüstung. Was ich aussortierte, bekam Magdalena, die mich in der Sächsischen Schweiz besuchen wollte. Während ich hastig meinen Kaffee trank, ging ich mit Magdalena auch nochmal meine Medikamente durch. Dabei fielen die drei Kondome, die ich vorsichtshalber in das Verbandspäckchen gesteckt hatte, heraus. Kurzerhand nahm Magdalena mir zwei weg.

»Eins reicht. Für dein Sicherheitsgefühl. Die anderen zwei brauche ich, ich will nämlich meine Wasserhähne entkalken.«

»Ich werde wahrscheinlich auch das eine ungenutzt bis Budapest schleppen!« Männer waren das Letzte, woran ich dachte. Ich war immer noch eine offene Wunde, die nässte und eiterte, sobald man am Schorf kratzte. Und so eine Wanderung, wo man zwar täglich den Ort wechselt, aber nicht die Kleider, erschien mir nicht die beste Gelegenheit, um Sex zu haben.

Julia postet gerne furchtbar unvorteilhafte Fotos von mir auf den Social-Media-Kanälen des Cafés. Das tat sie auch an diesem Tag: Auf dem Abschiedsfoto mit geschultertem Rucksack vor dem grünen Zirkuswagencafé sehe ich noch viel blöder und draller aus als in Wirklichkeit.

Magdalena fuhr mich zum Bahnhof, wo wir zum Abschied Spaghetti-Eis aßen. Magdalena gehörte zu den ersten Menschen, die ich in Leipzig kennenlernte. Ich traf sie und ihren Mann zum ersten Mal beim Elternabend im Kindergarten. Damals hielt sie einen Säugling im Arm und ich dachte: Ach sieh an, ganz junge Eltern, die sich schon mal informieren wollen. Weil wir uns gleich sympathisch waren, kamen wir direkt ins Gespräch und ich war ganz entsetzt, als ich erfuhr, dass es mitnichten das erste, sondern das vierte Kind war! Die mittleren zwei sind genauso alt wie meine Söhne. Wir wurden ziemlich schnell ziemlich dicke Freundinnen. Trafen uns nachmittags mit der Rasselbande bei einer von uns, im Park, am See oder im Freibad und quatschten, zumindest soweit es das Tohuwabohu zuließ, das sechs kleine Kinder veranstalten können. Magdalena erfüllt als gebürtige Polin das Klischee, einem immer direkt einen gefüllten Teller vor die Nase zu setzen, sobald man ihre Wohnung betritt, und zwar unabhängig davon, ob man hungrig ist oder nicht. Ohne ihre Unterstützung wäre ich vor allem in den ersten Jahren in Leipzig oft aufgeschmissen gewesen. Wenn ich auf Lesereise oder krank war, schliefen meine Kinder bei ihr. Mit ihrem alten VW-Bus half sie mir, wann immer ich etwas Großes transportieren musste. Sie schliff mit mir den alten Bauwagen ab, half beim Umbau und dem ersten Saisonstart. Am Gleis drückten wir uns lange.

Als ich endlich im Zug saß, konnte der wegen irgendwelchen Komplikationen erst eine halbe Stunde später losfahren.

»Leipzig lässt mich so einfach nicht los!«, beschwerte ich mich im *Klub Drushba* und berichtete gleich noch von der turbulenten Wohnungsübergabe.

»Gelassenheit wird wahrscheinlich sowieso einer deiner wichtigsten Begleiter«, schrieb meine Schulfreundin Tamara, die mich mit Mann und Kind in der polnischen Tatra besuchen würde.

Zwei Tage später sitze ich nun also an einer Schutzhütte, rühre in scheußlichem Instant-Kaffee und esse noch scheußlicheres Chia-Porridge. Ich bin vor dem ersten Kaffee nicht ansprechbar, aber diese Plörre macht es nicht besser. Welch freudige Überraschung, als sich Richard und Pauline nähern. Ich creme meine Füße wider den urbanen Mythos um das paarungswillige Rotwild mit Hirschtalg ein, packe zusammen und gemeinsam laufen wir weiter.

Die beiden kommen aus dem Eichsfeld, einem katholisch geprägten thüringischen Landstrich an der ehemaligen deutsch-deutschen Grenze, leben und studieren aber in Halle.

Richard erzählt von seinem Auslandsjahr zu Schulzeiten, das er in Amerika verbrachte. Der Aufenthalt sei für ihn wie eine Offenbarung gewesen. Er habe begriffen, wie isoliert und homogen die Bevölkerung in seiner Heimat lebe. Wir reden noch ein bisschen über Politik, plaudern aber bald wieder übers Wandern. Richard erzählt von einer Tour, wo sich einer der Mitwanderer komplett übernommen hatte und zur Achillesferse der ganzen Truppe wurde. Ich fühle mich ertappt: »Ihr habt es ja schon gemerkt: Ich bin die langsamste Wanderin der Welt! Mein Ziel ist es, mit der Zeit so fit zu werden, dass ich im Schnitt 30 Kilometer täglich schaffe. Aber nutzt ja nichts, sich gleich zu Beginn zu überlasten.«

Mittags trennen sich unsere Wege wieder. Der Rennsteig führt an alten Grenz- und Dreiherrensteinen und niedrigen Heidelbeersträuchern vorbei. Es ist so warm, dass ich die kurze Hose trage, aber an einigen Stellen liegt noch schmutziger Altschnee. Meist verläuft der Pfad eben zwischen hohen Fichten, durch die das warme Sonnenlicht in dünnen Strahlen fällt. Geht es doch einmal bergauf, keuche und ächze ich wie gewohnt, da hilft es auch nicht, dass ich ständig nebenbei esse, um die Last des Rucksacks zu minimieren. Sobald es bergauf geht, bekomme ich eine Art Tourette-Syndrom und schimpfe unflätig vor mich hin. Ich frage mich, ob ich nicht doch besser auf den Trainingsrat meines Exfreunds hätte hören sollen. Und dann komme ich ausgerechnet an der Bergwachthütte vorbei, in der unsere kleine Familie ein paar Jahre zuvor ein Winterwochenende verbrachte.

Damals waren wir einfach eine kleine, glückliche Patchworkfamilie. Wir rodelten, grillten im Schnee und er rannte abends mit den Kindern barfuß, in Unterhosen, mit dämlichen Hüten, Kochschürzen und Wunderkerzen ums Haus. Dafür, dass er mir in allem, was die Kinder betraf, den Rücken stärkte, bin ich ihm immer noch dankbar. Kennengelernt hatten wir uns auf einer Hochzeit. Neben der verwitweten Brautmutter und dem Trauzeugen waren wir die einzigen Singles in der über hundert Leute zählenden Hochzeitsgesellschaft. Man platzierte uns am Kindertisch, und während wir uns darüber mokierten, knisterte es zwischen uns. Am nächsten Tag fragte er per SMS nach einem Date. Schnell wurden wir ein Paar. Und als ein halbes Jahr später unsere damalige Mitbewohnerin auszog, zog er ein. Wir hatten wahnsinnig viel Spaß, fuhren zu viert mit dem VW-Bus durch halb Europa und reisten mit dem Zug durch Südostasien. Er baute meinem jüngeren Sohn eine Angel aus einem einfachen Stock, einem Stück Schnur und einem Angelhaken und sie fingen tatsächlich Fische damit. Er diskutierte mit dem älteren über die Theorien der großen Philosophen und die griechische Götterwelt. Als der eine Sohn sich für die Aventiuren des Parzival begeisterte, gingen sie in die gleichnamige Oper. Und als der Oberlippenflaum im Gesicht meiner Babys nicht mehr zu ignorieren war, brachte er ihnen das Rasieren bei. Er begleitete mich zu Elternabenden und hatte für alle Sorgen ein offenes Ohr. Nach vielen Jahren als alleinstehende Mutter war ich glücklich, endlich einen Partner an meiner Seite zu wissen, der sowohl das Schöne als auch das Schwierige rund ums Elternsein mit mir teilte. Wenn man jung Mutter wird, macht es tatsächlich einen sehr großen Unterschied, ob man alleine ist oder einen Mann an der Seite hat. Denn oh Wunder, oh Wunder, ab dem Moment, wo mich der promovierte Herr Geisteswissenschaftler begleitete, bekamen meine Söhne umgehend bessere Noten. Vorher hatte mich die Klassenlehrerin meines jüngeren Sohnes allen Ernstes gefragt, ob ich meinen Kindern jemals vorlesen würde.

»Natürlich«, antwortete ich einigermaßen irritiert. »Ich bin schließlich Schriftstellerin!« Es dauerte einen Moment, bis mir klar wurde, dass sie uns für einen bildungsfernen Haushalt hielt.

Trotzdem empfinde ich es im Vorbeigehen als symbolisch, dass die Berghütte, in der wir damals bei Keksen und Punsch hockten, nun von einem gigantischen Misthaufen verdeckt ist.

Den Rest des Tages laufe ich einsam zwischen dichten Fichten, wo außer mir keine Menschenseele unterwegs ist. Langsam habe ich zwar das Bedürfnis nach einer Dusche, finde es aber zugleich beeindruckend, wie einfach es ist, ohne diese Alltäglichkeiten auszukommen.

Als ich anfange, nach einem geeigneten Zeltplatz Ausschau zu halten, holt mich ein Paar aus Bayern ein. Wir kommen ins Gespräch, reden über unsere Wanderpläne, unsere Berufe, unsere Herkunft. Ich gucke zwar weiter aus den Augenwinkeln nach einem Zeltplatz, bin aber zugleich so ins Gespräch vertieft, dass ich gar nicht merke, wie die Zeit verfliegt. Dem Mann geht es nicht gut, er hat starke Hüftschmerzen. Bald werden seine Beschwerden so schlimm, dass er kaum noch laufen kann. Er zieht sogar seine Schuhe aus, um vorsichtiger auftreten zu können. Wir entscheiden, Hilfe zu holen und laufen vor.

Oberhalb vom Wintersportort Oberhof spuckt uns der Wald unvermittelt vor einem gigantischen Parkplatz und einem gesicherten flachen Gebäudekomplex aus. Bewaffnete Wachposten patrouillieren an der Eingangsschranke. Was nach militärischem Stützpunkt aussieht, entpuppt sich als Trainingslager der Wintersportprofis. Die Pförtnerin weist uns ab, gibt uns aber immerhin die Nummer des örtlichen Taxiunternehmens. Das entpuppt sich als Ein-Mann-Business, dessen einziger Fahrer die gesamte Region bedient und das auch nur tagsüber oder auf mehrtägige Vorbestellung. Nun sei es zu spät und selbst wenn er noch losfahre, brauche er mindestens eine Stunde.

»Wir sollten trampen«, schlage ich vor. Nur: Auf der Straße herrscht überhaupt kein Verkehr. In diesem Moment radeln ein paar Mountainbiker auf den Parkplatz und steuern auf das einzige Auto zu, einen schwarzen Pick-up. Wir winken und rufen und tatsächlich erklärt sich der Fahrer bereit, die beiden auf der Ladefläche des Pick-ups zum Hotel zu fahren. Da ich hier und jetzt sowieso keinen Zeltplatz mehr finde, fahre ich kurzerhand mit.

Bis Oberhof wollte ich an diesem Tag überhaupt nicht kommen, aber wie das so ist mit den Plänen ... Und als ich im Hotel die Schuhe ausziehe, muss ich feststellen, dass ich den ungeplanten Kilometern meine erste Blase verdanke. Pochend und stechend sitzt sie neben der Ferse und erinnert mich daran, dass ich es langsam angehen wollte. Außerdem habe ich mein Nickituch verloren, Mist!

Aber: Internet, Fernseher, Dusche und ein weiches Bett sind an einem Ostersonntag auch nicht zu verachten. Beeindruckend auch, wie viel Dreck nach drei Tagen in der Natur an einem Körper haften kann. Ich telefoniere, gucke Tatort und schlafe selig ein.

In den nächsten Tagen entrollen sich die ersten grünen Blätter, ich kann der Natur beim Erwachen zusehen. Es wird so warm, dass mein Sonnenhut zum Einsatz kommt.

»Mein Wanderhut heißt Kibbuzhut und mein Tape kommt aus Tuntenhausen, da kann ja eigentlich nichts schiefgehen«, schreibe ich im Klub.

»Ich sag's ja ungern«, antwortet Hanna, die regelmäßig nach Israel reist, »aber ein Kibbuzhut ist quasi ein Idiotenhut!«

Das stimmt allerdings, denn dementsprechend sieht man auch aus.

Nach dem Osterwochenende sind die Waldwege menschenleer. Obwohl ich die Blase abgeklebt habe, schmerzt sie bei jedem Schritt und wird immer größer. Und weitere kommen dazu. Ich creme, tape und lüfte meine Füße, trage Nylonstrümpfe unter den Wandersocken, aber anstatt besser wird es immer schlimmer. Niedergeschlagen trotte ich mit meinem Hape-Kerkeling-Gedächtnis-Hut auf dem Kopf über den Rennsteig. Einzig als ich aus Tannenzapfen eine »100« für die Kilometer lege, die ich geschafft habe, verspüre ich ein kleines Hochgefühl. Meine Söhne jedenfalls, die als Erste über jeden Schritt informiert werden, sind jetzt schon mächtig stolz auf ihre Mutter. Sobald ich abends in meinem Zelt liege und die Augen schließe, taucht eine endlose Aneinanderreihung von Wegweisern und Markierungen auf.

Am letzten Abend der ersten Woche, der zugleich der letzte Abend ist, bevor mein erster Besuch anrückt, schlafe ich an der

Schwarzaquelle, die abseits des Weges mitten im Wald entspringt. Tief hinab steigt man zwischen Fichten und Mooskissen bis zur Quelle, an der es eine Schutzhütte, Tische und Bänke gibt. Die Quelle ist von einer runden Mauer eingefasst und wird durch eine schmale Rinne ins natürliche Bachbett geleitet. Ich baue nur das Unterzelt auf und stelle es in die offene Hütte. Gerade koche ich Kartoffelpüree, als zwei Frauen mit mehreren Hunden den steilen Pfad herabkommen. Während die Hunde durch das Quellbächlein toben, beäugen mich die Frauen kritisch. Mit meiner rheinischen Zaunplauderer-Art verwickle ich sie trotzdem in ein Gespräch. So erfahre ich, dass sie in der Nähe wohnen und täglich eine Gassirunde in den umliegenden Wäldern drehen. Ich löffle derweil meinen Kartoffelbrei, der überhaupt nicht schmeckt, weil ich Salz vergessen habe. Die Frauen gestehen, dass sie mich für eine Obdachlose hielten, die in der Hütte lebe. Dass sie damit nicht komplett falsch liegen, verrate ich ihnen lieber nicht und erzähle nur von meiner Wanderung.

»Ja, wissen Sie«, sagt die eine, »bei uns am Dorfrand hat sich nämlich erst neulich ein Mann in einer Schutzhütte häuslich eingerichtet, mit Sack und Pack hockte er da jeden Abend bei Kerzenschein.«

»Keiner wusste, was der da macht«, fügt die andere hinzu. »Es war das Dorfgespräch! Ist er obdachlos? Oder auf der Flucht vor der Obrigkeit? Irgendwann war er einfach weg.«

Tja, denke ich, in der Eifel hätte man den Mann direkt mit einer kleinen Delegation beehrt und einfach gefragt … Natürlich stellen die Frauen mir auch die obligatorische Angstfrage. Ich wiegle prätentiös ab, vor allem, um mir selbst Mut zu machen, und winke ihnen lange nach. Tatsächlich habe ich an diesem Abend allerdings ziemlich Angst, denn hier unten ist die Nacht rabenschwarz und es knarzt und kracht gewaltig, wenn der Wind die mächtigen Fichten mal in die eine und dann wieder in die andere Richtung biegt.

Aber dann kommt der Morgen und nichts ist passiert. Ich frühstücke einen Müsliriegel und breche zügig auf. Es sind nur sechs Kilometer bis nach Neuhaus am Rennweg, wo ich mit Katrin verabredet bin und meinen ersten Ruhetag einlege. Für unser Treffen haben wir uns ganz mondän im örtlichen Boutique-Hotel eingebucht. Als ich meinen Personalausweis auf den Empfangstresen lege, sehe ich in den glänzenden Spiegeln dahinter zum ersten Mal seit Tagen mein Spiegelbild. Das ist noch derangierter als befürchtet, man sieht mir an, dass ich frisch aus dem Wald gekrochen komme. Von meinen Schuhen bröseln Dreck und Tannenadeln auf den sauberen Teppichboden. Die Dame an der Rezeption schaut zwar etwas skeptisch, bleibt aber professionell und freundlich. Da unser Zimmer noch nicht frei ist, bietet sie mir einen Kaffee an. Ich wage kaum, am Tisch mit gestärkter weißer Tischdecke Platz zu nehmen. Nachdem ich mein Handy aufgeladen habe, bitte ich die Rezeptionistin, meinen Rucksack aufzubewahren und mir ein Handtuch zu leihen, damit ich ins örtliche Schwimmbad gehen kann.

»Wissen Sie, für mich ist es auch ungewohnt, tagelang im Wald zu schlafen und so schmutzig zu sein«, beichte ich und erzähle von meinem Wanderprojekt.

Sie ist total begeistert und händigt mir eine große Tasche aus, die mit Handtüchern, Bademantel und allem, was man sonst für einen Saunabesuch braucht, ausgestattet ist.

In der Sauna bin ich mit Abstand die Jüngste. Allein zwischen Rentnerinnen stoße ich auf ein Phänomen, das mich schon die letzten Tage begleitete: Ich verstehe die Leute kaum. Von Dorf zu Dorf reden die Menschen am Rennsteig anders. Das wenige, was ich verstehe, dreht sich genau um dieses Thema, denn die Damen wiederum verstehen den neuen Bademeister nicht, der aus einem Nachbarort kommt. Ansonsten kennt hier jeder jeden. Die lustige Rentnerinnenrunde empört sich über eine Familie im Ort, die sich in aller Öffentlichkeit mit Schneeketten verdroschen hat.

Die zur Saunarunde stoßenden Männer schließen sich dem Urteil der Damen an: »Das sind keine Menschen!«

In dieser eingeschworenen Gesellschaft und dem warmen Wasserdampf aale ich mich bis zum späten Nachmittag. Als ich wieder im Hotel aufschlage, erkennt mich die Empfangsdame nicht wieder.

»Sehen Sie, das ist mein ziviles Ich!«, sage ich und lasse mir den schweren Rucksack reichen. Und als ich in dem todschicken Zimmer meine Ausrüstung ausbreite, die schmutzige Wäsche im Waschbecken einweiche und meinen Kocher unter der Dusche spüle, fühlt sich das ein klein bisschen rebellisch an. Meine Merinowäsche ist zwar erst eine Woche in Benutzung, hat aber schon ein paar prächtige Löcher. Das liegt nicht etwa an der schlechten Qualität, denn ich habe sehr viel Geld dafür ausgegeben, sondern an elenden Kleidermotten, die aus den Bergen von Schmutzwäsche flatterten, die mein Exfreund mir hinterlassen hatte. Denn er hatte mir nicht nur einen Haufen ungeklärter Fragen hinterlassen, sondern auch sein Hab und Gut. Die Kleidermotten breiteten sich fröhlich in der ganzen Wohnung aus. Ich stopfte alles, was einen Wollanteil hatte, in Plastiksäcke, die ich einfror, und verteilte Mottenfallen in allen Schränken. Aber als ich Monate später meinen Rucksack packte, musste ich feststellen, dass sein nettes Souvenir die teure Merinowäsche angefressen hatte.

»Was soll's?«, sagte ich mir. »Während der Wanderung wird mir eh niemand ans wollene Höschen gehen!«

Ich kann ja nicht ahnen, dass ich bald feststellen werde, dass ich nicht die Einzige mit löchriger Wäsche bin. Löcher in Unterhosen gehören anscheinend zu einer Fernwanderung wie Blasen an den Füßen und Bauarbeiterbräune an den Armen.

Am frühen Abend hole ich Katrin am Bus ab.

»Zwei Stunden Busfahrt durch die Provinz und schon hab ich das stressige Berlin komplett vergessen!«, ruft sie zur Begrüßung und drückt mich.

Katrin war für ein Jahr meine Agentin. Ich liebe es, sie mit diesem Satz vorzustellen. Das klingt, als ob sie jederzeit bereit ist, eine Waffe zu zücken, um mich zu verteidigen. Und da sie meist dunkle Kleidung trägt und mit ihren eisblauen Augen bei Bedarf ganz ernst gucken kann, ist das Bild perfekt. Der Anschein der Strenge entpuppt sich spätestens dann als Farce, wenn sie zu lachen beginnt. Zur Leipziger Buchmesse kam Katrin immer bei uns unter. Unsere Beziehung hat sich von einer rein beruflichen zu einer privaten verändert, als wir bei einem der Buchmessenbesuche ein überraschend langes Zeitfenster zum Plaudern hatten. Es war ein ungewöhnlich warmer Märztag. Zwei Stunden saßen wir vor einem Café in der Sonne und zum ersten Mal sprachen wir über Privates. An diesem Tag lernte ich eine andere Katrin kennen als die taffe Agentin, eine, die ebenso emotional und sensibel ist wie ich. Dieses Gespräch hat den Schalter in unserer Beziehung umgelegt und wir wurden Freundinnen. Seitdem treffen wir uns nicht nur zur Messe, sondern auch in Berlin. Dort sitzen wir am liebsten beim Portugiesen, trinken einen Café Galao nach dem anderen, essen Bolo de Arroz und Pastel de Natas und sezieren den Literaturbetrieb. Obwohl Katrin nicht mehr meine Agentin ist, ist sie mein literarischer Schutzengel. Wenn ich Fragen zu meinen Texten habe, ist sie die Erste, die ich um Rat bitte.

Katrin hat ihre dunklen Locken zusammengebunden und trägt dicke Wanderstiefel, die an ihren dünnen Beinen, in enger Laufhose, groß und klobig wirken. Wir bringen ihren Rucksack ins Hotelzimmer und gehen im hauseigenen Restaurant essen. Alles klingt edel und ist teuer, wir können uns kaum entscheiden. Damit sind wir wohl nicht die Einzigen, denn auf der Karte gibt es ein Gericht, das »egal« heißt. Ich nehme egal, denn egal gibt es nach Wunsch auch in glutenfrei.

»Das liegt an unserem Koch, der Zöliakie hat«, verrät uns die Kellnerin. Egal schmeckt wunderbar und alles andere auch. Danach sitzen wir noch bei einem Glas Rotwein zusammen und schauen ins Wanderbuch. Katrin hat sich eine ganze Woche freigenommen. Sie wollte unbedingt durch Thüringen laufen, die Heimat ihrer Oma. Am liebsten wäre sie direkt mit mir zusammen losgewandert, aber ich wollte die ersten Schritte unbedingt alleine machen. Ich habe sowieso Bedenken, ob ich mir mit den ganzen Besuchen während der Wanderung nicht zu viel zumute. Das ununterbrochene Zusammensein auf engstem Raum macht mir zwar keine Sorgen, da weiß ich, dass ich mich mit allen prima arrangieren kann. Aber die Koordination bereitet mir Kopfschmerzen. Und ich habe Angst, neben meinen sportlichen Freunden und Freundinnen eine schlechte Figur abzugeben. Dass Schlanke nicht unbedingt fitter sind als ich, konnte ich schon oft beobachten, aber bei Katrin weiß ich: Sie ist flott.

»Katrin, ich bin die langsamste Wanderin der Welt. Ich hab Angst, dass du dich unterfordert fühlst!«

Sie versichert mir, dass allen klar sei, dass mein Tempo und meine Etappenplanung Vorrang hätten und niemand bespaßt werden oder ein Intensivtraining absolvieren, sondern einfach nur Teil von diesem Riesenprojekt sein wolle.

Am nächsten Morgen wollen wir herauszufinden, was es mit dem im Wanderführer erwähnten ominösen Olitätenland auf sich hat. Statt an Olitäten führt der Weg jedoch erstmal an einer Wildwest-Ranch vorbei, über der eine Südstaatenflagge weht.

»Ich finde jetzt schon alles toll!«, ruft Katrin. »Natürlich nicht diese rassistische crazy Ranch, aber die Natur! Das Draußen-Sein! Raus aus Berlin zu sein! Keine Arbeit! Kein Verkehr! Keine mies gelaunten Leute!«

Die monotone Düsternis des Fichtenwalds ist immer wieder von leuchtend grünen Wiesen durchsetzt.

Sie fragt mich nach der Wohnung.

Ich hatte diese Wohnung geliebt und um jeden Preis halten wollen, dort hatte ich länger gelebt als in meinem Elternhaus. Und für meine Söhne war sie genau das: ihr Elternhaus. Es war eine schöne Altbauwohnung. Sechs Zimmer mit Stuck, Parkett und geölten Dielen hatten uns aufgrund eines uralten Mietvertrags ein mehr als geräumiges Zuhause geboten.

»Ich hab ja die letzten Tage in den Bruchstücken der einstigen Möblierung gewohnt: In der Küche stand nur noch der Herd, es gab keine Schränke, keinen Tisch und keinen Stuhl mehr. Im Schlafzimmer lag eine Matratze. Die einzige Lichtquelle war eine Stehlampe, mit der ich abends von Zimmer zu Zimmer wanderte. Aber irgendwie war es, als ob die Wohnung mir mitteilen wollte, dass es wirklich an der Zeit war, zu gehen! Die alten, freiliegenden Leitungen fingen plötzlich an zu tropfen, das Toilettenrohr fiel ab, hinter den abgehängten Küchenschränken blühte der Schimmel und von den Wänden bröckelte der Putz.«

Die ganze Bausubstanz schrie: Raus hier, aber flott!

Natürlich fragt sie auch nach meinem Ex. Sie weiß, dass mir, als immer mehr Lügen aufflogen, irgendwann der Kragen platzte, aber so richtig: »Ich gehe jetzt zur Arbeit und wenn ich wiederkomme, bist entweder du weg oder ich werde hier nicht mehr schlafen! Einer von uns beiden verlässt auf jeden Fall ab heute diese Wohnung!«

Er schlief ein paar Nächte in unserer Gartenlaube, zog dann zu einem Freund und hatte umgehend eine neue Partnerin. Von Antriebslosigkeit plötzlich keine Spur mehr. Ich dachte, er startet jetzt richtig durch. Als wir noch zusammen waren, hatte ich zuletzt das Gefühl, er hing mir am Bein wie die dicke Bleikugel an der rostigen Kette eines Schlossgespenstes. Nach der Trennung hab ich mich gefragt, ob in Wahrheit ich die Bleikugel an seinem Bein war.

»Aber das interessiert mich nicht mehr. Denn ich kann ganz offiziell verkünden: Ich brauche ihn nicht! Ich kann alleine im Zelt schlafen, ist sogar ruhiger ohne sein Schnarchen, und den Schnellkochtopf kann ich auch selbst bedienen.« Ich habe nämlich nicht nur Angst vor Spinnen, Hunden, Höhe, Gewitter und Dunkelheit, sondern auch vor Sektkorken, Silvesterknallern, Fahrgeschäften, die sich schneller drehen als ein Kettenkarussell. Und Schnellkochtöpfen. Meine Angst war so groß, dass ich sogar die Küche verließ, sobald das Ding auf dem Herd stand. Schuld waren die Horrorstorys, die man in meiner Kindheit über explodierende Schnellkochtöpfe verbreitet hatte. Im Sommer nach der Trennung beschloss ich todesmutig, Kichererbsen zu kochen. Was soll ich sagen? Die Bedienung war denkbar einfach, nichts explodierte, der Topf pfiff nicht einmal.

Weil er sein Zeug einfach nicht abholte, war die neue Mitbewohnerin vorerst im ehemaligen Kinderzimmer meines schon ausgezogenen Sohnes untergekommen, aber zwischen Jugendpostern, Boxsack und Legokiste zu hausen, war keine Dauerlösung. Also übernahmen seine Eltern die Räumung. Das Rentnerpaar holte mit seinem Kleinwagen Fuhre um Fuhre ab. Auch sie waren fassungslos. Und das war das Einzige, was mich noch beruhigte: Dass auch alle anderen ahnungslos waren. Dass ich nicht die einzige war, die getäuscht wurde.

Trotzdem war ich in meinen Grundfesten so heftig erschüttert, dass ich nicht mehr wusste, wem ich noch glauben und vertrauen konnte. Ich hatte die Orientierung verloren, war nur noch ein kümmerlicher Haufen Menschlein mit einer durchgeschüttelten Seele.

Weil keine Wahrheit so schmerzlich ist, wie angelogen zu werden, brach ich den Kontakt ab, so einfach war das. Dachte ich zumindest. Bis er begann, mit seiner Neuen am *ZierlichManierlich* aufzukreuzen. Ich ging durch die Hölle. Jede Schicht wurde zur Zitterpartie. Ich konnte nichts mehr essen. Mein Magen brannte. Ich war nervös und fahrig, machte blöde Fehler und ließ ständig was fallen. Wenn ich verliebte Pärchen bedienen sollte, brach ich in Tränen aus. Meine Kollegen und Kolleginnen trösteten mich und halfen mir, zumindest den Raum rund um meine Arbeitsstelle zurückzuerobern. Das tat gut. Also sorgte ich dafür, seine Spuren auch aus allen anderen Bereichen meines Lebens zu tilgen. Im Gartenhaus, wo er ein paar Tage gehaust hatte, fing ich an. Auch zu Hause warf ich alles weg, was seine Eltern nicht hatten mitnehmen wollen.

Heute kann ich über das meiste lachen. Damals halfen nur Adrien Brody, Sarkasmus und Galgenhumor. Ich tanzte in der Küche zu Andrea Bergs Schlager »Du hast mich tausendmal belogen«. Ich ging zum Altglascontainer, um mich abzureagieren. Ich donnerte jede leere Flasche einzeln und mit extra Karacho in den Container, feuerte quasi für jede Münchhausiade ein Geschoss ab.

An einer Lichtung neben dem breiten Forstweg legen Katrin und ich die erste Pause ein. Von der Sonne ist nicht mehr viel zu sehen, der Himmel ist grau und trüb geworden. Mit den Köpfen auf den Rucksäcken starren wir den Wolken nach, die immer dichter aufziehen, sich mit weit geöffnetem Maul nähern, als wollten sie die Berge, den Wald und alles, was ihnen sonst in die Quere kommt, verschlucken wie der biblische Wal den Propheten Jona.

»Weißt du«, sage ich, »als alle Spuren von ihm getilgt waren, hatte ich das Gefühl, ich sollte seinen Geist vertreiben. Also räucherte ich sein leeres Zimmer aus. Ich habe keine Ahnung von so was und glaube auch nicht daran, es war mehr eine symbolische Geste. Ich trocknete Salbei aus dem Garten. Den hab ich auf mehreren, im Zimmer verteilten Untertellern abgefackelt. Es stank bestialisch und rauchte wie die Hölle. Aber statt seinen Geist zu vertreiben, habe ich ihn anscheinend gerufen!«

Er hörte einfach nicht auf, mich zu kontaktieren. Jetzt ging es um die Wohnung. Ich hatte ihn bei seinem Einzug als Hauptmieter mit in den Vertrag aufgenommen. Wir hatten einen uralten Mietvertrag und seitdem das Haus verkauft worden war, wollte uns der neue Besitzer gerne loswerden. Bei Kündigung einer Partei hätte er einen komplett neuen Vertrag aufsetzen können. Damit setzte mich mein Exfreund unter Druck. Ich sah meinen Sohn, meine Mitbewohnerin und mich schon mitten im Januar mit einem Köfferchen in der Hand im Schneetreiben auf der Straße stehen.

Wir packen zusammen und marschieren weiter, vorbei an Pferdekoppeln, die von Butterblumen und Löwenzahn gelb gefleckt sind. Das Olitätenland entpuppt sich als Landstrich, der einst für die Herstellung von Ölen, Heilmitteln und Balsamen bekannt war. In den Tälern drängen sich kleine Dörfer und weite Felder. Wir stapfen durch altes Laub, das herbstliche Stimmung hervorruft, obwohl Frühling ist. Katrin hört mir zu. Die ganze Zeit.

Ich denke daran, wie ich nach einer schlaflosen Nacht entschied, die Wohnung und den Schrebergarten aufzugeben. Ich wollte nicht erpressbar sein. Ich wollte auch nicht, dass es in irgendeiner Form noch eine Verbindung zwischen uns gab. Das war genau drei Monate und drei Tage vor der Wanderung. Drei Monate, in denen es für meinen Sohn und meine Mitbewohnerin galt, eine neue Bleibe zu finden, und für mich, zu entscheiden, was ich von einem Vier-Personen-Haushalt für mein zukünftiges Singleleben noch brauchen würde. Man glaubt ja gar nicht, was sich alles ansammelt, wenn man erstens Kinder hat und zweitens jede Menge Platz zur Verfügung. Von der gut gefüllten Karnevalskiste über aufblasbare Gummitiere, Jahreszeitendeko, Spielsachen und Weihnachtsschmuck gab es wirklich viel, was ich für meine Zukunft nicht mehr brauchte. Ich öffnete jede Schublade, jede Kiste, jeden Aktenordner, nahm jeden einzelnen Gegenstand, der sich in unseren sechs Zimmern befand, in die Hand, wo ich ihn betrachtend abwog: Brauche ich dich noch oder nicht? Wochenlang sortierte ich aus und versuchte, so wenig wie möglich wegzuwerfen. Ich verkaufte online und auf Flohmärkten, kontaktierte Selbsthilfewerkstätten, die Obdachlosen- und die Flüchtlingshilfe, inserierte auf Verschenkeplattformen und fuhr zum Schluss doch mehrfach zum Sperrmüll.

Anfangs war ich noch wehmütig, weil ich die Strampler meiner Söhne, meine eigenen Babykissen und die Holzeisenbahn aussortierte, Dinge, die ich eigentlich für meine Enkel aufheben wollte. Aber irgendwann fing es an, Spaß zu machen, meinen Besitz zu dezimieren, obwohl ich überhaupt keine Anhängerin von Minimalismus bin, sondern es in allen Lebensbereichen bunt, opulent, verspielt und überbordend mag. Aber allein beim Anblick meines Arsenals an Kleidern, Schmuck, Schuhen und Handtaschen war ich beinahe erleichtert, mich für ein paar Monate auf zwei Hemden und zwei Hosen zu beschränken. Ich reduzierte den Inhalt meines Kleiderschrankes um die Hälfte. Ich ging nicht mehr einkaufen, kochte mit dem, was in Vorratsschränken und Kühlschrank stand, improvisierte die seltsamsten Gerichte, verbuk zerbröselte Kekse, Dosenobst und Likör, verkochte Dinge, die seit Urzeiten in den hintersten Ecken verstaubten und löffelte Konserven, Einmachgläser und Konfitüren aus. So leerte ich in allen Räumen der Wohnung Behälter für Behälter, Regalbord für Regalbord und Schrank für Schrank.

Das Aussortieren war eine Reise durch die Vergangenheit. Ich kramte in Fotokisten und sah Alben durch, blätterte in uralten Kalendern und Briefen. In einer alten Blechdose stieß ich auf meinen Punkerschmuck aus Teenagertagen, von dem ich nicht mal mehr wusste, dass ich ihn aufgehoben hatte. Die Tagebücher, die ich zwischen meinem elften und siebzehnten Lebensjahr geführt hatte, fand ich so deprimierend, dass ich sie wegwarf.

Der größte Brocken war meine stattliche Bibliothek. In meinem Arbeitszimmer standen die Regale bis unter die hohe Altbaudecke, voll mit Büchern, geordnet nach Farben. Dazu kamen turmhohe Stapel ungelesener Bücher. In mein Bücherregal dürfen nämlich nur Bücher einziehen, die brav waren, sprich, von mir gelesen und für gut befunden wurden. Das Aussortieren der Bibliothek tat richtig weh, es war, als ob ich mir einen lebenswichtigen Teil aus meinem Körper riss. Aber einmal angefangen, fiel es mir immer leichter, und letztendlich trennte ich mich von der Hälfte des Bestands.

Und noch etwas tat ich in diesen Wochen: Ich nahm jede Einladung an, egal zu welchem Anlass. Ob Kino, Sauna, Kindergeburtstag, Jubiläumsfeier, ob in großer Runde oder nur zu zweit: ich versuchte so viel von meinen Freunden und Freundinnen zu bekommen wie möglich, bevor ich sie für so lange Zeit vermissen musste.

Was ich behielt, stapelte ich bei meinem Nachbarn bis unter die Decke. Magdalenas Sohn, der half, die Möbel aufeinander-zuhieven, meinte angesichts des schwankenden Gerümpelturms, er fühle sich wie im Raum der Wünsche in Hogwarts. Am Ende passte alles, was ich für die kommenden Monate brauchte, in einen Wäschekorb.

»Ich hab übrigens deine Socken-Wegwerf-Methode übernom-men, tut wirklich gut!«

Ich weiß, was Katrin meint: Während der Wohnungsauf-lösung zog ich mit Absicht nur alte, abgetragene Sachen an. Mit löchrigen Socken, ausgeleierten Strumpfhosen, verfärbten T-Shirts, zerrissenen Hosen und verwaschener Unterwäsche entrümpelte ich Zimmer für Zimmer und es war außerordent-lich befriedigend, abends die Kleidung nicht in die Schmutz-wäsche, sondern in den Mülleimer zu stopfen.

Mittags erreichen wir einen Aussichtsturm, der dem Päd-agogen Friedrich Fröbel gewidmet ist. Fröbel, in Oberweiß-bach geboren, war Begründer des Kindergartens. Wir lassen uns an einem Holztisch nieder und essen ein paar Snacks. Auf dem Plateau weht der Wind so kalt, dass wir nicht lange pau-sieren. Und dann fängt es auch noch an zu regnen! Katrin schlüpft unter einen blauen Poncho. Weil ihre Isomatte quer am Rucksack steckt, ist sie jetzt ein wandelndes Quadrat auf zwei dünnen Beinen. Wie Spongebob oder Bernd das Brot, nur in Blau.

Auf nassem Gras schlittern wir den steilen Hang in den Ort hinab. In Oberweißbach reihen sich die Schieferhäuser schräg am Hang aneinander und verströmen den Charme englischer Arbeitersiedlungen. Weiter bergab schweben wir mühelos und trocken in der Oberweißbacher Bergbahn. Seit 1922 kann man mithilfe der Standseilbahn die Strecke zwischen Hochfläche und Tal durch eine achtzehnminütige Fahrt überbrücken. Die Bahn ist ein Touristenmagnet. Der Schaffner erklärt alles Wissenswerte zur Bahn, mit der er täglich von früh bis spät den Berg hinauf- und wieder hinabfährt. Er ist engagiert und euphorisch, dabei sind wir die Einzigen in der Kabine, die ihm zuhören.

»Wird Ihnen das denn nie langweilig?«, frage ich.

»Überhaupt nicht!«, ruft er. »Ich hab ja jahrelang darauf gewartet, hierhin versetzt zu werden, das ist mein absoluter Traumjob!« Und tatsächlich wirkt er unglaublich zufrieden.

Mit dem GPS des Handys lotse ich uns über Forstwege auf den EB zurück. Vorbei an der Tristesse verlassener Provinzdörfchen, ruinöser Schiefervillen, verfallener, einst mondäner Hotels und einem riesigen, aufblasbaren Nikolaus, der traurig und ausgeblichen auf einem alten Bahnhofsgebäude sitzt, gelangen wir an die Schwarza, an deren Quelle ich zwei Nächte zuvor gezeltet habe. Aus dem schmalen Rinnsal ist ein dunkles Flüsschen geworden. Im saftigen Grün weitläufiger Auen rauscht das Wasser im steinigen Bett zügig voran, und vom schmutzig grauen Himmel rauscht der Regen zügig auf uns nieder. Meine Schuhe und Socken sind komplett durchweicht, die Pflaster haben sich längst gelöst. Es pocht und sticht gleich an mehreren Stellen.

Die letzten Kilometer quäle ich mich nur noch. In einer Flusskurve bauen wir im strömenden Regen hinter Weidengestrüpp das Zelt auf. Ich klebe mir im strömenden Regen neues Tape auf die Blasen. Wir kochen im strömenden Regen Kartoffelpüree mit Rotkohl. Wir essen im strömenden Regen. Wir ziehen uns im strömenden Regen aus und hängen unsere Regenjacken, die längst auch von innen klatschnass sind, an einen Ast. Pink und Blau leuchten sie und flackern bei jedem Windstoß, so wie unsere Hoffnung, dass eben dieser Wind den Regen in die Schranken weist und unsere Jacken trocken bläst. Nass und verfroren kriechen wir ins Zelt.

Es tropft und tropft, und trotzdem schlafen wir tief und fest, eingelullt vom Plätschern der Schwarza und dem Rauschen von Regen und Wind, die zusammen ein Wiegenlied für uns müde Wanderinnen singen, das süßer nicht sein könnte.

Am nächsten Tag kann ich kaum Schritt halten mit Katrin, bin aber fest entschlossen, mich von ein paar dummen Blasen nicht aufhalten zu lassen. Der Himmel ist grau, mit tief hängenden Wolken, doch wenigstens regnet es nicht mehr. Feuersalamander kreuzen unseren Weg. An einem Freibad mitten im Wald ist Subbotnik angesagt: Freiwillige harken das Laub auf den Wiesen zusammen und säubern das leere Becken. Hoch oben auf der anderen Uferseite thront das Schloss Schwarzburg über den Wipfeln frisch geschossenen Grüns. Trotz seiner maroden Fassade wirkt es vornehm und herrschaftlich. »Goldwaschen verboten« steht auf einem Schild am Flussufer. Die Schwarza ist nicht nur reich an Forellen: Früher wurde hier Goldwaschen im großen Stil betrieben. Angekommen im pittoresken Örtchen, das mit Fachwerk- und Schieferhäusern auftrumpft, gönnen wir uns ein zweites Frühstück in einer Konditorei und tratschen ein bisschen über den Literaturbetrieb.

Immer am wildromantischen Fluss entlang geht es unter steil aufragenden Hängen durch tiefen Wald. Ich kühle meine Füße im eiskalten Wasser. Aber bald beginnt es wieder zu regnen. Es regnet und regnet und regnet. Nichts bleibt trocken. Wir sind nass bis auf die Haut, meine Blasen werden immer größer und dicker, und es ist kalt. Die Laune ist im Keller. Abends kapitulieren wir und suchen uns ein Hotel.

Während ich jeden freien Zentimeter mit Isomatten, Schlafsäcken, Zeltplanen und Kleidern behänge, schnippelt Katrin uns einen Salat im Kochertopf.

Das Motto der folgenden Etappe ist Asphaltromantik. Wir passieren eine Lärmschutzwand, queren die Bundesstraße, marschieren durch ein Industriegebiet mit stinkenden Schloten und laufen kilometerweit über einen geteerten Fahrradweg, immer an einer Bahntrasse lang. Auf den Schienen rauscht ein Zug nach dem anderen vorbei. Das Ganze natürlich im Dauerregen. Zwar führt der Radweg irgendwann an die Saale und an ihrem Lauf wieder durchs Grün, bleibt aber asphaltiert. Die Blasen an meinem Fuß schwellen pflaumengroß an. Ich laufe neben dem Weg im nassen Gras, aber es hilft alles nichts, jeder Schritt bleibt die Hölle, und weil eine Blase am Fußballen sitzt, kann ich kaum auftreten.

»Nur die Aussicht auf Kaffee und Kuchen treibt mich noch an!«, gestehe ich Katrin.

»Sollst du haben!«

Also erobern wir in Saalfeld schnurstracks das erstbeste Café. Während ich in meinem Cappuccino rühre, sind meine Gedanken in Aufruhr. Meine Füße tun so weh, dass ich eigentlich keinen einzigen Schritt mehr gehen möchte, zumal es immer noch in Strömen regnet. Aber Katrin hat sich ja extra Urlaub genommen. Und wir haben diesen Trip so lange zusammen geplant, ich möchte sie nicht enttäuschen. Trotzdem weiß ich, dass Weitergehen keine Option ist. Also nehme ich meinen ganzen Mut zusammen und sage ihr, dass ich nicht mehr laufen kann. Ich fange an, herumzustammeln, aber Katrin winkt ab und beruhigt mich, dass ich mir um sie keine Gedanken machen soll, daran sei ja nichts zu ändern.

»Und vor allem: Es ist gar nicht schlimm!«, ruft sie und bestellt fröhlich noch eine Runde Kaffee und Kuchen.

Ich bin total erleichtert. Wir quartieren uns in der nächsten Pension ein.

Dort desinfiziere ich die Blasen und steche sie mit einer Nähnadel auf. Ich bohre in jede Blase zwei Löcher, durch die ich

Zahnseide ziehe. Die Enden verknote ich. So kann die Wund-
flüssigkeit dauerhaft abfließen und die Blasen trocknen aus.

Während ich in meinem Medizintäschchen nach Wundsalbe
krame, fällt mal wieder das Kondom raus.

»Das kann ich eigentlich gleich wegwerfen. Unnötiger Bal-
last.«

»Bloß nicht! Sortier andere Sachen aus, aber das nicht!«, ruft
Katrin. »Man weiß doch nie.«

»Das meinte Magda auch schon. Glaubt ihr wirklich, dass es
zum Einsatz kommt?«

»Nee, eigentlich nicht. Aber es wäre doch dumm, wenn's im
Fall der Fälle daran scheitert.«

Ich stecke das schon leicht zerknitterte Kondom also folg-
sam zurück in die Medikamentenbeutel. Es erinnerte mich an
das eine Kondom, das ich als Teenager jahrelang in meinem
Portemonnaie mit mir herumgetragen hatte, einfach weil unsere
Mädchen-Clique einstimmig beschlossen hatte, dass wir ab nun
stets für den Fall der Fälle gewappnet sein mussten. Wo wir die
Kondome her hatten, weiß ich nicht mehr, vermute aber, dass
wir uns zusammen unter lautem Gekicher und mit hochroten
Köpfen eine Packung gekauft und zwischen uns aufgeteilt hatten. Meins zumindest war nie zum Einsatz gekommen. Es war
höchstens in den unpassendsten Situationen zwischen Münzen
und zerknitterten Einkaufszetteln rausgerutscht, bis ich es eines
Tages entsorgte, weil es vollkommen zerkratzt, luftleer und ver-
trocknet war.

Weil der Hotelbesitzer denkbar unfreundlich ist, verzichten
wir auf ein Essen in seiner Gaststube und kochen auf unserem
Zimmer mit dem Spirituskocher Tütenreis. Danach verlustieren
wir uns auf der furchtbar hässlichen weißen Ledercouch, zappen
durch das Fernsehprogramm und bleiben an einer Doku über
die slowakische Tatra hängen.

Katrin durchforstet nebenbei die Webseite der Interessengemeinschaft EB, auf der alle Informationen rund um den Weg gebündelt sind. »Guck mal, hier gibt es eine Tabelle, in der angegeben ist, wie viele Wanderer sich jährlich auf den Weg machen und wie viele davon das Ziel erreichen. Da ist ja nicht gerade viel los auf dem EB. Für dieses Jahr sind drei Starter registriert.«

»Naja, da haben die mich aber nicht mitgezählt. Die können ja nur Leute erfassen, die sich bei denen gemeldet haben.«

»Mach das doch mal, es wäre doch interessant herauszufinden, wer die anderen sind. Vielleicht sind sie nett und ihr trefft euch unterwegs! Hier steht eine Mailadresse. Bert heißt der Mann, dem du schreiben kannst.«

Und das tue ich am nächsten Tag, nachdem ich Katrin zum Bahnhof gebracht hab. Weil es immer noch ohne Unterlass regnet, bin ich umso froher, zu pausieren. Ich habe nicht einmal Lust, die örtlichen Feengrotten zu besichtigen, bleibe stattdessen einfach den ganzen Tag auf der scheußlichen Couch liegen, esse Tütenpudding und sehe den Wasserschlieren auf der Fensterscheibe beim Herunterrinnen zu.

Als Bert antwortet, stellt sich heraus, dass er längst von meiner Wanderung weiß. Das kam so: Bert hat ein paar Jahre zuvor bei einem Preisausschreiben meinen zweiten Roman gewonnen. Und weil er daraufhin meine Karriere verfolgte, bekam er mit, als ich auf meiner Homepage großspurig verkündete, mich am EB zu versuchen. Nun versorgt er mich mit Tipps und vernetzt mich mit den anderen zwei EB-Wanderern. Beide wollen am 1. Mai aufbrechen. Ein Mann startet in Budapest und eine ältere Dame in Eisenach. Bert lädt mich außerdem ein, bei ihm zu übernachten, wenn ich in Sachsen bin, denn er wohnt nicht weit weg vom EB. Als ich meinen Klubbies davon berichte, schreibt Nina, übrigens die nächste auf meiner Besucherliste: »Jewish Mama says be careful!«

»Nina, ich glaub, der Mann ist Rentner!«

»Na das sind doch die schlimmsten!«

»Du darfst bestimmt unter einem Bild mit röhrendem Hirsch schlafen«, wirft jemand anders ein.

»Oder der Rentner wird selbst zum röhrenden Hirsch«, trägt Vera bei.

Am nächsten Morgen scheint endlich wieder die Sonne. Ich starte vorsichtig in den Tag. Vorbei an der alten Stollwerck-Schokoladenfabrik geht es aus dem Städtchen hinaus. Fachwerkdörfer, Felder und Forst wechseln sich ab.

Der andere EB-Wanderer meldet sich bei mir. Er ist auf dem Weg nach Budapest, wo er ein paar Tage verbringen will, bevor es losgeht. Drei Monate hat er für den gesamten Weg angesetzt.

»Ich bin sehr minimalistisch unterwegs«, schreibt er, »bin ein Ultraleicht-Hiker der verrückten Sorte. Meine gesamte Ausrüstung wiegt nur 4,5 kg. Wird aber unterwegs noch weniger werden, da ich vorhabe, noch was rauszuschmeißen.« Er erklärt, aus der Bushcraft-Szene zu kommen, nicht viel zu brauchen und gerne im Wald zu schlafen, im Zelt fühle er sich eingesperrt. Von mir will er wissen, ob ich die Variante über Riesengebirge und Tatra gehe und ob ich auf einem Selbstfindungstrip sei. Über letzteres kann ich lachen, aber mit meinem dicken Rucksack fühle ich mich plötzlich total überladen. Und von Wegvarianten weiß ich nichts. Ich komme mir also auch noch schlecht informiert und mies vorbereitet vor. Außerdem habe ich fünf Monate für die Strecke angesetzt und von den angepeilten 30 Kilometern Tagesleistung bin ich mit den kaputten Füßen noch weiter entfernt als ich es in der ersten Woche war. Ich röchele bergauf immer noch wie eine Oma am Rollator, aber wenigstens muss ich nicht mehr alle fünf Meter stehen bleiben, um Luft zu holen, sondern nur noch alle zwanzig. Im Angesicht der euphorischen Nachrichten des Ultraleicht-Typen fühle ich mich wie eine Versagerin. Kurz später stellt sich auch die EB-Wanderin am Handy vor, sie ist frisch in Rente und erfüllt sich mit der Wanderung einen lang gehegten Traum.

Die Luft ist erfüllt vom Duft blühender Rapsfelder und Obstbäume. Mit Löwenzahn übersäte Wiesen schmiegen sich an die Bergflanken. Bald erreiche ich die Talsperren Thüringens. Der Oberlauf der Saale mäandert in scheinbar natürlichen Schleifen durchs tiefe Tal und schmiegt sich dabei so sanft um die bewaldeten Hügel, dass man kaum glauben mag, wie sehr der Mensch hier seine Finger im Spiel hatte. Die sogenannte Saalekaskade, ein Stausystem aus fünf Talsperren, wurde in den dreißiger und vierziger Jahren gebaut. Was einst den Elbschiffsverkehr auch bei Niedrigwasser sichern sollte, dient heute der Energiegewinnung. Aus der Höhe blitzen zwischen den roten Fichtenstämmen immer wieder die tiefblauen Flussschleifen auf. Manchmal führt der fußbreite Pfad aber auch direkt zwischen Seen und steilen Schieferhängen entlang.

An der monumentalen Staumauer des oberen Speicherbeckens der Talsperre Hohenwarte treffe ich zwei ortskundige Spaziergänger, die mir das gigantische, ins Tal führende Röhrensystem des Pumpspeicherwerks zeigen. Als ich ein Panoramabild von den Fallrohren und dem darunter liegenden unteren Speicherbecken, das sich in einer runden Schlaufe um den Hügel windet, schießen möchte, entreißt mir ein heftiger Windstoß einen meiner Trekkingstöcke. Klackernd purzelt er zwischen die riesigen weißen Rohre, rutscht mehrere Meter und bleibt schließlich – gerade noch in Sichtweite – an einer Querstrebe hängen.

»Ui, Mist! Ob ich ganz frech über die Absperrung klettern kann?«

»Naja, ich glaube, das ist keine gute Idee«, sagt der Mann, und seine Frau fügt hinzu: »Man kann es schon schaffen, aber es ist alles videoüberwacht und die hohen Zäune und Sicherheitsabsperrungen gibt's sicher nicht umsonst …«

»Aber wir kennen jemanden, der beim Energieversorger arbeitet. Wir könnten da mal nachhaken«, bieten sie mir schließlich an und notieren sich meine Telefonnummer.

Abends frage ich an einer Jugendherberge, ob ich mein Zelt im Garten aufschlagen darf. Der Herbergsvater mustert mich von Kopf bis Fuß und brüllt: »Beim nächsten Mal aber richtige Schuhe an! Das sind doch keine Wanderschuhe!«

Es muss für manche Männer echt ein Problem sein, wenn da so eine kleine dicke Frau kommt, die das Ding einfach macht.

Auf der Bank vor der Herberge unterhalte ich mich mit den einzigen anderen Gästen, einem Paar, das eine mehrtägige Talsperrentour macht. Die Frau streckt ihre schmerzenden Beine von sich. Als sie aufsteht, um sich ein Glas Wasser zu holen, ist ihr Gang holprig und steif. Diese Art zu gehen ist mir nur zu vertraut, auch ich bekomme abends kaum noch gerade Schritte hin. Fersen und Sehnen ziehen derart schmerzhaft, dass es dauert, bis man wieder in Gang kommt. Der Fernwanderergang zeichnet sich dadurch aus, dass man breitbeinig läuft wie ein Cowboy, der sieben Wochen durch die Wüste geritten ist, und zugleich so krumm und lahm wie ein Tattergreis. Landet man abends in einer Pension mit Treppen, stakst man diese hoch, als hätte man sich in die Hose gemacht. Ich gebe der Frau ein Tütchen Magnesium gegen die schmerzenden Glieder. Wir verstehen uns prima und hätten gerne noch ein wenig in Ruhe geplaudert, aber der Herbergsvater muss jetzt beweisen, dass er the next Rüdiger Nehberg ist und fällt uns permanent ins Wort, um uns die frohe Kunde seiner Survival-Erlebnisse zu überbringen. Weil sein Augenzeugenbericht nicht den nötigen Eindruck hinterlässt, fühlt er sich bemüßigt, uns Videobeweise vorzulegen. Er hält uns sein Handy in voller Lautstärke vor die Gesichter, damit wir auch jedes Detail seines letzten afrikanischen Abenteuers verfolgen, wo er unter einer briefmarkengroßen Plane mitten in einem unzugänglichen Kaktuswald nächtigte und dabei natürlich auch noch einem Unwetter ausgesetzt war, wie es die Savanne seit Jahrhunderten nicht erlebt hatte. Glücklicherweise wird der große Held von seiner Frau bald zu Bett gerufen und wir haben endlich Ruhe.

Es ist der 1. Mai und somit der Tag, an dem die beiden anderen EB-Wanderer ihre Tour starten. Sie nehmen mich in ihre WhatsApp-Gruppen auf, denn genau wie ich halten auch sie ihre Bekannten auf diesem Weg auf dem Laufenden. Der Ultraleicht-Typ postet ein Video von sich am ungarischen Startpunkt. Darin lobt er Budapest als weltoffene Stadt, die dank Orbán glücklicherweise frei von Salafisten sei. Erschrocken und wütend klicke ich das Video weg.

Als ich mich wieder beruhigt habe, schreibe ich zuckersüß in die Gruppe, dass ich ihm einen guten Start auf dem Weg der Freundschaft wünsche, der ja zur Völkerverständigung gegründet wurde und füge noch hinzu: »Und da würde ich direkt gerne wissen, was du mit deiner Bemerkung zu Orbán und den Salafisten meinst.«

Daraufhin entschuldigt er sich immerhin für seine »leicht politisch angehauchte Äußerung, die in einer Wandergruppe nichts zu suchen hat«. Da sich sonst niemand distanziert, entscheide ich, nur noch stumme Beobachterin in der Gruppe zu sein. Täglich erreichen mich nun Nachrichten heroischer Leistungen. Die Rentnerin stürmt schon in aller Herrgottsfrühe die Piste. Sie rast in einem Tempo über den Rennsteig, als habe sie die Bundesbank ausgeraubt und sei auf der Flucht. Wofür ich zwei Tage brauchte, das schafft sie an einem. Der Ultraleicht-Typ ist nicht minder flott unterwegs. Während ich mich noch frage, ob ich jemals dreißig Kilometer an einem Tag schaffen werde, rennt er schon vierzig. Nachts schläft er unter einem selbstgenähten Tarp und einem Regenschirm im blanken Laub und tagsüber springt er über die Budaer Berge wie Super Mario. Ich krieche derweil in gewohnter Schneckenmanier die Hügel hoch und keuche wie eine Dampflokomotive.

Durch das Schneetreiben der Kirsch- und Apfelblüten buck-liger alter Obstbaumalleen laufe ich von Dorf zu Dorf, wo sich Fachwerk- oder Schieferhäuser um Weiher und Kirchen drän-gen. Die Friedhöfe sind alt und klein, meist werfen nur eine handvoll Grabsteine ihre Schatten über die Wiesen. An den Bächen klappern alte Mühlräder. Postmeilensäulen markieren das historische Wegenetz. Immer wieder führt der Weg an die mächtigen Seen des Talsperrensystems. Noch sind einige Bäu-me kahl, und so fällt mein Blick oft durch ihre Kronen auf die Weiten des zuweilen schwarz schimmernden Wassers.

In diesen Tagen erreicht mich eine E-Mail der Hausver-waltung. Erstens akzeptieren sie meinen Nachbarn nun doch nicht als Bevollmächtigten und erklären aus diesem Grund das Mietverhältnis als nicht ordentlich beendet, und zweitens wol-len sie, dass ich die Wohnung renoviere. Und zwar innerhalb von vierzehn Tagen. Dabei steht im Übergabeprotokoll schwarz auf Weiß, dass ich die Wohnung unsaniert übernommen habe und nur besenrein hinterlassen muss. Jetzt soll ich die Tapete abreißen, die Wände weißen, Fenster, Wanne und Fliesen put-zen und den Balkon fegen. Ich fange an zu heulen. Als ich mich beruhigt habe, rufe ich eine Anwältin an. Die lacht nur, als ich ihr die Mail und das alte Wohnungsprotokoll weiterleite: »Nu wandern Sie mal schön weiter, Frau Salentin, ich schreib denen einen knackigen Dreizeiler und damit ist die Sache vom Tisch.

Sollte die Kaution bis zu Ihrer Rückkehr noch nicht überwiesen sein, kümmere ich mich gern kostenpflichtig, aber für den Witz hier will ich nichts.«

Ich atme auf, sah ich mich doch schon im Zug nach Leipzig sitzen und Tapete von den Wänden kratzen, und gehe weiter meines Weges.

Abends erreiche ich eine offene Schutzhütte oberhalb von Ziegenrück. Ich baue nur mein Innenzelt in der Hütte auf. Aus dem Fenster kann ich auf das Dorf im Tal und die Flussschleife gucken. Langsam versinkt die Sonne über dem fernen Bergrücken und überzieht die Wipfel der Nadelbäume mit einem goldenen Orange. Diesen idyllischen Anblick genieße ich beim Abendessen. Es ist so kalt, dass ich mir zum Schlafen Mütze und Daunenjacke überziehe, an der noch ein Hauch Parfum aus meinem zivilen Leben hängt. Ich schlafe trotz der Kälte tief und fest.

Bis mich ein lautes Knurren weckt.

Vor der Hütte grollt, bellt und schnauft es so archaisch, dass ich zu Tode erschrecke. Ich weiß nicht, was nur wenige Zentimeter neben meinem Zelt tobt, aber mir ist klar: Es ist groß und es ist gefährlich.

Oh mein Gott, es gibt ihn doch, den Werwolf! Jetzt geht's dir an den Kragen!, wimmere ich innerlich, unfähig, mich zu rühren. Zerberus, der Höllenhund, knurrt immer lauter. Und dann klingt es, als ob direkt neben mir jemand abgemurkst wird. Der eine grollt und knurrt, der andere quietscht und kreischt, als werde ihm bei lebendigem Leib die Haut abgezogen.

Ich zittere. Mein Herz pocht so stark, dass mein Brustkorb fast platzt. Es ist stockduster, ich sehe meine Hand vor Augen nicht und fühle mich in meinem Zelt wehrlos ausgeliefert wie in einem Käfig. Irgendwann begreife ich, dass es weder Werwolf noch Bluthund noch Wächter der Unterwelt sind, die direkt neben mir ihr Unwesen treiben, sondern aufgebrachte Bachen, die ihre Frischlinge schützen wollen.

Du musst die blenden, das ist deine einzige Chance!, denke ich und greife nach der Stirnlampe. Die Isomatte knarzt. Meine Rettung! Denn das Geräusch macht den Tieren anscheinend mehr Angst als sie mir: So plötzlich, wie das Spektakel losging, ist es auch vorbei, die Wildschweinrotte verschwindet von alleine und ward nicht mehr gehört. Den Rest der Nacht klammere ich mich an meine Stirnlampe und bekomme kein Auge mehr zu.

Aber am nächsten Morgen bin ich glücklich. Es ist genau das passiert, wovor ich am meisten Angst hatte, und ich habe es überlebt! Ich fühle mich, als ob ich den Adventure-Ritterschlag erhalten hätte. Und deshalb ist es auch in Ordnung, dass mein Körpergeruch nach mehreren Zeltnächten am ehesten mit *odeur de sanglier* zu bezeichnen ist.

Es wird nun täglich kälter. Die Täler sind nebelverhangen, Rehe springen über frostige Wiesen, Krähen krächzen von den starren Kronen.

An der Bleilochtalsperre schlage ich mein Zelt auf und friere so sehr, dass ich kaum ein Auge zumache. Morgens krieche ich in zentimeterhohen Schnee. Im Mai. Der Rundweg um den Stausee ist mit einer knirschenden weißen Schicht bedeckt. Immerhin: Ein Rundweg, so könnte man meinen, ist eigentlich eine sichere Sache, um sich nicht zu verlaufen. Ich schaffe es trotzdem. Überhaupt habe ich mich schon ziemlich oft auf dem EB verlaufen, weil ich keine Markierungen gefunden oder die Wegbeschreibung im Wanderführer falsch verstanden habe.

Es schneit fröhlich weiter. Meine Brillengläser sind nass und beschlagen, ich fühle mich wie ein Grottenolm. Dieser Lurch ist nämlich nicht nur der König der Langsamkeit, sondern auch noch blind. Der Grottenolm kommt im Lauf eines Jahres höchstens fünf Meter voran. Eine weitere Gemeinsamkeit verbindet uns: die blasse, rosafarbene Haut. Die Faulheit des Grottenolms dient der Energieersparnis, das ist mir sehr sympathisch, denn auch darin sind wir uns ähnlich: Der Lurch bewegt sich nur, wenn er auf Nahrungssuche geht. Und Grottenolme werden nicht erwachsen. Auch darin bin ich gut. Deshalb singe ich jetzt laut Karnevalslieder, um mich aufzumuntern. Ich bin eigentlich kein Jeck, aber die Lieder habe ich quasi mit der Muttermilch aufgesogen.

»Ich ben ne Räuber, leev Marielche, ich ben ne Räuber durch un durch. Ich kann nit treu sin, läv en dr Daach ren, ich ben ne Räuber, maach mr kein Sorch!«, gröle ich und »Op dem Markt, op dem Markt stonn de Buure, decke Eier, fuhle Prumme, lange Muhre! Un die Lück, un die Lück sin am luure, op die Eier, op die Prumme, op die Muhre! In Coloooooohooonia!« Und natürlich: »Echte Fründe ston zesamme, ston zusamme so wie eine Jott un Pott. Echte Fründe ston zesamme, es och dih ein Jlück op Jöck un läuf dir fott!«

Als ich davon im Klub berichte, gesteht Gaëlle, die schon viele Jahre im *ZierlichManierlich* arbeitet und in Tschechien mit mir wandern wird, dass lautes Singen im Wald eine ihrer geheimsten Leidenschaften wäre.

»Das machen wir zusammen, wenn du im Juni kommst!«, antworte ich.

Eine andere Freundin schreibt: »Wenn Stare in der Nähe sind, kannst du ihnen dadurch die Lieder beibringen.«

Eine schöne Vorstellung! Was wohl der nächste Wanderer denkt, wenn es an Deutschlands größtem Stausee plötzlich von den Bäumen trällert: »Dicke Mädchen haben schöne Namen, heißen Tosca, Rosa oder Carmen!«

So komme ich einigermaßen amüsiert voran, während die Schneeschicht immer höher wird. Mittags wische ich den

Schnee von einer Bank und koche mir mit dem Schmelzwasser Kartoffelpüree, das schneller kalt wird, als ich es mit meinen behandschuhten Fingern essen kann. Am Nachmittag erreiche ich vollkommen durchnässt und verfroren eine Straße. Vor mir liegen zwei Optionen: Auf dieser Straße den Stausee überqueren und in Saalburg landen, wo es eine Pension gibt, oder weiter um die südliche Bleilochtalsperre laufen, bis ich nach deren Umrundung anderthalb Tage später von der anderen Seite ebenfalls Saalburg erreiche. Von Bert weiß ich, dass auf dieser Schlaufe zurzeit alle Gaststätten und Unterkünfte geschlossen sind, was eine weitere Zeltnacht im Schnee bedeuten würde. In meinem Kopf kämpft die Streberin gegen die faule Socke. Tatsächlich kämpfe ich mich noch ein paar Meter weiter durch den Schnee am Seeufer, bevor ich mir innerlich selbst an die Stirn tippe und umdrehe. Vernunft ist auch nicht das Schlechteste, denke ich und mache mich bibbernd auf die Suche nach der Pension. Als ich mich im Zimmer aus den nassen Kleidern schäle, ist meine Daunenjacke völlig verklumpt und um den Schlafsack ist es auch nicht besser bestellt. Das Tauwasser ist nämlich seitlich unter den Regenschutz gelaufen und hat sich unten in einer dicken Blase gesammelt. Kein Wunder, dass mir der Rucksack seltsam schwer vorkam. Der gesamte Inhalt ist durchtränkt. Also heißt es mal wieder Ausrüstung im Zimmer verteilen und hoffen, dass alles über Nacht trocknet. Generell entwickelt man sich als Fernwanderer zum Schrecken aller Zimmermädchen: Zelt und Isomatte, Schlafsack und Kleider werden zum Trocknen aufgehängt, jede Ecke des Raums mit nassen Socken und Unterhosen dekoriert, das rußverschmierte Kochgeschirr im Waschbecken ausgewaschen und Klopapierrollen geklaut. Ich drehe die Heizung hoch und krieche nach einer heißen Dusche immer noch frierend unter die Decke. Trotzdem fühle ich mich wie ein Weichei, denn richtige Survival-Outdoor-Cracks hätten natürlich auch im klatschnassen Schlafsack und bei minus dreißig Grad noch im Schnee gezeltet. Mitten in diesem Stimmungs- und Motivationstief schreibt auch noch die rasende Rentnerin, dass sie mich bald einholen möchte. Eigentlich ist es eine nette Nachricht, denn sie lädt mich in ihr Zuhause ein, das nicht weit vom Weg liegt. Aber jetzt fühle ich mich erst recht wie eine Niete, denn sie ist ja zwölf Tage nach mir gestartet und beinahe doppelt so alt! Deprimiert und voller Versagensängste heule ich meinen Klubbies die Ohren voll.

»Man soll sich nur mit sich selbst vergleichen, weißt du das noch nicht?«, tröstet mich Vera.

Gut, wenn ich es von diesem Standpunkt betrachte, habe ich natürlich Grund, stolz auf mich zu sein, denn immerhin bin ich schon 260 Kilometer weit gekommen. Andererseits bin ich noch keine 300 Kilometer gelaufen und lege schon den ersten Cheatday ein … Dabei habe ich in den Blogs der Thruhiker gelesen, dass die oberste Devise *connecting footsteps* heißt!

»Rebecca, kein Hahn wird am Ende danach krähen, ob du wirklich jede Etappe einzeln abgelatscht bist!«, sagt Magdalena und fügt hinzu: »Ich kann nicht mal verstehen, dass du dir darüber überhaupt Gedanken machst! Ich hätte keine Sekunde gezögert! Und jetzt genieß bitte alle Vorzüge, die ein Pensionszimmer zu bieten hat!«

Ich bin eben jemand, der immer alles richtig machen möchte. Das ist ein Problem. Und Probleme hab ich eigentlich schon genug. Also beschließt die rheinische Frohnatur, sich nicht mehr daran zu stören, dass sie so langsam ist. Ich treffe eine grundsätzliche Entscheidung: Weg mit dem Leistungsdruck. Sollen doch andere vierzig Kilometer am Tag und steile Bergpassagen im Eiltempo schaffen, für mich ist nicht wichtig, wie ich die Berge hochkomme, sondern dass ich sie hochkomme.

Wenn ich es bis Tschechien schaffe, schaffe ich auch den Rest! Das ist meine neue Devise.

Der Ultraleicht-Typ schmeißt übrigens nach einer Woche das Handtuch. Er bricht die Wanderung ab, weil seine Ausrüstung im Regen versagt hat und sein Knie geschwollen ist. Bert versucht noch, ihm aus der Ferne zu helfen. Der Trailangel googelt ungarische Busfahrpläne und Läden für Campingartikel in der Nähe des Bushcrafters. Aber der möchte sich kein Zelt kaufen und es langsamer angehen, er tritt lieber die Heimreise an. Und auch die rasende Rentnerin werde ich nie treffen. Sie stürzt und muss ein paar Wochen pausieren. In der Zeit wird mein Vorsprung zu groß, um mich noch einzuholen.

»Mama, Hauptsache, du gibst nicht auf!«, mahnen mich meine Söhne, als ich ihnen davon berichte.

Sachsen, Mai 2019

An der thüringisch-sächsischen Grenze ist das Landesgrenzen-
schild so verwittert, dass man die beiden Wappen kaum noch
erkennt. Ich bin froh, dass ich es überhaupt gesehen habe, denn
an diesem Meilenstein habe ich nicht nur über 300 Kilometer
geschafft, sondern mir theoretisch auch das erste von fünf EB-
Wanderabzeichen nach altem DDR-Reglement verdient. Aber
ich sammle ja nicht einmal Stempel.

Gefeiert wird trotzdem, und zwar in einem Landgasthof
bei einem fürstlichen Mahl: Wildschweinbraten mit Klößen
und Rotkraut. Meine ersten Thüringer Klöße esse ich also in
Sachsen. Der Braten ist meine kleine Rache für den nächtlichen Überfall bei Ziegenrück. Ich bin der einzige Gast und
sehne mich nach Kontakt. Zum Glück hat der Wirt auch Lust
auf einen Plausch und setzt sich zu mir. Er gibt mir die Geschichte des Hauses wieder, das eingerichtet ist wie ein engli-
sches Landgut. Es ist das Wohnhaus seines Großvaters, eines
Tuchfabrikanten, gebaut in den zwanziger Jahren. Die Familie
hielt die vornehme Fabrikantenvilla schon in den Wirren des
Krieges und der Besatzungszeit für verloren, aber dann war es
die Enteignung im Sozialismus, die ihnen das Anwesen nahm.
Nach der Wende konnte er die Villa zurückkaufen und eröff-

nete mit seiner Frau den Landgasthof. Die Fabrik aber war verloren.

Vorbei an einer Drachenhöhle und einer weiteren südstaaten-beflaggten Ranch namens »Klein Amerika« geht es Richtung Plauen. Dort komme ich bei Saruul, einer Freundin von Nina, unter. Ursprünglich hatten wir vorgehabt, uns zu dritt einen schönen Abend zu machen, bevor Nina und ich aufbrechen. Aber da ich trotz meines langsamen Tempos kurioserweise früher in Plauen ankomme als geplant, werden wir uns ein paar Tage später in Klingenthal treffen.

Saruul kommt aus der Mongolei. Wir hatten uns ein halbes Jahr zuvor bei einer Geburtstagsfeier kennengelernt. Als sie erwähnte, in Plauen zu wohnen, hatte ich ihr von meinen Wanderplänen erzählt, und davon, dass der EB direkt durch ihre Stadt führt. Umgehend hatte sie mir angeboten, mich zu beherbergen. So gehörte Saruul zu den Menschen, denen ich im Vorfeld ein Versorgungspaket schickte. Nun treffen wir uns an der Musikschule, wo sie ihre Tochter abholt. Mit meiner dreckigen und nassen Wanderkleidung fühle ich mich in ihrem SUV deplatziert. Wir kurven einmal quer durch Plauen; die Familie lebt auf einem großen Grundstück am Rand der Stadt.

»Ich muss dir noch was gestehen«, sagt Saruul. »Der Postbote hat dein Päckchen damals über den Gartenzaun geworfen und unser Hund hat es leider gefressen. Also, nicht alles, aber Teile davon. Den Wanderführer hat er verschont, aber vom Proviant haben wir nur noch zerfetzte Verpackungen gefunden. Ich hoffe, das waren jetzt keine abgezählten Portionen …«

»Im Grunde hat der Hund mir einen Gefallen getan! Dieses Porridge schmeckt nämlich widerlich. Ehrlich gesagt mache ich mir mehr Sorgen um den Hund und das, was die Chiasamen in seinem Darm veranstaltet haben!«

»Ach, der hat schon viel schlimmere Dinge gefressen!«, versichert mir Saaruls Tochter lachend.

Nach dem Abendessen im Kreis der Familie zeigen mir die Kinder Fotoalben von den jährlichen Besuchen in der Mongolei. Und obwohl wir täglich telefonieren oder schreiben, fehlen mir an diesem Abend meine eigenen Kinder so sehr, dass es fast wehtut.

Die Zeit in Plauen nutze ich zum Wäschewaschen und Vorräte auffüllen. In der Fußgängerzone stehen nicht nur Schaukästen mit der berühmten Plauener Spitze, sondern auch bunte Plastiken der Comicfiguren *Vater und Sohn* aus der Feder des Karikaturisten Erich Ohser. Ohser wuchs in Plauen auf und brachte es unter dem Pseudonym e. o. plauen zu Weltruhm. Der drohenden Hinrichtung durch die Nationalsozialisten entzog er sich, indem er sich in seiner Zelle erhängte.

Ich bleibe länger als geplant, denn die Zeugen meines trotteligen Vorfalls an der Talsperre Hohenwarte haben es doch tatsächlich geschafft, meinen Trekkingstock wiederzubeschaffen. Das Paket habe ich sie vorsorglich an Saruuls Arbeit adressieren lassen, damit der Hund nicht wieder Schindluder treibt.

Bewaffnet mit beiden Trekkingstöcken folge ich den prächtigen Steinbogenbrücken über die Weiße Elster aus der Stadt hinaus und gebe mich wieder ganz dem wildromantischen Landstrich hin. In den saftigen Flussauen schrecke ich Reiher und Störche auf. Verwitterte Scheunen und krumme Weidenzäune beherbergen Viehherden. Bäuerliches Leben, tiefe Nadelwälder, sattgrüne Hügellandschaften und monumentale Viadukte bestimmen das Vogtland. Gelbe Rapsfelder und kleine Waldstücke reihen sich aneinander wie Spielfelder auf einem Schachbrett. Nachmittags beginnt es zu regnen. Als ich meine pinke Regenjacke aus dem Rucksack holen will, stelle ich fest, dass ich sie bei Saruul vergessen habe. Gerade erst habe ich meinen

Trekkingstock wieder und schon den nächsten Gegenstand verloren!

Trailangel Bert läutet die Rettungsglocke, denn just hat sich noch ein Wanderer bei ihm registriert, der mir dicht auf den Fersen ist und nun von Bert gefragt wird, ob er bereit sei, mir meine Regenjacke hinterherzutragen. Ich hoffe, der fremde Wandersmann sagt Ja.

Im Nieselregen trotte ich durch saftige Wiesentäler, dichte Tannenwälder und triste sächsische Dörfer, in denen die Hausfassaden grau und unsaniert sind. Ich werde zwar nass, aber die eintönige und monotone Betätigung des Wanderns sorgt dafür, dass ich mich nicht weiter ärgere. Etwas Wesentliches verändert sich. Eine Lappalie wie diese hätte mich noch vor ein paar Wochen vollkommen fertiggemacht, ich hätte mich zermartert und wäre voller Selbstzweifel gewesen. Aber jetzt denke ich: Eine Regenjacke ist nicht lebensnotwendig. Kein Grund, ein Nervenbündel zu sein. Ich bin nicht mehr so dünnhäutig, wankelmütig und durcheinander wie noch vor einiger Zeit. Man wird eben ruhiger und entspannter, wenn über Stunden nichts zu hören ist als das Zwitschern der Vögel, das Rauschen der Fichten und der knirschende Rhythmus der Schritte auf mit roten Nadeln übersäten Waldwegen. Das Wandern wirkt.

Pfingstrosen und Rapsfelder stehen in voller Blüte. Willkommene Farbkleckse im tristen Grau des verhangenen Himmels, der meine Regenjackenlosigkeit mit andauerndem Nieselregen traktiert. Wahlplakate säumen die Landstraßen. Konkurrenz zu den rechten Parteien gibt es kaum. Die Dörfer sind wie leergefegt. Es gibt keine Einkaufsmöglichkeiten. Dabei darbe ich nach Zucker und Fett: Dicke Würste, Fritten, Softdrinks und Eis sind meine neuen besten Freunde. Die Favoriten unter den Suchtstoffen: Cola, Knackwürste und

Kaktus-Eis. Aber Kioske und Backstuben sind geschlossen, die Verkaufsräume verwaist, die Theken leer. An ehemaligen Gaststätten prangt jahrzehntealte Reklame für Bier- und Zigarettenmarken, von denen es einige längst nicht mehr gibt. In den Schaukästen vertrocknen Fliegen in staubigen Spinnennetzen vor Speisekarten, die so ausgeblichen sind, dass man nichts vom Angebot, das es hier einmal gab, erkennen kann. Türen und Fenster einstiger Pensionen sind zugenagelt, das Wurzelwerk von Bäumen und Sträuchern sprengt Höfe und Hauswände, Beton und Putz. Diese Relikte sind die einzigen Zeugen einer einst funktionierenden Infrastruktur. Es herrscht bedrückende Trostlosigkeit. Schwierig, sich unter diesen Umständen vorzustellen, dass es hier einmal eine florierende Geselligkeit gab. Die Dörfer sind zu Reliquien derer geworden, die nun versuchen, mit dem Frust der Wendeverlierer politisch Stimmung zu machen. Das Kopfsteinpflaster ist bruchstückhaft mit Teer übergossen. Alte Industrieanlagen liegen brach und Eisenbahntrassen still. Autobahnen zerschneiden das Gelände. Armut, Arbeitslosigkeit und Alkoholismus zeichnen die Gesichter, die so grau und verwittert sind wie die Fassaden der zerbröckelnden Häuser. Einziger Farbfleck: Ein gelber Aufkleber an einer Laterne. »Bitte flüchten Sie weiter! Es gibt hier nichts zu wohnen! Refugees not welcome!« steht dort. Die Bordsteine sind übersät mit Zigarettenstummeln und den braunen Scherben zerbrochener Bierflaschen. Das einzig Idyllische in dieser Gegend mit der Tristesse eines No Man's Land ist die Natur rundherum. Obwohl, auch die ist an diesem Tag eher düster: Tote Gleise mit rausgerissenen Schwellen führen zu einem dunklen Forst. Bei einer Rast entdecke ich im feuchten Laub mehrere Schnürstiefel. Kappen und Schäfte ragen von grünem Moos überwuchert zwischen dem Wurzelgestrüpp einer alten Eiche hervor, und das ausgerechnet, als

77

ich einen True-Crime-Podcast über einen Wald- und Wiesenmörder höre. Keine gute Idee, wenn man alleine wildzeltet.

Immerhin gibt es in einem Ort nicht nur eine Wurst- und Kaffeebude, sondern auch eine Drogerie. Dort finde ich einen billigen Poncho, Modell gelber Sack. Es ist keine Dauerlösung, aber besser als gar kein Regenschutz. Kurz darauf ruft der potentielle Regenjackenretter an.

»Hallo, EB-Wanderer hier!«, schreit er durchs Telefon.

Hui, denke ich, der muss aber schwerhörig sein.

»Ich hörte von Ihrem Dilemma und kann Ihnen die Jacke selbstverständlich mitbringen«, fährt er fort. Er spricht starken sächsischen Dialekt. Ich erkläre ihm, wie es zum Jackenverlust kam und wo diese abzuholen wäre. Der Wandersmann brüllt so laut ins Telefon, dass ich den Hörer vom Ohr weghalten muss. Immer, wenn ich was sage, entstehen lange Pausen, ehe er antwortet. Also fange auch ich an, laut und überdeutlich zu reden, damit mich der rüstige Rentner versteht. Am Ende des zähen Telefonats lässt er sich Saruuls Nummer geben und kündigt im Ton eines militärischen Oberbefehlshabers an, mich in ein paar Tagen einzuholen. Artig bedanke ich mich und kann gerade noch den Impuls unterdrücken, stramm zu stehen und meine Hand an die Schläfe zu legen. Ich frage mich, wie mich ein derart hochbetagter Herr einholen will, aber vielleicht hat er sein Leben lang Gewaltmärsche absolviert und ist deswegen tipptopp in Schuss. Und die rasende Rentnerin hat mir ja auch schon gezeigt, was eine Harke ist. Im Rennen um die goldene Spaziernadel des Jahres 2019 sind also nach dem Ausscheiden des Ultraleicht-Typen noch zwei Rentner und meine Wenigkeit, die Langsamste von allen dreien. Überhaupt scheint der gemeine deutsche EB-Wanderer eher älteren Semesters zu sein, zumindest wenn ich nach den Fotos der Jahrestreffen gehe, deren Galerie sich auf Berts Webseite findet.

In den nächsten Tagen hält der Wandersmann mich über WhatsApp auf dem Laufenden. Anfangs siezen wir uns noch, bis er irgendwann schreibt: »Nu ist aber gut, ich bin der Johann.«

Er ist fünf Tage nach mir gestartet und weiß seit dem ersten Tag, dass ich eine Nasenlänge vor ihm liege, denn er hat meine Einträge in den Hüttenbüchern verfolgt.

Als ich das vogtländische Waldhufendorf Landwüst erreiche, scheint endlich wieder die Sonne. Der kleine Ort ist anlässlich eines Jubiläums mit seltsam anmutender Dekoration geschmückt: Bizarre Stoffpuppen in Lebensgröße stecken in Fliegeruniform, Henkerskutte oder bäurischer Kluft. Bunte Stoffwimpel schmücken die Holzzäune und an den Wäscheleinen flattern karierte Kissenbezüge neben Nachtwäsche von anno dazumal.

Endlose Rapsfelder sind immer wieder von fichtenreichen Höhenzügen durchsetzt. Nur Blindschleichen kreuzen meinen Weg. Auf dem Grenzkamm wandere ich mit einem Fuß in Tschechien. Einmal verlaufe ich mich und merke es erst, weil die zwei Forstarbeiter, die ich nach dem Weg frage, kein Deutsch sprechen. Am Nachmittag setzt leichter Landregen ein, dessen Stärke gegen Abend zunimmt. Es ist der Abend, bevor ich Nina in Klingenthal einsammeln werde. Ich campe trotz des Regens gut und trocken, weil ich oberhalb des einstigen Rittergutes und heutigen Kurorts Erlbach eine geräumige Schutzhütte finde. Die Bude ist einfach und relativ sauber, es gibt einen groben Tisch mit roten Wachsflecken, eine schiefe Sitzbank und eine Tür, die man sogar zuschließen kann. In den Ecken verkümmern Kronkorken und zerknüllte Müsliriegel- und Kondomverpackungen.

Der rüstige Rentner ist nur noch wenige Kilometer hinter mir. So werde ich bald endlich meine Regenjacke zurückbekommen. Er schreibt außerdem, dass der bevorstehende Abschnitt durch das Erzgebirge für ihn persönlich schwierig sei, weil der EB an seinem Heimatdorf vorbeiführt. Er gedenke aber nicht, zu Hause nach dem Rechten zu sehen.

»Da sitzen dann aber hoffentlich nicht deine Frau, drei Kinder, sieben Enkel und der Hund, und weinen, weil du einfach vorbeiläufst?«, frage ich.

»Erzähl ich dir noch. Keine Frau, keine Kinder, kein Hund.«

»Auch kein Mann?«, schiebe ich hinterher. Er verneint mit einem lachenden Emoji. Ich stelle mir Johann als zähen alten Kerl vor, der eine gescheiterte Ehe hinter sich hat oder verwitwet ist und sich nach der Verrentung den langgehegten Traum erfüllt, auf Reinhold Messners Spuren zu wandeln.

Meine Isomatte rolle ich auf dem staubigen Holzboden aus. Das rhythmische Prasseln des Regens auf dem Dach lässt mich trotz des harten Untergrunds schnell und tief einschlafen.

Es regnet immer noch, als ich am nächsten Morgen die wenigen Kilometer bis nach Erlbach marschiere. Alle paar Meter informieren Tafeln über die Dorfhistorie von der Ritterzeit bis zur Gegenwart. Ich habe extra so kurz vor einem Ort genächtigt, damit ich dort mein Handy laden, die Wasserflaschen auffüllen und einen Kaffee trinken kann. Mein bombensicherer Plan zerplatzt allerdings, als ich feststellen muss, dass es in dem kleinen Luftkurort zwar einen schönen Marktplatz mit einer Konditorei gibt, diese aber schon lange nicht mehr in Betrieb ist. Auch die Touristeninformation ist geschlossen. In der Kirche will ich wenigstens mein Handy aufladen und am angrenzenden Friedhof die Wasserflaschen auffüllen, aber auch hier sind alle Pforten fest verriegelt. Ich weiß, dass zwischen Erlbach und Klingenthal nur der Wald auf mich wartet. Nur leider weiß ich nicht, wie schnell ich diesen Wald passieren muss, da Nina mir erst im Laufe des Vormittags schreiben wollte, mit welchem Zug sie kommt. Also bleibt mir nur, so schnell wie möglich nach Klingenthal zu kommen, damit sie nicht vergeblich am Bahnhof nach mir Ausschau halten muss. Ich spurte durch den Regen. Am Dorfrand passiere ich ganz unerwartet einen Garagenladen, der erstaunlicherweise sogar geöffnet hat. Triefend trete ich ein und bitte die verdutzte Inhaberin, mein Telefon für einige Minuten zu laden. Sie stöpselt das Handy an die Steckdose über der Kühltruhe, und während ich eine Limonade trinke und ihren Laden nass tropfe, unterhalten wir uns darüber, wie kümmerlich die Infrastruktur in der sächsischen Provinz ist. Sie berichtet, dass ihr kleiner Laden die einzig verbliebene Einkaufsmöglichkeit im Dorf ist: »Und auch ich hab nur bis elf Uhr vormittags geöffnet, denn dann mach ich oben die Gaststätte auf. Die jungen Leute fahren mit dem Auto zu Lidl, aber für die Alten ist es ein Problem. Für die bleibe ich, auf die ist mein Sortiment abgestimmt.«

Und so kann ich hier auch einen einzelnen Schwamm für mein Kochgeschirr kaufen, ohne gleich eine ganze Packung zu erstehen.

Nachdem ich endlich Ninas Nachricht lesen kann und weiß, dass sie erst am Nachmittag kommt, schlittere ich in aller Ruhe über den von Forstfahrzeugen und Traktoren aufgewühlten schlammigen Boden breiter Waldwege zum Grenzsteig. Der hauchdünne Poncho bietet nicht wirklich Schutz. In einem kleinen Unterstand koche ich mir den Kaffee, der mir in Erlbach versagt blieb.

Neblig dick steht der Dunst zwischen den hohen Tannen, greift tief ins Unterholz, als wolle er den Wald zudecken oder für immer verschwinden lassen. Nur der regelmäßige Ruf eines Kuckucks leistet mir Gesellschaft. Über weiche Mooskissen und nasses Gras führt der schmale Pfad. Weiße Grenzsteine schmiegen sich in die Heidelbeersträucher, als ich auf der Landesgrenze steil nach Klingenthal hinabsteige.

Am Ortseingang beobachten zwei Polizisten durch die Regenschlieren auf der Frontscheibe die über die Grenze kommenden Fahrzeuge. Das Grenzgebiet ist Einflugschneise für den Handel mit Crystal Meth, nirgendwo sonst bekommt man die Droge in Deutschland so leicht und billig wie in Sachsen. Der Regen wird noch stärker, sintflutartige Bäche strömen über die Straßen und meine Hoffnung, am Bahnhof endlich einen Ort zum Aufwärmen zu finden, wird jäh zerschlagen; außer einem Bushäuschen hat der einzige Bahnsteig nichts zu bieten.

Ein Gutes bringt der Dauerregen: Wasser. Ich stelle meine Flaschen einfach vor dem Unterstand auf, warte bis sie voll sind und koche mir dann im kargen Schutz hinter zersprungenen Scheiben Curryreis auf der Sitzbank, in deren Gitter Kippenstummel und verbeulte Kronkorken stecken.

Genau in dem Moment, als Ninas Zug einfährt, reißt der Himmel auf.

»Hej, sieh mal, ich bringe die Sonne mit! Wenn Engel reisen ...«, begrüßt sie mich lachend. Ihr langes Haar hat Nina zu zwei Zöpfen geflochten. Sie trägt eine dicke Outdoorjacke, eine Regenhose und einen Rucksack, der größer ist als meiner. Daran baumelt eine große Trinkblase, an deren Schlauch sie alle paar Meter einige Schlucke trinkt. Wir queren den ausgestorbenen Ortskern und verlassen Klingenthal an der anderen Talseite. So abschüssig, wie es hinabging, geht es nun wieder hinauf. Und wie bei jedem steilen Aufstieg bekomme ich umgehend Berg-Tourette. »Warum mach ich das Ganze hier eigentlich?«, rufe ich und recke die Hände theatralisch gen Himmel. »Ich könnte so schön zu Hause im Warmen sitzen und Spaghetti essen oder mit einer Tasse Tee im weichen Bett herumlümmeln! Ach nee, ich hab ja kein Zuhause mehr. Ich bin ja obdachlos und lauf mit dem Zelt durch die Gegend, obwohl ich Zelten hasse und Wandern sowieso! Und was soll ich auch in Leipzig? Mein ganzes Leben ist so was von im Arsch: Laden weg, Wohnung weg, Kinder weg, Mann weg. Die reinste Misere! Und dann diese beschissenen Berge: Ich sag dir, seit ich losgelaufen bin, geht es immer nur bergauf und bergab, ich werd schon ganz meschugge davon!«

Je mehr ich meckere, desto lauter muss Nina lachen.

»Ich hör ja schon auf«, seufze ich und muss selber lachen. »Nina, das Schlimmste ist nämlich: Eigentlich fühlt sich all das ja verdammt gut und richtig an! Ich glaube, ich ruckel mich innerlich langsam wieder zurecht!« Wenn ich allein dran denke, wie mich die Motten an den Rand eines Zusammenbruchs brachten. Sobald eine durch die Wohnung flatterte oder frech glänzend in aller Ruhe an der Wand saß, kamen mir schon die Tränen der Verzweiflung. Ich war wie besessen: inspizierte dunkle Ecken nach Larven und scannte jeden Raum nach den goldenen Faltern. Und die fiesen Asseltierchen waren überall! Ich kam mir vor wie in einem kafkaesken Roman, war kurz davor, kirre zu werden. Die Jagd nach den Motten machte mich paranoid. Es war das Gefühl der absoluten Ohnmacht, denn egal was ich tat, die verflixten Viecher flatterten ganz ungeniert um die Lampen, und wenn ich endlich ein Nest fand, war der Schaden, den die Larven angerichtet hatten, schon riesig. Ich empfand die Motten als Symbol für alles, was von meinem Exfreund geblieben war.«

Nina zieht aus der Böschung einen großen knorrigen Stock, um besseren Halt im matschigen Boden zu haben. Der Himmel ist jetzt reingewaschen, schimmert in einem blassen Blau über den dunkel bewaldeten Hügelkuppen. Auf dem Kamm stehen tapsige Kälbchen und blühende Obstbäume direkt neben verwaisten Skisprungschanzen.

»Ich soll dich übrigens von Richard um deine Nummer bitten.«

»Richard? Welcher Richard?« Ich durchforste mein Gehirn nach einem Mann mit diesem Namen, aber mir fällt einfach keiner ein.

»Na pass auf, das war so: Ich fluche am Computer, weil ich einfach keine vernünftige Verbindung von Leipzig nach Klingenthal finde. Fragt mein Kollege: ›Was willst du da überhaupt?‹ Ich: ›Ich treffe mich mit einer Freundin zum Wandern. Die wandert nämlich den Weg der Freundschaft von Eisenach nach Budapest.‹ Mein Kollege: ›Die heißt nicht zufällig Rebecca?‹ ›Doch, woher weißt du das?‹ ›Die hat mein Schwager auf dem Rennsteig getroffen.‹«

»Das gibt's ja gar nicht!«, rufe ich, denn natürlich erinnere ich mich an Richard und Pauline. Ich erlaube Nina, meine Nummer weiterzugeben, und schon kurz später schreibt mir Richard und schickt mir ein Foto von meinem verlorenen Nickituch. Es ist wirklich erstaunlich, dass alles, was ich auf dem EB verliere, doch wieder auftaucht.

»Das ist Serendipity!«, meint Nina und ja, sie hat recht, bis jetzt steht die Tour ganz im Zeichen der glücklichen Zufälle.

Eigentlich wollten wir auf dem Aschberg zelten, aber angesichts der kühlen Temperaturen, des zur Dämmerung erneut einsetzenden Regens und meiner durchnässten Kleidung nehmen wir unterhalb der Bergkuppe spontan ein Zimmer. Eine Entscheidung, die sich im Nachhinein noch als Segen herausstellen wird.

Auf dem Bett liegend, planen wir die Strecke für die kommenden drei Tage so, dass Nina am Ende im erzgebirgischen Aue wieder in einen Zug steigen kann. Ich lege mir eine Tuchmaske auf, mit der ich aussehe wie ein Gespenst. Keine Ahnung, warum ich mir die in Plauen gekauft habe und keine Ahnung, warum ich sie dort nicht angewendet habe, aber noch weiter mitschleppen möchte ich sie nicht. Nina lacht sich über den

Anblick schlapp. Wir liegen auf dem Bett, sehen fern, plaudern und chatten nebenbei mit Freunden und Familie. Es stellt sich heraus, dass der Regenjackenretter nur wenige hundert Meter entfernt von uns auf der tschechischen Seite des Berges in einer Pension untergekommen ist. Wir verabreden uns für den nächsten Tag nach dem Frühstück.

Aufgefallen war mir Nina übrigens das erste Mal im Sportstudio, weil sie auf ihrem Unterarm das hebräische L'Chaim tätowiert hat. So hatten wir schnell festgestellt, dass wir beide jüdische Väter haben. Abgesehen von der bloßen Feststellung, dass wir beide aus binationalen, bireligiösen Elternhäusern stammen, vertieften wir das Thema nicht, wenn wir uns trafen. Nina ist Journalistin und Kommunikationstrainerin und hat einen dreijährigen Sohn. Wir sehen uns nicht oft, aber wenn, dann quatschen wir pausenlos. Außerdem machen wir regelmäßig Stände auf dem Flohmarkt zusammen. Doch über ihre Familiengeschichte weiß ich so gut wie nichts – das soll sich beim Wandern ändern, nehme ich mir vor.

Beim Frühstück gibt es hartgekochte Eier, die unter Eierwärmern in Hühnerform stecken. Die gestrickten Hühner tragen Deutschlandfarben. Ah ja.

Der Regenjackenretter schreibt, wir sollen mal loslaufen, er werde uns dann schon einholen. Gesagt, getan.

Nebel liegt auf der Kuppe des Aschbergs, hüllt jede noch so schön angepriesene Aussicht in seine grauen Arme, und obwohl der Wind um unsere Ohren pfeift, liegt der Wald still und düster. Ich frage Nina nach ihrem Vater und erfahre, dass er in Amerika lebt. Nach der Trennung der Eltern ist Nina mit ihrer Mutter nach Deutschland zurückgezogen. Ihren Vater sah sie wegen der großen Entfernung nicht oft.

»Seit ich Mutter bin, fliege ich öfter rüber. Ich möchte, dass mein Sohn seinen Opa gut kennt.«

»Das verstehe ich. Ich selbst habe meinen Vater ja nur dreimal gesehen. Wir haben uns erst kennengelernt, als ich selbst schon Mutter war. Es war eine furchtbare Begegnung. Es ist uns nicht gelungen, dem Fremdsein eine Beziehung abzuringen. Aber zu meinem Großvater Leon fand ich schnell und leicht Zugang.« Ich berichte Nina von dem, was er mir damals in Haifa in den Bruchstücken unserer gemeinsamen Worte wiedergegeben hatte. Wir saßen zusammen auf einer Bank in einem Park im Viertel Neve Sha'anan und beobachteten meinen zweijährigen Sohn, der auf den Spielgeräten des in meinen Augen lieblos gestalteten Spielplatzes herumturnte.

»In einem Lager war ich nie!«, betonte Opa Leon und ich fühlte mich ertappt, weil ich immer wieder auf seine Arme geschielt hatte, auf der Suche nach einer verblassten Nummer in der faltigen Haut. Mein Opa stammte aus einem polnischen Schtetl, er kam aus ärmlichen Verhältnissen, seine Schrift glich der eines Erstklässlers. Jiddisch war seine Muttersprache, Jiddisch sprach er mit seinen askenasischen Freunden, die er auf den Straßen Haifas traf. Mit allen anderen, auch seinen Kindern, sprach er Ivrit. Polnisch sprachen er und seine Frau nur, wenn es etwas zu bereden gab, was die Kinder nicht verstehen sollten. Englisch konnte er nicht. Also sprach er Jiddisch mit mir und ich antwortete auf Deutsch. An diesem Nachmittag sprach Leon, oder Lonje, wie wir ihn nannten, davon, dass er während der deutschen Besatzung einen riesigen Kasernenhof fegen musste. In seinen Worten klang es nicht bedrohlich, mehr wie eine nervige Strafarbeit. Aber dann sei er abgehauen und habe sich gen Osten durchgeschlagen. Nachts sei er über den Bug geschwommen und habe sich all die Jahre über in den Wäldern der heutigen Ukraine verkriechen können. Dort habe er auch meine Großmutter kennengelernt. Nach dem Ende des Kriegs seien sie zu Fuß bis Italien gegangen.

Meine Großeltern sind also auch mehrere tausend Kilometer gelaufen und haben dabei auch Länder und Regionen gestreift, durch die mich der EB noch leiten wird. Aber natürlich gibt es keinen Vergleich, denn meine Wanderung ist weder von Angst, Vertreibung oder Flucht noch von dem blanken Kampf ums Überleben geprägt.

Da stehe ich, an diesem trüben Tag im Mai 2019 im sächsischen Vogtland neben meiner Freundin Nina, die von Kopf bis Fuß in wasserabweisender Funktionskleidung steckt und aus dem Schlauch ihrer Trinkblase trinkt. In meinem Rucksack stecken ein Ultraleichtzelt, ein Daunenschlafsack, eine aufblasbare Isomatte und ein Alukocher. Auch ich trage Kleidung, die winddicht, aber atmungsaktiv ist, einen Fleecepulli, Merinowäsche, einen gefütterten Buff und Trekkingschuhe mit Goretex-Membran. Selbst der lächerlich dünne und billige gelbe Regenponcho erscheint mir plötzlich luxuriös, wenn ich mir meine Großeltern mit dem Wenigen vorstelle, was sie am Leib trugen. Einmal mehr frage ich mich, wie sie die Tage überstanden und wo und wie sie wohl die Nächte verbracht haben mögen. Es gibt ein Schwarzweiß-Foto, das meine Großeltern als junges Paar zeigt. Es steht bei meinem Vater im Wohnzimmer in einer Vitrine. Ich habe selten eine schönere Frau gesehen als meine Großmutter auf diesem Foto. Das dunkle Haar ist sorgfältig in Wellen gelegt, die Augen sind groß und mandelförmig, die Brauen außergewöhnlich geschwungen, der Mund herzförmig, die Wangenknochen hoch und elegant. Opa Lonjes Haar ist auf dem Bild voll und schwarz. Meine Oma war schon tot, als ich das erste Mal nach Israel flog. Das Einzige, worum ich meinen Vater je bat, war ein Abzug von diesem Foto. Eine einfache Kopie auf Papier hätte mir gereicht. Aber er weigerte sich, mir diese Bitte zu erfüllen. Mein Vater war während des langen Marsches durch das zerbombte Europa geboren worden.

»Sogar in einem Spital!«, rief mein Großvater stolz und fügte hinzu: »In Linz in Österreich!«

Leon trug den Säugling in einem Rucksack über die Alpen bis nach Italien. Sie fanden ein Schiff nach Palästina. In Haifa lebten sie in der Altstadt unweit des Hafens mit dem markanten Dagon-Getreidesilo und bekamen noch zwei Kinder. Mein Großvater arbeitete als Tischler und meine Großmutter weinte den ganzen Tag. Sie war die Einzige aus ihrer Familie, die den Holocaust überlebt hatte.

»Vor ein paar Jahren war ich das letzte Mal in Israel. Ich recherchierte für meinen zweiten Roman. Lonje war weit über neunzig, er war ganz winzig und krumm, hatte kaum noch genügend Haare auf dem Kopf, um das Spängchen seiner Kipa zu befestigen. Bevor ich wieder nach Deutschland flog, wollte ich ihn noch ein Mal sehen, ich wusste, dass es das letzte Mal sein würde. Mein Vater verhinderte dieses Treffen. Und er informierte mich nicht über Leons Tod. Seitdem haben wir keinen Kontakt mehr.«

Wenn ich meinen Vater nach dem Leben seiner Eltern fragte, hatte er immer geantwortet: »Was interessiert dich die Vergangenheit? Da gibt es für dich nichts zu wissen.«

Ich wollte aber gerne mehr wissen. Also stellte ich einen Suchantrag bei der Holocaust-Gedenkstätte Yad Vashem. Ich hatte nicht viel: Die Namen meiner Großeltern, das Geburtsdatum meines Vaters, das Einreisejahr und die Information, dass sie vor dem Krieg vermutlich in der Woiwodschaft Lublin gelebt hatten, zumindest erinnerte ich, dass Leon auf die Frage nach seiner Herkunft »Lublin, Polen« geantwortet hatte. Erstaunlicherweise bekam ich umgehend ein Aktenzeichen zugewiesen und eine Woche später folgten die Scans mehrerer Akten und Briefe. So erfuhr ich zum einen, wo und wann meine Großeltern geboren worden waren. In Leons Akte war als Geburtsort

Włodawa/Lublin vermerkt, bei meiner Großmutter Slonim, das heute in Belarus liegt. Ich erfuhr aber auch, dass die Geschichten, die Opa Lonje mir erzählt hatte, nicht stimmten. Er war nämlich durchaus in Lagern gewesen: Im März 1940 war er ins Ghetto Sosnowiec deportiert worden und von dort bis zu seiner Befreiung im Januar 1945 in verschiedene Zwangsarbeits-und Konzentrationslager. Die Stationen seiner Internierungen gleichen einer Odyssee durch Osteuropa. Zuletzt war er im Lager Fünfkirchen, dem ungarischen Pécs. Auch meine Oma, die er angeblich in den undurchdringlichen Wäldern hinter dem Bug kennengelernt hatte, war in Ghettos und Lagern gewesen. Allerdings gaben die peniblen Aufzeichnungen der Nationalsozialisten auch wieder, dass sie sich 1944 illegal befreien hatte können, sprich geflohen war. Sie hatte danach also wirklich versteckt gelebt. Warum Opa Lonje diesbezüglich gelogen hatte, weiß ich nicht. Ich vermute, es war die Scham. Die ersten Jahre des jungen Staates Israel waren die der hemdsärmeligen Kämpfer, der Muskeljuden, und nicht die der von Zwangsarbeit, Cholera, Typhus, medizinischen Experimenten und Hunger gezeichneten Opfer. Außerdem hatten sie, wie so viele Überlebende, die Vergangenheit hinter sich lassen wollen.

Weiterhin verrieten mir die Akten, dass sie nach dem Krieg in Szczecin geheiratet hatten. Und dass die Familie in den ersten Jahren so arm gewesen war, dass sie staatliche Unterstützung bekommen hatten. Allein, die Opferbögen warfen mehr Fragen auf, als sie beantworteten: Wo hatten sich meine Großeltern wirklich kennengelernt? Was wollten sie in Szczecin? Die Hansestadt liegt an der Odermündung und ist über das Stettiner Haff an die Ostsee angebunden. Hatten sie versucht, im Seehafen eine Passage zu finden? Es macht wenig Sinn, von dort nach Palästina einzuschiffen, man müsste die gesamte europäische Westküste umfahren, um ins Mittelmeer zu gelangen. Wollten sie in ein anderes Land? Warum haben sie von Szczecin den gesamten Gürtel zwischen West- und Osteuropa bis nach Italien abgelaufen?

Sie waren einmal kreuz und quer durch Osteuropa verschickt worden, in Zügen und auf Todesmärschen. Und dann hatten sie einen zweiten Gewaltmarsch auf sich genommen, diesmal, um irgendwo einen Platz für sich und ihr weiteres Leben zu finden. Nach Polen sind sie nie wieder zurückgekehrt.

»Aber wie haben sich deine Eltern kennengelernt?«, unterbricht Nina meinen Bericht.

»In den sechziger Jahren studierte mein Vater in Italien Medizin. Sein bester Freund und Kommilitone zog nach Deutschland und schickte ihm eine Postkarte: ›Komm in die Eifel, hier kriegst du alles: tolle Seen zum Angeln, Frauen und einen BMW!‹. Meine Eltern arbeiteten im selben Krankenhaus und hatten eine flüchtige Affäre. Ich bin mit der Version groß geworden, dass mein Vater so sauer über die ungeplante Schwangerschaft war, dass er nicht nur meine Mutter, sondern auch das Land verließ. Ich wusste nichts über ihn. Den eigenen Vater nicht zu kennen, war im katholischen Rheinland nicht immer angenehm. Als ich dreizehn war, fand meine Mutter ein Foto von ihm. Das war das erste Mal, dass ich meinen Vater sah. Ich schämte mich zutiefst, was auch daran liegen mochte, dass es ein Strandfoto war. Wer möchte seinen fremden Vater schon in Badehose sehen? Als ich mein Abitur in der Tasche hatte, habe ich ihn gesucht. Ich hatte es satt, auf die Frage nach meinem Vater nicht mehr als seinen Namen, seinen Beruf, seine Religion und seine Staatsangehörigkeit nennen zu können. Überraschenderweise ließ er sich leicht finden, ein Anruf bei der internationalen Auskunft genügte. Dabei hatte mir das Jugendamt zu meinem 18. Geburtstag meine Akte eröffnet. Daraus erfuhr ich, dass man ihn all die Jahre gesucht hatte, um den Kindesunterhalt einzutreiben. ›Hier ist Rebecca, ich glaube, ich bin deine Tochter‹, sagte ich am Telefon. Ich zitterte. Er lachte und wirkte gar nicht überrascht: ›Rebecca, ich habe immer gewusst, dass du dich eines Tages melden wirst‹. Dann lud er mich und meinen Sohn nach Haifa ein.« Die Quintessenz von dem Wenigen, was mein Vater bereit war, mir über seine Familie preiszugeben, war, dass es in seinem Leben drei große Schockmomente gab. Der erste sei der gewesen, als er in Deutschland zu arbeiten begann, und seine Mutter ihm einen Brief in fehlerfreiem Deutsch schrieb. Nie zuvor habe er sie auch nur ein Wort in dieser Sprache sagen hören und nun stellte sich heraus, dass sie vor dem Krieg als Deutschlehrerin gearbeitet hatte. Der zweite Schock war, als sich nach ihrem Tod herausstellte, dass er nicht ihr erstes Kind war. Sie hatte bereits eine Familie gehabt, bevor die Deutschen kamen. Der dritte war ich.

»Du bist schuld, dass mein ganzes Leben Scheiße gelaufen ist!«, war einer der ersten Sätze, die mein Vater zu mir sagte. »Deinetwegen habe ich meine gute Arbeit in Deutschland aufgeben müssen! Ich hatte deiner Mutter ausdrücklich gesagt, dass ich kein Kind wollte! Was sie getan hat, war Samenraub! Das ist nämlich die Wahrheit: Uns verbindet nichts als ein Tröpfchen Samen!«

Ich verstand, dass mein Vater immer noch einen Groll gegen meine Mutter hegte, dass sich meine Eltern beide eine Version der Geschehnisse rund um meine Zeugung zurechtgelegt hatten, in der der jeweils andere der Böse war, und dass die Wahrheit vermutlich irgendwo zwischen diesen beiden Versionen liegt.

Ich besuchte ihn trotzdem noch zweimal, aber dabei blieb es – wir fanden keinen Zugang zueinander. Wir haben uns einfach nichts zu sagen. Kann man sich das vorstellen? Dass es jemanden gibt, mit dem ich nichts zu quatschen finde? Und deswegen habe ich irgendwann entschieden, dass es einfach keinen Sinn ergibt, sich weiter zu treffen. Uns verbindet vielleicht wirklich nicht mehr als ein Samentröpfchen, so traurig es auch klingt. Aber diesmal war es meine eigene Entscheidung, nicht die, die meine Eltern mir aufgezwungen haben.

»Und deine Geschwister, wie gehen die damit um?«, fragt Nina.

»Wir haben unterschiedliche Väter, die wir kaum kennen.« Was wir wussten: Sie alle hatten unsere Mutter auf niederträchtige Art und Weise sitzen lassen. Es gab kaum ein gutes Wort über unsere Väter. »Mein jüngster Bruder ist acht Jahre jünger als ich. Nach seiner Geburt habe ich meine Geschwister versorgt, wenn meine Mutter arbeitete. Sie hatte gerade erst einen alten, unsanierten Bauernhof gekauft. Sie hat uns alleine durchgebracht und das Haus in Schuss gebrachte, heute gehört es zu den schönsten im Dorf. Aber damals waren wir viel alleine, da sie ständig arbeitete.«

Weil das Leben, das meine Mutter führte, so unkonventionell war, wurden wir zu Außenseitern. Man schimpfte über den lumpigen Zustand unseres Hauses, den verlotterten Hof und die verwilderte Obstwiese. Wir waren vernachlässigt, aber wir waren auch frei. Wir konnten tun und lassen, was wir wollten. Während andere Kinder sich nicht dreckig machen durften, sprangen wir mit Karacho in den Matsch.

Meine Mutter lehrte uns, was es heißt, ein offenes Haus zu führen. Wir hatten kaum Geld und keine schicke Einrichtung, wir hatten in den ersten Jahren keine Heizung und keine ordentlichen Sanitäranlagen, aber bei uns war jeder willkommen. Ob Freund, Familie, Handwerker oder Hilfsbedürftiger: Irgendwer saß immer mit am Tisch und bekam einen vollen Teller in die Hand gedrückt. Ein Tisch, auf dem stets ein geblümtes Tischtuch lag und ein frischer Blumenstrauß stand. Meine außergewöhnliche Kindheit ist der Grund, warum ich keinerlei Schwierigkeiten habe, mich mit jeder Lebenssituation zu arrangieren und mit jedem Menschen klarzukommen. Man kann mich überall aussetzen, ich finde mich irgendwie immer zurecht. Ich habe nämlich so viele Verwandte, dass ich manchmal selbst den Überblick verliere. In meiner Familie herrscht das Schneeballsystem: Jede Generation ist größer als die vorherige. Ihre neun Kinder bescherten meiner Oma insgesamt 33 Enkelkinder. Also war bei uns immer was los. Es war vielleicht dreckig, laut und chaotisch, aber es war ein Haus voller Leben. Die Dorfgemeinschaft mochte sich über uns das Maul zerreißen, aber ihre Kinder liebten es, mit uns durch Haus, Hof und Ställe zu toben. Oft konnte ich nicht mit den anderen spielen, meine Aufgabe war es, den Haushalt am Laufen und meiner Mutter den Rücken frei zu halten. Und ich wollte sie unbedingt glücklich machen, denn das Schicksal hatte es ja nicht gut gemeint mit ihr. Also kochte ich mit dem Wenigen, was der Vorratsschrank hergab, sorgte für Ordnung und dirigierte meine Geschwister durch den Tag, die natürlich wenig Lust hatten, auf ihre naseweise Schwester zu hören. Ich hätte gerne mehr Zeit zum Spielen gehabt, aber ich bekam auch Anerkennung und Privilegien. So durfte ich abends bei meiner Mutter in der Küche sitzen bleiben, wenn die anderen ins Bett mussten. Sie erzählte mir alles Mögliche über ihre Arbeit, ihre Sorgen und ihre Konflikte, aber auch Intimes aus ihren Beziehungen, ich war ihre Vertraute. Mir gefiel es, als reif, fleißig und vernünftig zu gelten. Und da es sonst wenig Zuneigung oder Aufmerksamkeit gab, gierte ich nach diesen Stunden der vertrauten Zweisamkeit und dem Lob für meine Tüchtigkeit. Als Teenager hatte ich darauf allerdings immer weniger Lust und fing an zu rebellieren. Mir kam es plötzlich komisch vor, dass meine Mutter gleich an eine ganze Reihe von Schuften geraten war. Ich war voller Vorwürfe, Verachtung und Wut. So konnte ich nicht verstehen, warum sie das kaputte, alte Haus gekauft hatte, anstatt mit uns in eine komfortable Mietwohnung zu ziehen. Oder dass sie sich selbstständig gemacht hatte, anstatt im sicheren Beschäftigungsverhältnis zu bleiben. Ich warf ihr vor, mich ausgenutzt zu haben. Ich begann mich zu weigern, weiterhin so viel im Haushalt anzupacken. Lieber klaute ich die Zwei-Mark-Stücke aus ihrem Portemonnaie und kaufte davon Alkohol und Zigaretten. Ich zündete mir vor ihren Augen eine Bong an. Ich drehte meine Anlage extra laut auf. Ich kam bekifft und besoffen nach Hause, und zwar erst dann, wenn es mir passte. Manchmal blieb ich tagelang weg, schlief im besetzten Haus oder bei Freundinnen, freilich ohne meiner Mutter zu sagen, wo ich war.

»Mit siebzehn zog ich von zu Hause aus, mit achtzehn war ich schwanger«, fahre ich mit meiner Familiengeschichte fort. »Mit zwanzig war ich getrennt, mit einundzwanzig wieder schwanger. Fünf Tage nach der Geburt war ich alleinerziehend. Und dann zog ich nach Leipzig, obwohl ich dort niemanden kannte.«

»Und das erzählst du alles so unbeschwert?«, fragt Nina mich mit großen Augen.

»Ich hab mir, als ich die Eifel verließ, vorgenommen, nicht mehr länger Opfer meines Schicksals zu sein, sondern Täter meines Glücks. Was geschehen ist, bleibt Teil von mir. Und ich bin ja meistens glücklich. Das Gute ist doch: Wenn dein Leben so beginnt, dann kann es danach ja nur besser werden.«

Wir gelangen an eine Waldwegkreuzung mit unklarer Beschilderung. Ein vorbeieilender Jogger kennt sich aus und so folgen wir vertrauensvoll seinem ortskundigen Rat hinab ins Tal. Leider müssen wir nach ein paar Kilometern feststellen, dass dieser Weg jedoch nicht der richtige ist.

»Lektion eins: Vertraue gutaussehenden Joggern nicht!«, ruft Nina, während wir all die schönen Höhenmeter wieder hinaufsteigen. Und natürlich hat uns genau in dieser Zeit Johann mit meiner pinken Regenjacke überholt. Er ist sogar schon in Morgenröthe-Rautenkranz, dem Geburtsort des Kosmonauten Sigmund Jähn. Ich bitte ihn, die Jacke einfach an der Kasse des Raumfahrtmuseums zu hinterlegen.

»Jetzt hat der mir die Jacke nicht nur hinterher-, sondern auch noch vorausgetragen!«, flüstere ich Nina zu. Doch der rüstige Rentner will unbedingt im Museum bleiben, bis wir kommen. Nina und ich geraten ganz schön ins Schwitzen. Trotzdem brauchen wir noch mehr als eine Stunde bis Morgenröthe-Rautenkranz, keine Ahnung, über welche geheimen Dopingmittel die heutige Rentnergeneration verfügt. Vor dem Museum fallen wir ermattet auf eine Sitzbank mit Blick auf die berühmte MiG-21 und inhalieren ein paar Müsliriegel. Ich informiere Johann über unsere Ankunft.

Die Museumstür öffnet sich, ich springe auf, bereit zu salutieren oder wenigstens ein bisschen zu katzbuckeln, sacke aber umgehend wieder auf die Bank zurück, denn der vermeintliche Offizier a. D. entpuppt sich als sportlicher Mittdreißiger mit Basecap.

Johann schüttelt unsere Hände, reicht mir meine pinke Regenjacke und setzt sich zu uns. Immer noch von Schuldgefühlen geplagt, biete ich ihm einen Kaffee an. Später gesteht er mir, dass er dachte, ich würde ihn in eine Bäckerei oder ein Café einladen und dass er einigermaßen konsterniert war, als ich meinen Kocher aus dem Rucksack holte und auf der Bank Wasser erhitzte. Weil er keine Tasse hat, trinken wir abwechselnd aus meiner.

Dann brechen wir zu dritt auf. Es ist klar, dass wir nur ein paar Kilometer zusammen laufen, bevor er uns in seinem Windschatten zurücklässt, wir sind ihm viel zu langsam. Man sieht ihm förmlich an, wie schwer es ihm fällt, innerlich auf die Bremse zu treten. Am späten Nachmittag kehren wir in der Gaststätte am Kuhberg ein. Aber auch danach geht es zu dritt weiter. Und weil es schon dämmert, beschließt Johann, dass es keinen Sinn ergibt, weiterzulaufen. Also schlägt er sein Zelt neben meinem auf. In einer Reihe am Waldrand aufgestellt putzen wir uns die Zähne. Die Sonne schickt einen rosafarbenen Gute-Nacht-Gruß, das Gras ist benetzt von Tau, die Luft feucht und kühl.

Als Nina ihren Schlafsack ausrollt, entgleisen meine Gesichtszüge, denn ich sehe gleich, dass er viel zu dünn ist. Ich mache drei Kreuze, dass wir in der verregneten Nacht zuvor nicht auf der windumtosten Kuppe des Aschbergs bei Temperaturen um den Gefrierpunkt gezeltet haben. Nina schaut nicht weniger überrumpelt: »Hm, der lag jahrelang in meinem Schrank und ich hab ihn mir zu Hause nicht nochmal angesehen ... Als ich nach dem Studium mit dem Rucksack durch Indien reiste, war er perfekt.«

Nun ja, Sachsens Mittelgebirge sind nicht Indien und deshalb zieht Nina jetzt alles an, was sie dabeihat, und bekommt zur Sicherheit noch die Rettungsdecke aus Johanns Verbandspäckchen. So verbringen wir zu dritt eine schlaflose Nacht. Nina, weil sie trotz allem bibbert und schlottert, und wir anderen, weil Nina bei jeder Bewegung, die sie unter der Rettungsdecke macht, knistert wie ein Lamettabündel.

Wider Erwarten trennen sich auch am nächsten Tag unsere Wege nicht. Es geht vorbei an stillgelegten Stollen, Schächten und Schutthalden, wilden Bachtälern, einsamen Berghöhen und buckligen Schieferhäusern, deren Giebel mit Symbolen des Bergbaus geschmückt sind. Wir sind im Erzgebirge und hier grüßt man mit »Glück auf!«.

Nina ist durch ihre Arbeit bestens mit der Gegend und ihren Besonderheiten vertraut, sie ist ein wandelndes Lexikon, bei jedem Dorf, jedem Hügel, jedem Bauwerk kennt sie die Hintergrundgeschichte oder ein paar Anekdoten. Und weil es Johanns Heimat ist, unterhalten sie sich angeregt. Ich wäre lieber mit Nina alleine. Ich hatte mich so drauf gefreut, mit ihr in Ruhe zu quatschen, stattdessen betrachte ich stumm die im Rhythmus ihrer Schritte baumelnde Trinkblase.

Als wir einen steilen Pfad hinabsteigen, mache ich ein paar Fotos von den beiden. Nina legt den Arm um Johann. Ich habe keine Ahnung, warum sie sich so gut verstehen, für mich klingt das Meiste, was er erzählt, befremdlich. Gerade erklärt er Nina, warum er das Haus seines Opas übernommen und ausgebaut hat: »Es ist alles da: Ich hab sogar schon ein Kinderzimmer. Schule und Kindergarten sind direkt um die Ecke. Mir fehlt nur die Frau zur Familiengründung.«

Ich hätte mir ja erst mal eine Frau gesucht, bevor ich ihr gleich ein Haus einrichte, denke ich.

Am Wegesrand stehen schwarze Loren mit gekreuzten Hämmern. Die alten Stollenhunte, mit denen einst der Abraum aus den Gruben geschafft wurde, dienen heute nur noch Dekorationszwecken. Johann und Nina klären mich begeistert über die Welt unter Tage auf, über den früheren Bergbau in der Region, als hier noch die namensgebenden Erze abgebaut wurden. Zuletzt Cobalt und Uran. Heute ist das Erzgebirge vor allem bekannt für seine Weihnachtsmärkte und für die hohe Dichte an Christen und AfD-Wählern.

Auf der steilen Gasse zur Schneeberger St. Wolfgangskirche steht ein Wegweiser, dessen Holzpfeile in zwei Richtungen zeigen. Dieses Schild erfasst das ganze Motto des EB in zwei Worten, nämlich »bergnauf« und »bergnunner«.

Wir stranden in einer Konditorei in dem kleinen Bergbau-Städtchen. Und weil noch eine Zeltnacht mit Ninas dünnem Alibi-Schlafsäckchen nicht in Frage kommt, entscheiden Nina und ich nach dem Verzehr eines Tortenbergs, zu bleiben. Die geöffnete Konditorei gibt uns die Hoffnung, dass es auch noch eine Pension gibt, auch wenn das in meinen Augen eine kleine Sensation wäre, mein Heimatbundesland hat mich bisher in Sachen touristische Infrastruktur regelrecht in Rage gebracht – kaum Handynetz, ständig verschlossene Türen bei Gaststätten, Bäckereien, Supermärkten, Pensionen und Kirchen. Unfreundliche Menschen. Allergene sind in den Karten entweder gar nicht oder falsch gekennzeichnet – eine Glutenunverträglichkeit hält man hier für großstädtisches Getue. Die Bedienungen der wenigen geöffneten Lokale könnten noch den Berlinern in ihrer weltberühmten Schnauze Konkurrenz machen. Rassistische Begriffe werden selbst von jungen Menschen mit großer Selbstverständlichkeit benutzt. Fremdenfeindliche Gesinnung wird unverhohlen zur Schau getragen. An den Laternen prangen Aufkleber mit rechtsextremen Symbolen und Parolen, über manchem Haus flattert gar die Reichsflagge. Dabei geben Natur, Landschaft und malerische Dörfchen her, was man für einen florierenden Tourismus braucht. Nur: Wer will schon dorthin reisen, wo man Fremde nicht mag?

Manchmal führt die magere Infrastruktur zu skurrilen Begebenheiten. So erreicht Johann, der eigentlich noch zehn Kilometer weiterlaufen wollte, sich jetzt aber doch nicht mehr aus dem Kuchenkoma lösen mag, nun unter der Nummer einer örtlichen Pension eine Tierpräparatorin.

»Ich suche eigentlich ein Zimmer«, ruft er, denn auch wenn er in Wahrheit kein schwerhöriger Rentner ist, brüllt er trotzdem wie einer ins Telefon.

»Ach, ich vermiete schon lange nicht mehr«, gibt die Präparatorin an. »Ich hab auf einen gewinnbringenderen Beruf umgesattelt.«

»Okay, aber wir suchen dann doch eher nach einem Zimmer, beziehungsweise zwei«, beendet Johann das absurde Gespräch.

Wie ich es mir schon dachte, sind alle verzeichneten Pensionen zu oder nicht mehr existent. Aber Johann findet schließlich eine Ferienwohnung direkt am Markt. Eingelullt von der Wärme der Kuchenstube stolpern wir mit steifen Beinen auf die Kopfsteinpflastergasse. Selbst Nina hat schon den typischen Fernwanderergang und stützt sich schwer auf ihren knorrigen Stock. Überfressen schlurfen die drei Quasimodos zum Marktplatz. Anscheinend haben Zucker und Wärme aber nicht nur unsere Körper lahmgelegt, sondern auch unsere Gehirne, denn als wir vor einem »Zimmer frei!«-Schild stehen, können wir es gar nicht fassen.

»Hier wird ja auch noch was vermietet!«, ruft Nina.

»Gibt's ja gar nicht!«, fügt Johann hinzu.

Und auch ich bin verdutzt: »Sonst findet man gar nix und hier gibt es sogar Auswahl. Auswahl! In Sachsen. Muss man sich mal vorstellen!«

Irritiert sehen wir uns um, denn auch unsere Unterkunft muss hier irgendwo zu finden sein. Während wir uns rätselnd im Kreis drehen, erbarmt sich der im Eingang der vermeintlich konkurrierenden Vermietung rauchende ältere Herr, und klärt die drei verwirrten Wanderer einigermaßen belustigt darüber auf, dass es mitnichten mehrere Schlafmöglichkeiten gebe, da wir genau richtig seien, nämlich da, wo wir gebucht haben.

Wir aalen uns unter der Dusche und lümmeln auf den Betten, als hätten wir nicht nur eine Nacht im Freien verbracht, sondern eine ganze Woche. Später kehren wir im Ratskeller ein, wo wir riesige Portionen essen, die Nina und Johann mit noch riesigeren Bieren runterspülen, während ich mich an Rotwein halte. Dabei reden sie angeregt über die politische Situation Sachsens. Ich klinke mich aus und höre nur mit halbem Ohr zu, mir geht der laut sächselnde Johann ein bisschen auf den Keks. Nina hingegen scheint ihn super zu finden. Nach dem dritten Bier lobt sie gar seine schönen Augen. Ich verstehe sie nicht. Okay, die Augen sind wirklich schön, türkisblau wie Alpenseen, aber ich finde den Kerl schon allein deswegen blöd, weil sein Handy ein knapp bekleidetes Pin-up als Hintergrundbild hat. Noch dazu sitzt er am Tisch wie ein Bauarbeiter an *Biggis Bier Bar*: breitbeinig, einen Arm auf dem Oberschenkel abgestützt, mit der anderen Hand das Bierglas fest umklammert. Manspreading in Reinform, nur dass dieser Mann von dem Begriff mit absoluter Sicherheit noch nie gehört hat.

Später lässt Nina sich ächzend aufs Kopfkissen fallen und ruft: »Oh je, die Körpererinnerung bei Alkohol ist definitiv besser als beim Wandern!«

Und bevor wir uns am nächsten Nachmittag verabschieden, sagt sie: »Der Johann ist ein super Typ! Wir müssen eine Frau für ihn finden, das kann doch nicht sein, dass sein Wunsch von der Familiengründung unerfüllt bleibt! Ich frag mal Saruul, vielleicht kennt sie eine geeignete Kandidatin.«

»Nina!«, rufe ich. »Du willst doch nicht ernsthaft jemanden aus unserem Bekanntenkreis mit diesem Kerl verkuppeln! Und wer will schon im Erzgebirge versauern? Hier präparieren die Leute lieber Roadkills, als Touristen zu beherbergen! In dieser *Finsterworld* leben – das können wir doch keiner von unseren Freundinnen antun!«

Johann will Nina noch mit bis zum Bahnhof in Aue bringen.

»Aber dann gebe ich Gas«, kündigt er an. Ist mir recht. Aber irgendwie ist plötzlich Abend und wir laufen immer noch zusammen. Wir sind so ins Reden gekommen, dass wir gar nicht gemerkt haben, wie spät es geworden ist. Auch am nächsten Tag wandern wir zusammen. Und es scheint den schnellen Johann auch nicht zu stören, dass ich ihm bergauf kaum hinterherkomme. Geduldig wartet er auf mich am Wegesrand. Wenn ich fluche, weil der EB mal wieder über jeden Buckel führt, den die sozialistischen Wandervereine zwischen Eisenach und Budapest finden konnten, lacht er sich schlapp.

Wir laufen und reden, gehen zusammen essen und laufen und reden weiter. So erfahre ich einiges über ihn.

Johann ist Handwerker. Er kommt vom Dorf, trinkt literweise Bier und hält die Traditionen seiner dem Bergbau verbundenen Heimat hoch. Er setzt seine ohnehin von vielen Jahren auf dem Bau verbrannte Haut der Sonne schutzlos aus, hat große Augen mit fein geschwungenen Wimpern, rote Haare und noch mehr Sommersprossen als ich. Sein Rucksack ist viel schwerer als meiner, obwohl er keinen Kocher und kaum Proviant dabeihat. Aber er schleppt außer dem Nötigsten einen Grillrost mit, eine dicke, mit Fleece gefütterte Strickjacke und zwei Pullover, Ersatzschuhe und Badelatschen, eine ganze Batterie Hemden, einen Regenschirm und alle sieben Wanderbücher. Und er hat ungefähr so viele Messer dabei wie der Räuber Hotzenplotz, eins davon so groß und ausladend wie ein Ritterschwert. Ich weiß nicht, was er mit diesem Dolch vorhat und ob er in den Untiefen seines prall gefüllten Rucksacks auch noch eine Pfefferpistole oder eine Kaffeemühle verbirgt, aber ich weiß, dass er ein Zelt dabeihat, das er kaum benutzt.

»Ist nur für den Fall, wenn ich mal keine Pension finde«, erklärt er. »Oder für so spontane Gelegenheiten wie mit Nina und dir.« Johann ist pflichtbewusst, zuverlässig, hilfsbereit, bodenständig und grüßt ausnahmslos jeden Passanten so laut und zackig, dass ich jedes Mal zusammenzucke. Vor allem wegen des stark ausgeprägten sächsischen Dialekts.

»Nicht Sächsisch, Erzgebirgisch!«, beharrt er. Aha. Im Erzgebirge sagt man »sei« statt »sind«, »wie« statt »als«, »die« statt »denen«, »manchmal« statt »vielleicht« und »haußen« statt »draußen«. Das »ü« wird außerdem wie ein »i« ausgesprochen und das »ö« wie »e«.

»Genau. Ich komm nämlich daher, wo die Hasen Hosen haßen und die Hosen Husen sei!«

Aber dann singt mir Johann abends am Feuer das Steigerlied, die Hymne aller Bergmänner, vor, und zwar in dialektfreiem Hochdeutsch, ganz klar und rein: »Glück auf, Glück auf, der Steiger kommt. Und er hat sein helles Licht bei der Nacht, und er hat sein helles Licht bei der Nacht schon angezünd't, schon angezünd't. Hat's angezünd't, das gibt ein' Schein, und damit so fahren wir bei der Nacht ins Bergwerk ein. Ins Bergwerk ein, wo die Bergleut sein, die da graben das Silber und das Gold bei der Nacht aus Felsgestein. Aus Felsgestein graben sie das Gold, und dem schwarzbraunen Mägdelein, bei der Nacht, dem sein sie hold. Und kehr ich heim zu dem Mägdelein, dann erschallt des Bergmanns Gruß bei der Nacht, Glück auf, Glück auf.«

Johann ist Erzgebirger durch und durch, nur in einer Sache nicht, denn er ist großzügig, ja geradezu spendabel, dabei sagt man dem Bergvölkchen nach, es sei geizig.

»Zsammennahmerisch!«, stellt Johann klar.

Wir haben nicht viel gemeinsam. Ich kann mir seit meinem Wegzug aus der Eifel nicht mehr vorstellen, auf dem Land zu leben, Johanns versammelte Verwandtschaft lebt in einem Umkreis von maximal fünfzehn Kilometern Entfernung. Er hat ein Auto, ein Motorrad und einen Sitzrasenmäher, ich habe nicht mal mehr ein Fahrrad. Ich kann die Länder kaum zählen, die ich mit meinen Söhnen bereist habe, für Johann ist die Wanderung auf dem EB der erste Ausbruch aus seinem beschaulichen Leben. Ich tingele regelmäßig durch Bars und Biergärten, in seinem Ort gibt es nicht mal eine Kneipe. Er hat zu Hause kein Internet und die sozialen Medien sind für ihn böhmische Dörfer. Dafür habe ich noch nie vom Pyramidenanschieben oder einem Hutzenabend gehört. Auch das Wort Schwibbogen ist mir neu, und dass es Vereine gibt, in denen man im Bergmannshabit musizierend aufmarschiert, auch. Als er mir eine Bergparade zeigt, bin ich begeistert. Ich finde, die Bergmänner haben das Potential für eine Stripteasetruppe, mit der sie ordentlich Schwung in ihre konservative Heimat bringen könnten. Es ist alles da, was man braucht: ein Stock mit silberner Spitze, ein bunter, ausladender Federpuschel am Hut, eine Uniform mit glänzenden Knöpfen und ein Lendenschurz namens Arschleder. Und allen voran marschiert der Obersteiger. Keine Ahnung, warum es noch keine Schwibbendales oder Schwibbogenboys gibt.

Ich bin Schriftstellerin, Johann kann sich nicht erinnern, jemals ein ganzes Buch gelesen zu haben. Er kennt weder Polenta noch Mangold, weiß nicht, dass es Reis auch außerhalb von Kochbeuteln gibt, und eine Avocado hat er auch noch nie verzehrt. Dafür habe ich noch nie Jagdwurst gegessen und dass die DDR-Bolognese aus ebenjener in Kondensmilch und Ketchup besteht, löst bei mir eher Entsetzen als Appetit aus. Er steht auf Skiern, seit er laufen kann, ich bin noch nicht einmal Schlitten gefahren. Er mag alles, was rasant fährt, ich fürchte mich sogar vor Fahrrädern ohne Rücktrittbremse. Zu seinem Haus gehört ein riesiges Grundstück und mehrere Nebengebäude, ich hab nur eine Kammer des Schreckens bei meinem Nachbarn. Er hat mehrere Berufsausbildungen, ich keine einzige. Ich bin Pazifistin, er war bei der Bundeswehr. Über Politik bekommen wir uns mächtig in die Haare. Ich habe drei feste Beziehungen hinter mir, er zwei und beide hießen Mandy. Er träumt davon, eine Familie zu gründen, ich bin froh, dass meine Kinder aus dem Haus sind. Abgesehen von der Wanderung auf dem EB haben wir keinerlei Überschneidungen. Auf der Straße oder im Alltag wären wir uns nicht aufgefallen. Er nennt mich scherzhaft Ökotussi, ich ihn Dorfproll. Dabei lebt er nachhaltiger als ich, denn er kauft sich so gut wie nichts, hat das ganze Dach voll mit Solarpaneelen und fliegt nicht.

Meine feste Zahnpasta bezeichnet er als schimmeliges Eis am Stiel, ich mokiere mich im Gegenzug über seine große Flasche Männer-Duschgel. Die platzt nämlich regelmäßig, wenn er sich in den Wanderpausen auf seinen Rucksack setzt. Meist merkt er das aber erst, wenn ich mich hinter ihm über die frische Duftwolke Marke Meeresbrise im Waldesgrün wundere. Aber wir kommen beide aus Arbeiterfamilien mit vielen Kindern und finden schnell heraus, dass es unsere Eltern mit uns in unserer Jugend nicht leicht hatten. Was das Blödsinn-Machen anging, standen er und seine Brüder mir und den meinen in nichts nach. Und so ist es wenig verwunderlich, dass wir trotz aller Unterschiede einen ähnlichen Humor teilen. Er läuft viel schneller als ich und sobald es bergauf geht, startet er durch wie ein Duracell-Häschen und hält erst am Gipfel wieder an. Aber er hat eine App auf dem Handy, die meinem Talent zum ständigen Verlaufen eine handfeste Offlinekarte entgegensetzt. Also lasse ich mich von ihm mitziehen und auch wenn ich ihn deswegen »Einpeitscher« und »Schinderhannes« schimpfe, lachen wir bald so viel miteinander, dass mir der Körper davon mehr wehtut als vom Wandern.

Ich glaube, dass wir trotz unserer Verschiedenheiten doch einen Draht zueinander finden, liegt daran, dass wir uns von Anfang an unverfälscht begegnen. Schwitzend, stinkend, mit der Natur als Boudoir und in Situationen, die auf das Existenzielle reduziert sind, gibt es nichts zu verstecken und somit auch nichts zu beschönigen. Ich lerne, dass respektvoller Umgang nicht dieselbe Weltanschauung braucht. Dass ein interessanter Dialog entsteht, wenn man seine Meinung trotz aller Differenzen ganz unverblümt sagt. Es ist wie ein Fenster zu einer anderen Welt. Mich interessiert der Ausschnitt, den ich durch den geöffneten Spalt sehe, aber ich bin auch froh, diese Luke bald wieder schließen zu können.

Weil wir ausgerechnet seine Heimat durchwandern, öffnet mir der Regenjackenmann den Blick für diese Region, die ich wohl sonst nur landschaftlich zu schätzen gelernt hätte. Ohne Johann hätte ich an diesem Punkt die Wanderung vielleicht sogar abgebrochen. Denn zu den unangenehmen Sachsen-Symptomen kommt auch noch richtig schlechtes Wetter. Aber so trotte ich Johann im Schneeregen hinterher und lasse mich von seiner unerschütterlich guten Laune mitziehen. Während ich jeden Berg anschnauze, als wolle er mich mit seinem Dasein persönlich beleidigen, stiefelt Johann fröhlich pfeifend voran: »Rebecca, eins hab ich mir geschworen; mich nie über etwas zu ärgern, was ich eh nicht ändern kann!« Er zeigt mir alte Pingen, versteckt liegende Stolleneingänge, historische Hammerwerke und ein sagenumwobenes Gespenstergesicht in einem Kirchturm. Und wenn ich vor Kälte bibbere, nimmt er meine Hände in seine, reibt meine Finger warm, erzählt mir ganze Romane über die Geschichte des Bergbaus und erklärt mir Begriffe wie Mettenschicht und Fahnensteiger.

Das Montangebiet gehört heute zu den ärmsten und strukturschwächsten Regionen Deutschlands. Das Erbe des Bergbaus wird nur noch von Traditionsvereinen gepflegt. Bekannt ist das Mittelgebirge sonst für seine Volkskunst wie Strohflechten, Klöppeln und Holzarbeit. Vor allem die Holzschnitzkunst ist allgegenwärtig: Auf den Dorfplätzen stehen überdimensionale Flügelpyramiden, Nussknacker und Räuchermänner. Bergmannsfiguren und -symbole prangen auf den Hoftoren und in den Fenstern der geduckten und mit Schieferplatten geschindelten Häuser leuchten Schwibbögen. Was einst den Bergmännern nach der Schicht den Weg nach Hause leiten sollte, verbreitet heute eigentlich nur in der Weihnachtszeit heimelige Stimmung, aber da der Mai in diesem Jahr mit Eis und Hagel auf uns wartet, passt es, dass in vielen Fenstern die Lichter der filigranen Rundbögen leuchten.

Einzig meine Nasenspitze ragt aus der Kapuze meiner Daunenjacke. Wir stapfen durch grauen Schneematsch und Fließbäche von Tauwasser. Beim schweißtreibenden Aufstieg auf den Scheibenberg wird mir wegen der Kälte von außen und der Hitze von innen ganz blümerant.

»Du siehst irgendwie so grün aus im Gesicht«, sagt Johann, als ich mich neben ihm auf die rustikale Eckbank der Berggastwirtschaft sinken lasse. Mir ist schwindelig. Meine Zähne klappern. Ich trinke Cola und heißen Tee gleichzeitig. Um mich abzulenken, erzählt Johann von seinen Beweggründen für die Wanderung: »Irgendwie bin ich durch eine Fernsehsendung auf den Weg aufmerksam geworden. Da hats mich gleich gepackt. Ich hab mir ein halbes Jahr unbezahlten Urlaub erbeten und los ging's. In meinem Umfeld hat kaum jemand Verständnis, die finden, ich soll lieber mein Haus renovieren. Ich hab mir vorgenommen, offen auf alles Neue zuzugehen. So was macht man nur einmal im Leben und ich bin neugierig auf alles, was mir bis jetzt unbekannt ist.«

Wir brechen auf und trennen uns bis zum Abend wieder nicht. Und obwohl Johann mir auch am nächsten Morgen wie immer mitteilt, dass er spätestens mittags ohne mich weiterziehen werde, tut er es doch wieder nicht. Dafür fängt er an, statt Erzgebirgisch Kölsch zu reden.

Also nehme ich den Regenjackenmann in den *Klub Drushba* auf.

»Hallo Leute, Johann hier. Hab soeben festgestellt: Seit ich Rebecca kenne, hat die Sonne aufgehört zu scheinen!«, stellt er sich in der WhatsApp-Gruppe vor.

»Hallo Leute, falls ihr euch fragt, wer dieser Johann ist: Der hat mir meine Regenjacke aus Plauen hinterhergetragen und seitdem werde ich ihn nicht mehr los«, kontere ich.

In Schwarzenberg steht der Besuch bei Trailangel Bert an. Auch Johann wird kurzerhand zur Übernachtung eingeladen.

Wir stellen uns auf der Zugfahrt vor, wie der Rentner Bert zu Hause vor einer großen Landkarte sitzt und die Position der einzelnen Wanderer von Tag zu Tag mit Stecknadeln verschiebt.

Nach Johann ist Bert übrigens der nächste Mann, der in Wahrheit kein Rentner ist. Ein Gemälde von einem röhrenden Hirsch hat er auch nicht. Dafür aber eine riesige Sammlung Infomaterial zum EB. Auf dem Couchtisch liegen die Chroniken der Jahrestreffen, Zeitungsartikel, Fotos und Devotionalien. Bert selbst ist den Weg nicht am Stück, sondern in Etappen gelaufen, immer dann, wenn sein Urlaubsplan es zuließ. Sechzehn Jahre hat es gedauert, bis er den gesamten Weg geschafft hatte. Johann und Bert vergleichen ihre EB-Stempelhefte. Zum Unverständnis der Männer möchte ich keine Stempel sammeln. Noch empörter sind sie, dass ich aus Gewichtsgründen sogar die Seiten aus dem Wanderführer reiße, die ich abgewandert habe.

Während Bert uns mit Anekdoten zum Weg versorgt, hantiert er gleichzeitig in der Küche herum. Er bewirtet uns vorzüglich. Beim Essen stellen wir ihm alle Fragen, die wir in den Tagen zuvor wie Schulkinder auf einem kleinen Zettel notiert haben, als da wären: Wie ist die Wasserversorgung an der gesamten Strecke? Was ist mit dem legendären Misthaus? Wie groß ist die Gefahr, die von Bären und Hütehunden ausgeht? Nach wie vielen Kilometern geht der stechende Fersenschmerz, der zum unsexy Fernwanderergang führt, endlich weg? Was ist der beste Trick gegen Blasen? Wie war das in der DDR mit dem EB? Was brauchte man alles für Papiere und Visa? Bert hat auf alle Fragen eine Antwort und scheint sowieso über alles, was auf dem EB geschieht, den Überblick zu haben. Zusammen mit Johann lädt er mir die Offlinekarten und den Routentrack des EB auf mein Handy, damit ich mich nicht mehr verlaufe.

Die App ist super: Sie zeigt nicht nur die genaue Wegführung, sondern auch Quellen, Schutzhütten, Bushaltestellen und alle Punkte öffentlichen Lebens.

Immer, wenn ich ab jetzt kontrolliere, ob sich der blaue Punkt meines GPS-Signals noch auf der roten Linie des Trails befindet, habe ich das Gefühl, Bert lotst mich. Also taufen wir ihn unseren Commander.

Noch immer kündigt Johann morgens an, Gummi geben zu wollen und mich in seiner imaginären Auspuffwolke zurückzulassen. Davon ist dann spätestens beim Mittagessen keine Rede mehr. Und weil die Route des EB in einem großen Bogen sein Heimatdorf umrundet und in der Gegend jeder jeden kennt, spricht es sich schon bis zu seiner Familie herum, dass der verlorene Sohn nicht mehr alleine unterwegs ist.

»Und das alles wegen einer pinken Regenjacke! Wenn ich das gewusst hätte, hätte ich sie dir niemals hinterhergetragen!«, mosert er.

Als wir am Geyerschen Teich bei den Greifensteinen die 500-Kilometer-Marke knacken, kaufen wir zur Feier eine Flasche Wein, die wir über die steilen Felszinnen der Wolkensteiner Schweiz bis in den Kurort Warmbad tragen. Statt warm ist es aber weiterhin kalt.

Und während wir tagsüber im Schneeregen des Wonnemonats Mai Kilometer um Kilometer auf dem EB schrubben, teilen wir uns nachts ein Doppelzimmer, weil es erstens billiger ist und wir zweitens fürchten, im Zelt krank zu werden. Und da es in den nächsten Tagen gar nicht mehr aufhören will mit Eisregen, Graupelschauern und Hagelstürmen, müssen wir uns irgendwann auch ein bisschen wärmen. Und als dann endlich wieder die Sonne scheint, haben wir Mückenstiche, Ameisenbisse und Tannennadeln an den unmöglichsten Stellen.

Erst einmal trennen sich unsere Wege aber wieder. Johann macht nun doch einen Abstecher nach Hause, um die Post durchzugucken, ich laufe weiter. Durch tiefe Täler am Fuße steiler teergrauer und moosbewachsener Steinfelsen, in denen Flüsse dunkel dahinrauschen. Zwischen hohen Fichten stehen alte Gutshäuser und zerfallende Gehöfte, Autos und Landwirtschaftsmaschinen, die noch aus dem Sozialismus stammen. Gänse, Schafe und Rinder stehen auf den mit Raureif überzogenen Weiden, Ruinen alter Fabrikgebäude und stolze alte Bahngebäude zeugen von einer vergangenen glanzvollen Ära. Uralte Stollen sind längst versiegelt, stillstehende Skilifte warten geduldig auf den Winter. Einzig der Ruf des Kuckucks durchbricht die Stille im Waldesgrün, aus dem sich Basaltkegel schroff erheben.

Auf einem Feldweg sprechen mich zwei Teenager mit Oberlippenflaum an: »Haben Sie manchmal eine Kuh gesehen?«

Ich denke, dass sie sich einen Scherz erlauben, denn genau solche Dinge haben wir früher getrieben, wenn uns langweilig war. So bauten wir uns beispielsweise wenige Meter vor dem Ortseingangschild auf, um jeden, der vorbeikam, gespielt orientierungslos zu fragen, wie weit es noch ins Dorf wäre. Oder wir riefen beim Bäcker an: »Haben Sie Schweineöhrchen?«

Wenn er bejahte, riefen wir kichernd ins Telefon: »Dann müssen Sie aber lustig aussehen!« – und legten auf. Den gleichen Scherz trieben wir beim Metzger mit Schweinshaxen und Ochsenschwänzen.

Bevor ich die zwei Burschen in Blaumännern mit einem Gegenscherz abbügele, fällt mir ein, dass ich durch Johann ja gerade erst gelernt habe, dass man hier das Wort vielleicht mit manchmal ersetzt. Sie suchen also wirklich eine Kuh. Eine Schwarzbunte ist ausgebüxt, erfahre ich, die müssen sie finden, sonst gibt's Ärger. Und da rumpelt auch schon der Altbauer auf einer hustenden und prustenden Schwalbe zur Hilfe, die beinahe unter seiner korpulenten Gestalt zusammenbricht.

Kurz darauf begegne ich an einem Ortsrand einer alten Dame in Kittelschürze: »Junge Frau, wohin laufen Sie denn?«

»Aber ich bin gar nicht so jung, ich werde bald vierzig!«

Da lacht sie nur, denn sie ist schon neunzig. Ihre schmale, kerzengerade Statur und die wachen Augen lassen nicht vermuten, dass sie schon so alt ist. Sie hält sich an meinem Arm fest, ihre Hand ist zart, aber fest und warm.

»Sie wirken so fit!«

»Ach, ich bin immer viel Fahrrad gefahren und gelaufen. Aber jetzt bin ich unglücklich. Sehen Sie das hässliche Haus dort drüben?«, sie deutet auf eine mehrstöckige moderne Seniorenresidenz. »Da wohne ich seit Kurzem. Dabei kann ich noch alles alleine. Jetzt muss ich Markisen und Blumentöpfe bezahlen, die ich gar nicht haben will. Aber meine Kinder wollten es so. Wo wandern Sie denn jetzt eigentlich hin?«

Ich erzähle es ihr.

»Ach«, sagt sie, »ich bin auch mal beinahe so weit gelaufen wie Sie: Als ich sechzehn war, sind wir aus Schlesien geflohen, mit dem Landwirtschaftskarren durch leere Dörfer, da hab ich auf der Flucht meine Familie verloren. Erst vier Jahre später habe ich sie wiedergefunden. Wir haben nie wieder über die Zeit vor und während des Kriegs gesprochen. Mir fehlt ein Stück Geschichte, ich weiß gar nicht, von wem ich das habe, dass ich immer so gerne unterwegs war. Mein Leben lang wollte ich immer nur raus! Aber als meine Kinder klein waren, hab ich immer so viel gearbeitet, da bin ich nicht zum Wandern gekommen. Am liebsten würde ich jetzt direkt mit Ihnen laufen!«

»Ich würde Sie auch direkt mitnehmen!«, antworte ich und halte ihre Hand zwischen meinen.

Die nächsten Tage wandere ich in absoluter Einsamkeit. Mal geht es an einem kleinen dunklen Bach entlang, der tief im moosigen Bett unter den weit gespreizten Armen uralter Buchen fließt, mal vorbei an verlassenen Gehöften, deren Mauerwerk sich die Natur längst zurückerobert hat, mal über sanft geschwungene Hügel, auf denen Hochstände aus den Feldern ragen. Der Frühling hat das Land jetzt fest im Griff. Die Pflanzenwelt erwacht mit einer Wucht, dass mich die verschiedenen Grünschattierungen fast blenden.

Nur das Wetter bleibt trüb. Das Spielzeugdorf Seiffen mit seinen bunten Holzfiguren, Werkstätten und Spielzeugläden durchschreite ich im Regen, grau und schwer liegen die Wolken in den Tälern, fräsen sich vom Himmel auf Hausdächer und Kirchtürme hinab. Über eine alte Bahntrasse geht es durch ein verlassenes Tal, der Weg ist gesäumt von Hochzeitsbäumen, eine Allee der Hoffnung, in der jedes Bäumchen für den Glauben an die eine, die große, die immerwährende Liebe steht. Vom Kahleberg könnte ich laut Wanderführer bis zur Schneekoppe sehen, der höchsten Erhebung des Riesengebirges. Aber regenschwere Wolken hängen tief über dem Land.

In Altenberg darf ich bei Julias Schwiegereltern im Gartenhaus nächtigen. Es ist der Tag, an dem Niki Lauda stirbt. Am nächsten Morgen regnet es so stark, dass ich nicht einmal das Nachbarhaus sehen kann. Aus Protest gegen das dumme Wetter gucke ich lieber fern, anstatt mich auf Schusters Rappen zu schwingen. »Niki Lauda war schließlich auch gegen Rennen im Regen!«, verkünde ich im Klub. Das hätte ich mal lieber nicht getan, denn erstens erwidert Johanna, ich solle doch lieber eine Doku über Ayrton Senna schauen, der habe im Regen geglänzt, und zweitens steht Minuten später der Regenjackenmann triefend auf der Fußmatte des Gartenhäuschens. Johann hat nicht nur meinen zweitägigen Vorsprung nonchalant ausgebügelt, er will mich nun auch wieder gehörig antreiben. Aber angesichts der gemütlichen Gartenhütte wirft er ebenfalls das Wanderhandtuch. Bei dem Sauwetter locken dann doch eher der von Julias Mann angepriesene hausgebackene Kuchen in der Berggaststätte und ein Besuch in der örtlichen Therme. Beide heißen kurioserweise Raupennest.

Es dauert noch ein paar Tage, bis wir die langen Hosen, Regenjacken und Mützen gegen Shorts, Shirts und Sonnenhüte tauschen können.

Einmal verlaufen wir uns, weil wir tief im Wald kein GPS-Signal empfangen.

»Da hat der Commander aber nicht aufgepasst!«, empört sich Johann. Und weil wir seit Altenberg vergeblich von einem heißen Kaffee, von Cola, Eis und Knackern träumen, beginnt sogar der überzeugte Sachse endlich mit dem Bashing seines Heimatbundeslandes: »Scheiß Freistaat, hier funktioniert doch echt gar nichts!«

Sag ich doch. Und zwar schon seit 300 Kilometern. Aber natürlich weiß ich, dass Sachsen auch anders kann, sonst würde ich wohl kaum seit zwanzig Jahren so glücklich dort leben.

Mit dem Handy in der Hand irren wir durch das Dickicht, bis völlig unvermittelt mitten im Waldesgrün die ersten der für die Sächsische Schweiz charakteristischen Gesteinsriffe auftauchen. Wir haben den letzten Abschnitt auf deutschem Boden erreicht.

Mein Rucksack streift die geduckten Rücken moosbewachsener Felsen, Farnwedel schmiegen sich an meine Beine. Durch stillen Buchenwald erreichen wir die mächtige, hoch über der Elbe thronende Festung Königstein. Die mittelalterliche Burganlage ist eine der größten Europas. Das uneinnehmbare Bollwerk diente zeitweise als sächsisches Staatsgefängnis und ist heute einer der größten Touristenmagneten in der Region.

Wir verbringen eine Nacht im örtlichen Hostel, bevor es am nächsten Morgen auf die andere Elbseite geht, wo das nächste Ziel erhaben aus Wald und Feld ragt: der Lilienstein. Schritt um Schritt lotsen uns schief getretene Holzplanken, glatt polierte Felsstufen, knirschende Sandpfade und zu guter Letzt steile Leitern hoch hinauf auf die natürlichen Aussichtsplattformen. Wir laufen hinter einem Mann, dessen Körper mit verfassungsfeindlichen Tätowierungen übersät ist. Bei jedem Schritt streckt und knautscht sich das Konterfei eines Wehrmachtsgenerals auf seiner Wade.

Oben kühlt der Wind meinen verschwitzten Körper, während mein Blick bis zum anderen Elbufer schweift. Weiß und gleißend glänzen Wallgang und Mauern der Festung Königstein in der Ferne im Sonnenlicht. Die Elbe teilt und eint die beiden Gesichter des Elbsandsteingebirges. Schlangenförmig windet sich der Fluss durch das Tal. Seilfähren verbinden die Ufer, historische Raddampfer der Sächsischen Flotte stampfen durch die Fluten, der Ruf ihrer Nebelhörner schallt bis in die Gipfel. Linkselbisch prägen die buckligen Erhebungen majestätischer Tafelberge die Ebene. Malerische Dörfer mit glänzenden Kirchturmkuppeln liegen eingebettet in sanft grüne Wiesen und goldene Kornfelder.

Der EB führt nun durchs touristische Zentrum der Sächsischen Schweiz. Im Kurort Rathen tummeln sich Scharen von Ausflüglern. Uns ist die Menschenmenge nach so langer Zeit der Einsamkeit zu viel. Mit unseren großen Rucksäcken bahnen wir uns durch die Menge und steigen zur Basteibrücke hinauf. Die steinerne Brücke, deren sieben massive Steinbögen sich zwischen den Felsen spannen, ist wohl das bekannteste Wahrzeichen der Region. Auf der einen Seite tief unten die Elbe, auf der anderen reiht sich Steinformation an Steinformation. Einst Sitz von Raubrittern: die Felsenburg Neurathen über dem

Wehlgrund. Das pittoreske Gesteinsmeer schimmert warm und rot in der Mittagssonne. Während mir auch hier der Wind den Schweiß von der Stirn pfeift, nimmt mich der Panoramablick ganz gefangen, staune ich über die in schwindelerregender Höhe angebrachten Gipfelbücher. Ferdinandstein, Lokomotive, Gans und Mönch: Ihre Namen erhielten die Felsen aufgrund ihrer Gestalt oder uralter Mythen. Hinab geht es durch die moosbewachsenen Schwedenlöcher. Der Sandboden leuchtet gelb zwischen den mit Höhlen und Kuhlen durchsetzten Felsen. Angesichts dieser dunklen Nischen im feucht glitzernden Gestein fällt es nicht schwer, sich vorzustellen, wie sich das Volk hier während des Dreißigjährigen Kriegs vor den marodierenden schwedischen Soldaten in Sicherheit brachte. Aber das natürliche Labyrinth erzählt noch eine andere Geschichte, nämlich die des Urzeitmeers Tethys, dessen Wasser die Felsformationen einst umschlang und formte.

Am Ende des einsamen Amselgrunds, einer schmalen Schlucht, stoßen wir auf eine alte, baufällige Mühle mit maroden Nebengebäuden, die sich an die schroffen Felswände klammern wie Muscheln an ein Riff. Das Ensemble wirkt verwunschen und aus der Zeit gefallen, als habe sich ein hundertjähriger Märchenschlaf darübergelegt. Just wurde ein Teil der Anlage wachgeküsst, denn mitten im morbiden Charme stehen Sonnenschirme und Biertische. Daneben wird gesägt, lackiert und gehämmert. Wir kommen mit den Handwerkern ins Gespräch und erfahren, dass sie Brüder sind, die die Rathewalder Mühle geerbt haben und nun in kleinen Schritten renovieren. So gibt es neben dem Restaurant bereits eine kleine Ferienwohnung und gerade wird ein weiteres Nebengebäude zur Bergsteigerunterkunft ausgebaut. Die Brüder laden uns spontan ein, dort zu übernachten: »Dann könnt ihr nachher mit ins Nachbardorf fahren, da gibt es ein kleines Festival.«

Obwohl wir an diesem Tag erst zehn Kilometer gewandert sind, nehmen wir das Angebot an. Als ich davon im Klub berichte, stellt sich heraus, dass die Brüder Jugendfreunde von Julias Mann sind, bei dessen Eltern wir in Altenberg im Gartenhaus nächtigen durften.

In der nach Holz und Leim duftenden Schlafstube der zukünftigen Bergsteigerunterkunft breiten wir unsere Schlafsäcke aus und ziehen das sauberste unserer dreckigen T-Shirts an.

Das Hoffest ist eine willkommene Abwechslung. Wir lauschen der Musik, trinken, tanzen, essen und singen am Lagerfeuer, bis die Nacht nicht mehr jung und der Morgen nah ist.

Beim Frühstück liest Johann die weitere Wegbeschreibung im Wanderführer vor. Schrammsteine, Winterberg, Schmilka.

»Das kenne ich alles schon!«, rufe ich. Es ist genau der Abschnitt, auf dem ich drei Jahre zuvor vom EB erfuhr. Jedes einzelne Mal, wenn ich im Elbsandsteingebirge war, kletterte ich auf die Schrammsteinaussicht: Schmale Leitern führen auf zinnenförmige Felstürme, die wie gigantische Finger gen Himmel deuten, in der Ferne ragen Tafelberge majestätisch aus dem satten Grün der Baumwipfel und in der Tiefe bahnt sich die Elbe in großen Schlaufen ihren Weg durchs Tal.

»Das darfst du nicht verpassen! Das ist ein absolutes Highlight!«, mahne ich Johann und notiere meine besten Tipps in seinen Wanderführer.

Das Reglement des EB sieht vor, dass man pro Land wenigstens 300 Kilometer wandert. Man muss also nicht jeden Zentimeter vom EB abwandern. Mein Soll bezüglich Sachsen ist offiziell also erfüllt und so habe ich mich am Nachmittag mit Magdalena verabredet. Unser Plan: Sauna und Essen gehen. Die Zeit bis zu ihrer Ankunft vertreibe ich mir damit, im Gegenzug für Übernachtung und Bewirtung mit beim Ausbau anzupacken. Ich putze Fenster und lackiere Tische und Türrahmen.

Unter dem gelben Haupthaus fließt der Amselbach. Die Mühle ist feucht, die Bausubstanz marode. In den Zimmern stapelt sich altes Mobiliar, Baumaterial und Werkzeug. Es gibt Strom, aber keine Heizung, die sanitären Anlagen sind rudimentär.

Die Brüder bieten mir an, hier unterzukommen, sollte ich nach der Wanderung nicht direkt eine Wohnung finden.

»Du kannst hier in Ruhe schreiben, es ist halt alles sehr rustikal und einfach, aber man kann es aushalten.«

Als Magdalena kommt, werfe ich meinen Rucksack auf die Rückbank, wo sie schon Handtücher und einen Bademantel für mich deponiert hat.

»So. Ein Viertel ist geschafft!«, verkünde ich fröhlich und lasse die Autotür zufallen.

»Ich kenne ja echt viele Leute, die Wutzideen haben«, sagt Magdalena und kurvt die steilen und engen Straßen nach Bad Schandau hinunter. »Aber du bist der einzige Jeck, der sie auch in die Tat umsetzt.«

Kürzlich hat mich jemand als Wossi bezeichnet, weil ich als Wessi nun schon fast mein halbes Leben im Osten lebe. Aber immerhin haben meine Leipziger Freunde und Freundinnen dafür Kölsche Begriffe in ihren Sprachgebrauch integriert.

»Weißt du Magda«, antworte ich, »eigentlich hab ich echt Angst gehabt, nicht eine einzige Woche durchzuhalten. Die 720 deutschen Kilometer erschienen mir schon so unvorstellbar lang. Und jetzt bin ich hier und verspüre gar kein Hochgefühl. Ich sah mich triumphal gen Osten weitermarschieren mit wehenden Fahnen und Fanfaren. Stattdessen hab ich auf einmal wieder genau so viel Angst vor der eigenen Courage wie am Anfang.«

»Wundert mich nicht. Ist doch noch mal eine andere Herausforderung, in anderen Ländern zu sein. Aber du bist schon so viel gereist! Mensch, du warst alleine im Regenwald, bist mit deinen Kindern im Zug durch Südostasien getuckert und mit dem Schiff über den Atlantik gedampft, da wird dir doch Osteuropa keine Probleme bereiten!«

»Bammel hab ich trotzdem. Vielleicht auch einfach, weil ich mir selbst nicht zugetraut habe, so weit zu kommen.«

Eine halbe Stunde später tauchen wir ins kalte Wasser des Außenbeckens. Wir schwimmen ein paar Runden, dann lehnen wir uns an den Beckenrand und lassen unsere Gesichter von der Sonne trocknen.

»Weißt du noch früher, wo wir immer mit der ganzen Bagage ins Schwimmbad fuhren?«, fragt Magda.

»Und wie schön es war, als sie größer wurden und wir in die Sauna konnten, während die Rasselbande ununterbrochen zwischen Wasserrutsche und Sprungturm pendelte und uns nur aufsuchte, wenn sie der Meinung waren, es sei Zeit für Pommes oder Eis oder besser noch: beides?«, antworte ich lachend. Jetzt sind unsere Kinder erwachsen, und wir können die Sauna entern, ganz ohne gestört zu werden.

Nach jedem Saunagang aalen wir uns auf den Klappliegen in der Sonne. Splitterfasernackt wie Gott und Hashimoto mich schufen, genieße ich das glutenfreie Bier, das Magdalena in die Therme geschmuggelt hat. Wir haben einen meiner Packsäcke mit dem Eis gefüllt, das in großen Kübeln bereit steht, damit man sich nach dem Schwitzen damit abreiben kann, und kühlen darin die Getränke. Meine Füße sehen furchtbar aus, die alte Haut schält sich von den verheilten Blasen. Ich habe blaue Flecken an den Oberarmen. Meine Beine sind zerkratzt. Und obwohl ich nie besonders braun werde, sieht man, wo Socken, Hemd und Hose enden.

Als wir uns umziehen, um essen zu gehen, zaubert Magdalena noch mehr schöne Dinge für mich aus ihrer Badetasche, nämlich ein türkisfarbenes Sommerkleid, Schmuck und Schminke.

»Da fühle ich mich ja gleich wie an der Côte d'Azur!«, jubiliere ich. »Whohoooo, was für ein geiles Gefühl!«

Wir sitzen in einem Biergarten, essen, trinken und quatschen. Als Johann dazukommt, verschwitzt und erledigt vom ständigen Auf und Ab im Kerngebiet des Nationalparks, erkennt er mich dank Magdalenas schicker Ausstaffierung nicht und läuft stracks an uns vorbei. Später, als es schon dunkel ist, sitzen wir noch ein bisschen am Feuer direkt an der Elbe, dann bringen wir Magdalena zu ihrem Auto. Vor ihrem geöffneten Kofferraum ziehe ich das schöne Kleid wieder aus. Ich winke, bis die Rücklichter hinter der Kurve verschwinden. Dann schultere ich meinen Rucksack und folge Johann ins Matratzenlager in Schmilka, wo er zwei Betten für uns besetzt hat. Es ist die letzte Nacht auf deutschem Terrain, ab morgen heißt es zur Begrüßung »Ahoj« und nicht mehr »Hallo«.

Tschechien, Mai 2019

Johann bricht schon frühmorgens auf, ich will lieber alleine weiterziehen. Unser Zusammenlaufen funktioniert meist so: Johann rennt vor und wartet auf einem Gipfel, an einer Weg-kreuzung oder einem Aussichtspunkt auf mich, bis ich mit hochrotem Kopf aus dem Wald gekraxelt komme. Wenn ich versuche, mich seinem Tempo anzupassen, tut das meinem Körper nicht gut. Er rattert gerne früh um sieben los wie ein Uhrwerk, während ich mich noch im Tiefschlaf befinde. Ich mache gerne alle zwei Stunden eine kurze Pause, Johann läuft lieber die ganze Strecke an einem Stück durch, um dann den Nachmittag zum Ausruhen zu haben. Ich wundere mich eh, dass wir es so lange 24/7 miteinander ausgehalten haben. Ich kann stundenlang ununterbrochen quasseln. Johann hat mei-nen Monologen mit stoischer Ruhe zugehört. Und er war mein wandelnder Taschenofen, stand ich mit frostigen Fin-gern im Schneeregen, rieb er sie mit seinen großen Händen warm. Wenn ich abends aufhöre zu wandern, kühle ich sofort aus, zittere und bekomme blaue Fingernägel und Lippen. Jo-hann hingegen glüht wie ein frisch gebrannter Backstein. Aber manchmal ist sein Holterdipolter-Handwerker-Ton ein biss-chen zu rau für mein zartes Gemüt. Und wir haben abgemacht, dass wir uns nicht gegenseitig im Wege stehen wollen, denn wir sind ja jeder für sich gestartet.

Und jetzt sehne ich mich nach meinem eigenen Rhythmus und Raum für meine Gedanken. Denn bald geben sich meine Klubbies die Wanderklinke in die Hand: Erst wird Hanna, eine Schreibfreundin, kommen, dann Moustafa, Stephanie und Johanna vom *ZierlichManierlich*, und direkt danach Vera, von der ich einst die Wohnung übernommen hatte. Ich muss also zu bestimmten Zeiten an bestimmten Orten ankommen.

Erst mittags setze ich meine Füße auf die lange Straße von Schmilka nach Hřensko. In dem kleinen Ort schmiegen sich die Ramschbuden vietnamesischer Händler an den Fels. Hier kann man alles kaufen: Plastikspielzeug, Nippes, Gartenzwerge, gefälschte Markenartikel und Waffen. Hat man die unwirkliche Budenstadt hinter sich gelassen, versuchen einen die tschechischen Kellner in ihre Restaurants und Cafés zu ziehen. Besonders anstrengen müssen sie sich nicht: Ströme von Touristen schieben sich Tag für Tag durch die einzige Straße zum Prebischtor. Die Böhmische Schweiz ist eigentlich einsamer und ursprünglicher als ihr deutsches Pendant, aber nicht auf dem Weg zum bekanntesten Wahrzeichen der Region. Mit fast dreißig Metern Spannweite ist das Prebischtor Europas größte natürliche Sandsteinbrücke. Das Naturwunder wurde schon von den Malern der Romantik verewigt und war Kulisse in der Verfilmung von den *Chroniken von Narnia*. Und auch ich fädele mich in diesen Strom, aber erst, nachdem ich in einem kleinen Laden eingekauft habe. Denn spätestens hier ist es an der Zeit für zwei Geständnisse im *Klub Drushba*: Ohne Cola, Knacker und Kaktus-Eis überstehe ich mittlerweile keinen einzigen Wandertag mehr. Und an die Berge gewöhne ich mich einfach nicht. Ich beschließe, sie nur noch zu mögen, wenn ich sie aus der Ferne betrachten kann oder auf ihrem Gipfel sitze. Ich weiß nicht, ob es der Zuckerschock ist, aber mich überkommt plötzlich doch ein Hochgefühl über die bisher absolvierte Leistung und es verleiht mir Flügel. Getragen von der Freude auf alles, was jetzt kommt, hab ich zum ersten Mal nichts zu meckern, während ich im Wald hinaufsteige.

Ich war schon häufig am Prebischtor, aber es ist immer wieder überwältigend, wenn man aus dem Wald tritt und den ersten Blick auf die imposante Steinbrücke erhascht. Geduckt an die Felswand in seinem Schatten schmiegt sich das reich mit Holzschnitzwerk verzierte historische Gebäude des ehemaligen Hotels Falkennest. Für den Abend ist Starkregen angekündigt, aber noch ist der Himmel blau und die Sicht geht weit bis ins Land. Die Aussichtsplattformen hoch über den Wipfeln teile ich mir mit Sandalen-Touristen, asiatischen Brautpaaren und lärmenden Schulklassen. Aber wenn man nach der Visite des Naturdenkmals nicht wieder nach Hřensko absteigt, sondern Richtung Mezní Louka wandert, ist man einsam.

Der sandige Untergrund dämpft meine Schritte, das Stakkato eines fleißigen Spechts tönt durch die Wipfel, die Luft duftet nach Harz und Fichtennadeln. Sonnenlicht fällt tänzelnd durch den dichten Kiefernwald, lässt die Stämme rot glänzen und bringt die Mooskissen zum Leuchten.

Mein Zelt schlage ich am Waldrand im Schatten einer alten Scheune auf. Auf der angrenzenden Koppel stehen Pferde und Esel. Ich koche Tomatensuppe mit Reis und gehe früh schlafen. Tatsächlich kommt der angekündigte Regen mitten in der Nacht mit aller Wucht vom Himmel. Es blitzt und donnert, das Tosen der Wassermassen mischt sich in meine Träume. Als ich morgens aufwache, erinnere ich, dass ich mein Zelt geöffnet hatte, weil es so arg gewitterte, dass ich mich fürchtete. Der Blitz schlug direkt neben dem Zelt ein, der Wald brannte. Aus voller Kehle brüllte ich gegen das Toben der Naturgewalten an, während die Pferde wiehernd durchgingen und in die Nacht davonstürmten. Aber dann sehe ich den nassen Wald ohne Brandspuren und die Pferde, die in aller Ruhe auf der Koppel grasen, und weiß, dass ich nur geträumt habe.

Beim Aufbruch spüre ich das Mehrgewicht des klitschnassen Zelts. Die Luft ist feucht, meine Brille beschlägt. Im Wald steht der Dunst sämig dick. So erkenne ich die markanten Stationen wie den Rudolfstein, die Wilhelminenwand und den Marienfelsen nur durch einen gespenstischen Schleier. Ich kenne die Gegend gut, denn auch hier war ich mit meinem Exfreund. Erst nach der Böhmischen Schweiz wird die Route frei von Erinnerungen.

Lange galt das Gebiet als unzugänglich, gar gefährlich. Wo über Jahrhunderte die Axtschläge der Holzfäller und das dumpfe Ächzen des berstenden Felsens aus den Steinbrüchen durch die Wälder klangen, wo einst Flößer die gekappten Stämme für den Transport über die Elbe zusammenbanden und der Rauch aus Kohlenmeilern aufstieg, da trieben auch Raubritter, Diebe und Wegelagerer ihr Unwesen. Es sind alte, grenzüberschreitende Handelswege, die das Gebiet durchkreuzen. Auf dem Rücken der Lasttiere fanden sich Salz, Felle und böhmische Glaskunst. Die zahlreichen Schluchten im ohnehin schwer passierbaren Gelände boten ausreichend Gelegenheit für Überfälle aus dem Hinterhalt. Den Schutzburgen der Landesherren stand eine Vielzahl an Höhlen und Felsennestern entgegen, in denen die finsteren Gesellen Unterschlupf fanden, wenn sie sich nicht sogar selbst Festungen errichteten. Wer die böhmischen Wälder betritt, hebt den Vorhang zu einer verwunschenen Märchenwelt. Obskure Steingebilde, verborgen in tiefen Wäldern. Verwitterte Holzhütten, die einsam auf hohen Felsnadeln thronen. Die Flora der Wälder ist ein stetig wechselndes Mosaik aus grünem Heidekraut, Nadelzweigen, Moosen und Farnen, brauen Stämmen und Steinen, dem warmen Ocker des Sandbodens und dem rostroten Teppich getrockneter Tannennadeln. Am Waldrand leuchten die Wiesen wie frisch lackiert. Urige Holzhäuser mit bis unter die Dachkante gestapeltem Brennholz flankieren eine brüchige Straße. Am Dorfplatz von Jetřichovice kehre ich in eine Wirtschaft ein, bestelle mir ein warmes Essen und breite meine nassen Regensachen über den Stuhllehnen aus. Die hereingebrachte Nässe lässt die Scheiben der Kuchenvitrine beschlagen.

Nach der Stärkung durchquere ich den malerischen Ort. Die Fenster der sogenannten Umgebindehäuser sind mit gehäkelten Gardinen und Geranien geschmückt. Ein Umgebindehaus hat eine Art hölzernes Stützsystem, das den eigentlichen Hauskörper umschließt und das Dach trägt. In den Gärten wachsen Flieder, Gemüse, Obstbäume und Stockrosen. Rauch steigt aus den Schornsteinen, liegt schwer über der Straße, ich sauge den harzigen Geruch mit vollen Atemzügen ein.

Bald führt der EB in das einsame Tal der Chřibská. Der kleine Bach ist von den starken Regenfällen geschwollen, das Wasser rauscht durch den schattigen Grund hoher Felswände, das Wiegen und Wogen der Flussalgen in der Strömung ist ein harmonisches Wasserballett. Im Schatten des anmutigen Tanzes treiben die silbernen Leiber prächtiger Forellen über den sandigen Grund.

In den Dörfern stehen bunte Kapellchen und graue Gedenksteine mit deutscher Inschrift zu Ehren der im Ersten Weltkrieg oder in früheren Kriegen gefallenen Soldaten. Manch meterlanger Holzzaun ist auf jeder einzelnen Latte mit einer umgedrehten Porzellantasse versehen.

Auf dem Geröllfeld des Vulkanbergs Studenec pfeift der Wind trocken und scharf. Die schwarzen Basaltbrocken bilden einen harten Kontrast zum Grün des Waldes und des Reitgrases, das sich auf dem Plateau dem Wehen des Windes unterwirft. Die Hügelketten des Lausitzer Gebirges reihen sich scheinbar endlos bis zum Horizont aneinander.

In den Wäldern zieht sich die ehemalige Bunkerlinie entlang. Ein moosbewachsener bröckelnder Betonklotz reiht sich an den nächsten.

In einem kleinen Bahnhofsgebäude gönne ich mir ein rustikales Mittagessen. Ich sitze zwischen den ortsansässigen Säufern. Die abgewirtschafteten Gestalten hängen an ihren Biergläsern, Zigaretten und dem regionalen Sportprogramm, das im Fernsehgerät über der Theke läuft. Ich bestelle Cola. »Cola oder Kofola?«, fragt der Wirt. So lerne ich Kofola kennen, den tschechoslowakischen Cola-Ersatz. Kofola ist super. Kofola kommt aus dem Zapfhahn. Kofola wird in Millilitern abgerechnet. Kofola ist allgegenwärtig und billig. Kofola ist meine neue Cola und nur Kaktus-Eis zur Kofola schmeckt noch besser als Kofola pur. Ich habe meine drei großen K gefunden: Knacker, Kofola und Kaktus-Eis. Halleluja!

Abends schlafe ich in einer Pension, um zu duschen, damit Hanna nicht gleich umfällt, wenn sie mich sieht. Die Blasen an meinen Füßen sind endlich rundum verheilt. Das Ziehen in der Ferse lässt nach. Ich spüre meine Muskeln und Sehnen, aber auf eine angenehme Art.

Ich bin mit Hanna am späten Nachmittag in Petrovice verabredet. Als ich morgens die Pension verlasse, um entlang der Grenze Richtung Hochwald zu laufen, wundere ich mich über die Horden betrunkener Männer, die mir entgegenkommen. In regelmäßigen Abständen stehen Polizeiwagen am Straßenrand. Daneben je ein deutscher und ein tschechischer Polizist, die das Geschehen beobachten. Verwundert frage ich eins dieser binationalen Observationspärchen, was denn los sei. Männertag heißt die Lösung. Tatsächlich hatte ich diesen Missbrauch von Christi-Himmelfahrt komplett verschwitzt. Wer rechnet schon außerhalb dicht besiedelter Gebiete mit dem Aufkommen Bollerwagen ziehender Trunkenbolde? Aber natürlich ist das tschechische Bier billiger als das deutsche und lockt scharenweise trinkwütige Kerle ins Grenzgebiet. An der Hochwaldbaude habe ich demnach herrliche Aussicht auf Berge und Besoffene. Allein als Frau unter Zechbrüdern ist nicht gerade schön, aber mit mottenzerlöcherten Wollunterhosen fühlt man sich irgendwie safe. Und schon mittags liegen die Männerhorden völlig erledigt im Graben und sind zu keinerlei Schandtaten mehr fähig.

Ich bin viel zu früh in Petrovice. Also lege ich mich hinter der Kirche in die Sonne und döse ein wenig. Als der Bus endlich kommt, ist Hanna die einzige Passagierin. Auf dem Halteplatz umarmen wir uns in der Staubwolke, die der abfahrende Bus aufwirbelt. Hanna hatte sich als Einzige im Vorfeld gegen das Zelten ausgesprochen. Jetzt hat sie aber doch Isomatte und Schlafsack dabei.

»Ach, irgendwie hab ich das Gefühl bekommen, das gehört einfach dazu, all die anderen machen es ja auch, und deshalb dachte ich mir, ausprobieren können wir es ja mal!«

»Finde ich super!«

»Außerdem hast du mich total scharf auf die großen K gemacht: Ich will auch unbedingt Kofola, Kaktus-Eis und Knacker! Kann seit Tagen an nichts anderes mehr denken!«

»Kriegen wir hin!«

Wir laufen auf einem Feldweg im warmen Abendsonnenschein Richtung Wald. Natürlich checken wir erst einmal den neuesten Klatsch und Tratsch über gemeinsame Bekannte und den Literaturbetrieb, reden aber auch über den Druck, alle paar Jahre ein neues Buch herauszubringen, um wenigstens einigermaßen davon leben zu können. Auch Hanna hat längst einen Brotjob.

Kennengelernt haben wir uns vor vielen Jahren im sogenannten Häschenkurs. Dabei handelt es sich um einen Literaturkurs, der parallel zum Ingeborg-Bachmann-Preis in Klagenfurt stattfindet. Wir waren zehn junge Schreiberlinge, die für eine Woche in einem Klagenfurter Hotel untergebracht und mit großzügigen Versorgungsgutscheinen für die örtlichen Gaststätten ausgestattet wurden. Der eigentliche Literaturkurs geriet für uns zur Nebensache, man hatte drei je einstündige Gespräche mit verschiedenen Dozentinnen über den zuvor eingereichten Text. Den Rest der Woche konnten wir tun und lassen, was wir wollten. Wenn wir nicht gerade im Publikum während der Fernsehaufzeichnung des Wettlesens saßen, lungerten wir am Wörthersee herum oder fraßen uns in den teuren Restaurants durch. Meist legten wir unsere Gutscheine zusammen, um uns fürstlich zu betrinken. Einmal landeten wir sogar versehentlich im örtlichen Puff, was wir aber erst merkten, als wir uns über die horrenden Bierpreise wunderten. Für mich als junge Mutter war die Woche in Klagenfurt die absolute Freiheit. Ich weiß nicht, wann ich zuletzt so viel Spaß hatte. Einige der Teilnehmerinnen wurden Freundinnen, so wie Hanna. Hanna erheiterte unsere Runde damals vor allem damit, dass sie den österreichischen Dialekt der rund um das Literaturevent reichlich vertretenen Schnösel wahnsinnig gut imitieren konnte. Und damit, dass sie einmal lauthals von ihrem Angebeteten schwärmte und dabei nicht merkte, dass er direkt hinter ihr stand. Und weil die Welt manchmal sehr klein ist, hat Hanna während ihres Studiums mit meinem Exfreund in einer WG gelebt.

Während wir plaudern, schaue ich nach einem guten Stellplatz für das Zelt. Aber bei jedem Fleckchen zwischen Tannen und Felsen, das ich vorschlage, sagt Hanna: »Ach, lass uns lieber noch ein Stückchen weiter gehen. Das ist mir hier ein bisschen zu gruselig.«

Und weil es immer noch warm und noch nicht dunkel ist, lassen wir einen mittelmäßigen Zeltplatz im Wald nach dem anderen links liegen. Hannas Instinkt entpuppt sich als phänomenal, denn schließlich stoßen wir am Waldrand auf eine riesige Wildblumenwiese mit Aussicht ins Tal. Ich baue das kleine Zelt im kniehohen Gras auf. Wir rollen Isomatten und Schlafsäcke aus und schrauben den Kocher zusammen. Aus dem Tal schallt Hundegebell. Während des Kochens kommen wir anlässlich meiner neuen Frisur auf das Thema graue Haare.

»Bei Männern finde ich graue Schläfen unglaublich sexy!«, ruft Hanna. »Hatte aber ganz schön damit zu kämpfen, als es bei mir selbst losging.«

Die wenigen silbergrauen Fäden in Hannas nussbraunem Haar wären mir gar nicht aufgefallen. »Das hat was mit den Sehgewohnheiten zu tun«, fährt sie fort. »Man ist es einfach nicht gewöhnt, dass Frauen nicht färben, und dann schätzt man sie allein deswegen gleich älter oder reagiert erstaunt, während es bei Männern normal ist.«

»Ja, guck mich an: Ich habe jahrelang einen riesigen Aufwand betrieben, weil ich partout nicht wollte, dass jemand sieht, wie grau meine Haare sind.«

Von der Haarfrage kommen wir zur Kinderfrage. Hanna hat noch keine Kinder. Sie ist nicht meine einzige Freundin, die sich darüber Gedanken macht.

Immer wenn dieses Thema aufkommt, bin ich total froh, dass mir die Entscheidung so früh abgenommen wurde. Ich verstehe meine Freundinnen: Hätte ich mich je für den perfekten Zeitpunkt entscheiden müssen, so hätte ich ihn nie gefunden. Irgendwas ist ja immer, das man für ein Kind zurückstellen müsste. Ich finde es wichtig, dass man sich als Frau immer die Frage stellt: Will ich dieses Kind auch dann noch, wenn ich es am Ende alleine großziehe? Man weiß ja nie, was kommt. Und nur wenn man diese Frage eindeutig mit Ja beantworten kann, sollte man das Kind bekommen. Für mich war es natürlich ein riesiger Schock, als ich in der elften Klasse schwanger wurde. Aber mir war sofort klar, dass ich das Kind bekommen werde. Mir war aber auch klar, welche Verantwortung damit zusammenhängt. Ich habe mich ganz bewusst für das Kind und für die Verantwortung entschieden. Deshalb war es okay, auf vieles zu verzichten und es war auch okay, dass es oft anstrengend war. Meiner Mutterschaft gab ich mich völlig hin: Ich stillte lange, kochte Gläschen aus Bio-Obst und -Gemüse, las meinen Kindern vor, bastelte und backte mit ihnen. Samstags räumten wir auf, sonntags machten wir einen Ausflug und aßen abends ihr Lieblingsessen: Lasagne oder Brathuhn. Obwohl wir kaum Geld hatten, reisten wir mit dem Rucksack um die halbe Welt. Ich ärgere mich, wenn man junge Eltern allein aufgrund ihres Jungseins unter den Generalverdacht stellt, sie würden es nicht hinkriegen. Seit ich mich für meinen ersten Sohn entschied, fühlen sich Leute bemüßigt, diese Entscheidung durch den Dreck zu ziehen. Wie sollen sich meine Söhne fühlen, wenn sie mitbekommen, dass es Leute gibt, die der Meinung sind, es wäre besser für sie, nicht geboren worden zu sein, nur weil ich jung war? Und dabei habe ich einige Beispiele von verheirateten Ü30-Müttern mit gesichertem finanziellem Background, die vollkommen überfordert sind. Ich weiß noch, wie mich damals viele für bekloppt erklärt haben, denn ich hatte ja noch nicht mal einen Schulabschluss, als mein Sohn geboren wurde. Witzigerweise höre ich heute oft das Gegenteil, nämlich: »Voll schlau, so früh Kinder zu kriegen: Jetzt kannst nochmal voll durchstarten.«

Und ja, es ist verdammt geil, vierzig zu werden und zwei smarte, schmucke und wohlgeratene Söhne zu haben, die einen um Haupteslänge überragen!

Eine Klassenkameradin prophezeite mir damals den sozialen Abstieg. Und es sah eine Zeit lang sogar so aus, als ob ihre düsteren Prophezeiungen wahr werden würden: Nicht, was die Schule anging, denn mein Abitur machte ich trotz der Doppelbelastung mit einem Einser-Durchschnitt. In Leipzig wollte ich dann unbedingt am Literaturinstitut studieren, Plan B hatte ich nicht. Long story short: Ich kam bis in die Endrunde, wurde aber nicht genommen. Beim zweiten Versuch war es genau das Gleiche. Das ist das Problem mit meinen Plänen: Ich hab immer welche, nur haben sie noch nie funktioniert. Wahrscheinlich bin ich ein bisschen zu sehr Traumtänzerin. Also schrieb ich mich aus purer Verzweiflung für ein Magister-Studium an der Universität Leipzig ein: Journalistik, Kunstgeschichte und Komparatistik. Das Studium brach ich schon nach wenigen Wochen ab, weil ich mich im ganzen Leben noch nie so gelangweilt hatte wie im Hörsaal. Wohl fühlte ich mich nur in der Mensa. Literatur blieb mein Hauptinteresse – wenn schon nicht aktiv, dann wollte ich wenigstens passiv damit zu tun haben. Ich bewarb mich im Buchhandel, aber eine Auszubildende mit zwei Kleinkindern wollte man nicht. Mir blieben ein unbezahltes Praktikum bei einer Literaturzeitschrift und Hartz IV. Es sah nicht gut aus. Aber dann wurde ich zum *Open Mike*, einem renommierten Literaturnachwuchspreis, eingeladen, ein Wendepunkt in meinem Leben. Ich gewann zwar keinen Preis, aber die Agenturen und Verlage interessierten sich für mich und so unterzeichnete ich kurz später den Vertrag für meinen ersten Roman. Der Häschenkurs fand im selben Jahr statt, als dieser Roman erschien. Ich fand das harsche Urteilen der Jury während des Wettlesens um den Bachmannpreis erschütternd, und die Tutorien entmutigend. Mein eingereichter Text wurde so verrissen, dass ich am liebsten alles hingeworfen hätte. Einige Jahre lang bekam ich die verurteilenden Stimmen beim Schreiben nicht aus dem

Kopf. Als es mir endlich gelang, sie zu ignorieren, schrieb ich meinen zweiten Roman. Und hier schließt sich der Kreis, denn Hanna vermittelte mir den zweiten Buchvertrag.

Wir hocken im Schneidersitz im hohen Gras, das orangerote Licht der untergehenden Sonne lässt Hannas Gesicht leuchten.
»Weißt du, als ich meine Kinder bekam«, sage ich zu Hanna, »gehörte ich irgendwie nicht mehr richtig dazu. Meine Freundinnen machten Party, während ich zu Hause saß und Windeln wechselte. Und dann ist genau das passiert, was ich immer befürchtet habe, nämlich, dass meine Freundinnen erst mit dem Kinderkriegen anfangen, wenn meine Sweeties schon erwachsen sind. Also gehöre ich wieder nicht dazu. Während die jetzt Windeln wechseln, muss ich mit dem Empty-Nest-Syndrom klarkommen. Wobei, eigentlich bin ja *ich* gerade ausgeflogen. Ist vielleicht nicht die schlechteste Version!«
Am nächsten Morgen liegen wir mit unseren Kaffeetassen im hohen Gras. Um uns herum krabbelt, summt und brummt es.
Der EB führt uns durch kleine Dörfer, mit Bunkern bestückte Wälder und über einsame Berghöhen. Die Menschen grüßen mit »Ahoj«, aber auf den Ortsschildern stehen neben den tschechischen immer noch die deutschen Ortsnamen.
Hier lebten einst die sogenannten Sudetendeutschen. Unter diesem Begriff war die deutschsprachige Bevölkerung in Böhmen, Mähren und Österreichisch-Schlesien zusammengefasst. Nach dem Zerfall Österreich-Ungarns am Ende des Ersten Weltkriegs waren die Deutschen die größte nationale Minderheit in der 1. Tschechoslowakischen Republik. Es gab zweisprachige oder sogar rein deutsche Straßenschilder, deutsche Schulen, Theater und sogar eine Universität. Die deutschen Besatzer zerstörten den Vielvölkerstaat aus Tschechen, Deutschen, Slowaken, Ungarn, Roma und Ruthenen – aus tschechischen und

deutschen Nachbarn wurden Feinde. Das Nationalsozialistische Regime hinterließ seine übliche Schneise aus Zerstörung, Gewalt und Mord. Am Ende des Krieges kam es zu Racheakten gegen Angehörige der Besatzernation, es gab öffentliche Demütigungen, Zwangsarbeit, aber auch Lynchmorde, Massaker und Exekutionen. Sogenannte Wilde Vertreibungen waren die Folge. In langen Fußmärschen zogen die ersten Flüchtlingsströme fort aus dem Sudetenland. Um zukünftige Konflikte zu vermeiden, erließ man unter dem Namen des Staatspräsidenten Edvard Beneš Dekrete, die auch die Aussiedlung der rund drei Millionen Sudetendeutschen beinhalteten. Odsun – Abschub – war der Begriff, unter dem die Organisation der Massenabschiebung in Zügen lief.

»Oh Mann!«, rufe ich. »Die Gegend hier ist wahrscheinlich feuchter Traum von bekloppten Revanchisten!«

Hanna reagiert darauf, indem sie vor einem Bunker ein blödes Gesicht und das Peacezeichen macht.

Den ganzen Tag halten wir Ausschau nach den drei großen K, aber es gibt keine Gelegenheit, unsere Gelüste nach Fett und Zucker zu stillen. Nachdem dann auch noch der letzte Aufstieg des Tages extrem schweißtreibend ist, entlockt uns die Aussicht auf Tütensuppe und Magnesiumpulver nur ein müdes Lächeln. Also legen wir nochmal ordentlich Tempo vor, um es bis ins nächste Dorf zu schaffen, wo wir uns eine Pension mit heißer Dusche und böhmischer Küche erhoffen. Die gibt es auch, aber als wir geschwächt in Krištofovo Údoli ankommen, müssen wir feststellen, dass alles ausgebucht ist.

»Es nutzt ja alles nichts«, sage ich resigniert. »Dann müssen wir eben doch zelten und Instant-Futter essen.«

Hanna ist total geknickt. »Wenigstens eine Knacker hätten die uns doch geben können, wenn die schon kein Zimmer mehr haben!«

Als wir resigniert den Waldrand anvisieren, um unser Zelt aufzustellen, bevor es dunkel wird, erbarmt sich ein junger Tscheche mit hippem Dutt und noch hipperem Bart. Er ist Teilnehmer des Yoga-Retreats, wegen dem man uns in der Pension abwies, und offensichtlich machen wir einen so bemitleidenswerten Eindruck, dass er so lange herumtelefoniert, bis er eine private Unterkunft findet. Er fährt uns sogar hin. So kommen wir bei einer tschechischen Oma unter, die zwar keine Knacker und keine Kola hat, aber Brot, Käse und eine Badewanne. Vor allem aber hat die Gästewohnung eine Einrichtung, die das Scheußlichste der letzten acht Jahrzehnte vereint.

Als die Oma hört, dass wir als nächstes den Ještěd besteigen wollen, schlägt sie ihre Hände über dem Kopf zusammen und segnet uns gestenreich. Dermaßen göttlich gestärkt, machen wir uns daran, den über tausend Meter hohen Hausberg von Liberec zu besteigen. Der Ještěd ist dank seines futuristischen Gipfelhotels und Fernsehturms kilometerweit zu sehen. Schon am Vortag erhaschten wir Fernblicke auf die charakteristische Silhouette.

Der Aufstieg ist so anstrengend, dass ich schweißgebadet bin und meine Kleider auswringen kann, während Hanna erstaunlicherweise noch ganz frisch aussieht. Und dabei ist sie viel schneller als ich.

Bevor wir den Gipfel überhaupt erreicht haben, beschließen wir schon, uns den Abstieg zu sparen und ganz mondän mit der Seilbahn nach Liberec hinabzuschweben. Im Schweiße meines Angesichtes ist es mir unbegreiflich, dass es eine uralte Tradition gibt, bei der man den Gipfel des Ještěd innerhalb kürzester Zeit hundertmal besteigen muss. Es soll Leute geben, die den Liberecer Hausberg bis zu 5.000 Mal in einem Jahr erklommen haben. Wir hingegen setzen uns auf den letzten Metern mitten auf den Weg und stopfen uns gierig

Studentenfutter und Müsliriegel in den Mund, um nicht zusammenzubrechen.

»Ich muss mich beim Commander beschweren!«, rufe ich. »Die Grundversorgung mit Cola, Knacker und Kaktus-Eis muss flächendeckend sein!«

Als wir endlich das Plateau erreichen, sind wir trotzdem so stolz und fröhlich, als ob wir just die neue Rekordmarke im Hunderter-Wettbewerb um die zahlreichsten Ještěd-Besteigungen geknackt hätten. Rund um das Rotationshyperboloid des Hotelbaus tummeln sich jede Menge Tagesausflügler.

»Und endlich gibt's Knacker!«, ruft Hanna.

Im Bergimbiss serviert man nämlich Fast-Food-Küche. Die lieblos zwischen zwei Graubrotscheiben gehauene, vor Fett triefende tschechische Klobása ist zwar nicht ganz das, wovon wir die letzten Tage geträumt hatten, aber immerhin gibt es eiskalte Cola dazu und wir können beim Essen durch die gigantische Fensterfront des Hotels den Panoramablick über Stadt, Hügel und Täler genießen.

Aus unserer eleganten Schummelei wird übrigens nichts. An der Seilbahnstation flimmert unmissverständlich in roten eckigen Buchstaben die Botschaft, dass die Seilbahn nicht in Betrieb ist. Also doch laufen. Zum Glück ist der Abstieg moderat. Neben Mountainbikern und Sonntagswanderern führt der EB entspannt hinab in die Stadt, an deren Rand wir wenigstens die Straßenbahn ins Zentrum nehmen können, um uns die letzten Asphaltkilometer zu sparen.

Nicht nur das Berghotel ist futuristisch, ganz Liberec ist geprägt von avantgardistischem Design: Über dem Busbahnhof prangt eine gigantische Uhr, auf dem Einkaufszentrum lauern lebensgroße Dinosaurier und unser Hotel punktet mit glatten Flächen und poppigen Farben. Wände, Böden und Möbel strahlen in Orange und Blau. Das Ganze ist garniert mit Fototapeten, die wahlweise Karibik- oder Hochgebirgsflair verbreiten. Wir essen gutbürgerlich im Ratskeller und schlendern durch die Altstadt. Am nächsten Morgen bringt Hanna mich nach dem Frühstück in einem hippen Studentencafé zum Stadtrand, wo der EB versteckt zwischen Zoo und Volkspark wieder aus Liberec hinausführt.

Übrigens: Ausgerechnet Hanna wird sich kurz später ein eigenes Zelt kaufen und ganz alleine ein paar Tage an der Ostsee wandern. Und ein Jahr nach unserem Gespräch über das Muttersein auf einer tschechischen Wildblumenwiese bekommt sie einen süßen kleinen Sohn.

Für mich aber geht es vorerst alleine weiter, und zwar in die Hochebene des Isergebirges. Ich habe zwei Tage für mich, dann kommt schon die Zierlich-Gang. Wir sind im Wintersportort Harrachov am Fuße des Riesengebirges verabredet, weil es da einen Bahnhof gibt. Harrachov liegt nur einen Katzensprung vom EB entfernt. Jetzt äußert Johanna im Vorfeld ihre Angst, nicht mithalten zu können, da sie in den Bergen oft Kopfschmerzen bekomme und deshalb prophylaktisch im Schneckentempo laufe.

»Keine Angst, die alte Wanderregel lautet: Der langsamste bestimmt das Tempo« schreibe ich im Klub und kündige gleich noch an, dass ich ja dank Johann jetzt wisse, wie man lahme Wanderinnen antreibt. Das macht Johanna erst recht Stress, also füge ich hinzu, dass ich zum Antrieb eher auf Schokolade und die drei großen K setze.

Auch Moustafa plagen Bedenken. Seit Wochen freut er sich auf den allerersten Urlaub seines Lebens, hat aber Angst vor Flashbacks an seine Flucht über die Balkanroute.

»Mousti, wir machen aus deiner schlechten Erfahrung eine gute. Du musst keine Angst haben, wir sind doch auch da, wenn es einem nicht gut geht«, versuchen wir ihn zu beruhigen. Stephanie überprüft sicherheitshalber noch einmal ganz genau, dass er mit seinem Aufenthaltstitel auch wirklich nach Tschechien und Polen reisen darf. Uns wird einmal mehr bewusst, wie privilegiert wir sind, mit unserem deutschen Pass, mit dem wir bedenkenlos und unkompliziert beinahe jede Grenze der Welt passieren können.

Der Weg ins Isergebirge führt steil hinauf durch dichten Wald, aber dann nimmt die flache Torfmoorlandschaft mit niedrigem Gesträuch und silbrig glänzenden Baumskeletten überhand. Riesige Flugameisen schwärmen durch die Luft und prallen mir ungebremst ins Gesicht. Ich funktioniere meine Trekkingstöcke zu Propellern um, denn nur so kann ich den aufdringlich tollpatschigen Insekten Einhalt gebieten. Aufgeschreckte Ringelnattern verschwinden eilig in den roten Tümpeln des Hochmoors, durch das ausgeblichene Holzbohlen führen. Abends zelte ich an einem Teich. Mit den Füßen im Wasser koche ich mir mein Abendessen. Die Baumspitzen schimmern violett in der Dämmerung, das Wasser hat die Farbe von Rost, ist aber trotzdem glasklar. Forellen tummeln sich unter meinen Füßen, über meinem Kopf schwirrt ein Schwarzstorch ans andere Ufer, Rehe springen aus dem niedrigen Gebüsch und kehren – überrascht vom seltenen Gast – hoppelnd zurück in den Schutz dunkler Nadelgewächse. Die fliegenden Ameisen haben sich mit der aufziehenden Dämmerung verzogen.

Morgens knallt die Sonne mit voller Wucht auf die Hochebene. Ich habe zu wenig Wasser für diese hohen Temperaturen. Also koche ich das rostrote Wasser aus einem Moorbach ab und werfe zur Sicherheit noch eine Micropur-Pille in meine Trinkflasche. Das Ergebnis schmeckt nach Erde, Eisen und Chlor. Eine Kreuzotter sonnt sich auf dem Pfad und verzieht sich zischend, als ich ihr zu nahe komme. Von Heidekraut und Moos überzogene Findlinge erheben sich grau und bucklig zwischen den duftenden Armen der Kiefern und Fichten. Buschiges Heidelbeerkraut streckt seine vielfingrigen Ärmchen bis über die Planken der hölzernen Moorpfade. Plötzlich lichtet sich das dichte Grün und gibt den Blick frei auf die weiten, sanft geschwungenen Wiesen eines Hochtales. Dunkle Holzhäuser liegen weit verstreut. Jizerka ist die höchstgelegene Siedlung im Isergebirge. Einst wurden im gleichnamigen Bach Edelsteine geschürft. Für EB-Wanderer hat der Ort eine besondere Bedeutung, denn hier steht das legendäre Misthaus.

Das alte Misthaus war über Jahrzehnte ein populäres, aber nichtkommerzielles Ausflugs- und Übernachtungsziel. Haus und Besitzer waren so außergewöhnlich, dass man kaum zu unterscheiden weiß, was Legende und was Wahrheit ist. Gustav Ginzel hieß das Unikum, das diese Oase wohlgeordneter Anarchie im Sozialismus schuf. Ginzel wurde zu Beginn der dreißiger Jahre in Liberec geboren. Schon vor seiner Geburt wollte sein Vater das damals bereits rund zweihundert Jahre alte typische Isergebirgshaus kaufen, fand es aber zu teuer. Obwohl die Ginzels Sudetendeutsche waren, durften sie bleiben. Gustav Ginzel heuerte als Weber und Waldarbeiter an, bevor er sich – meist autodidaktisch – zum Geologen, Fotografen und Umweltschützer fortbildete. Das Haus aber wurde nur noch als Kuhstall genutzt. Als keine Kühe mehr hineinpassten, weil der Boden durch den angehäuften Mist immer höher wurde, fanden Kälber darin Platz, und als es auch für die zu niedrig wurde, Schafe. Schließlich sollte es abgerissen werden. Das war Ginzels Chance! Er kaufte die nach seinen Worten »fenster- und türenlose Ruine« Mitte der sechziger Jahre für den Spottpreis von 345 Kronen, was circa 114 DDR-Mark entsprach. Er selbst behauptete in einem Interview gar, er hätte nur zwanzig Mark bezahlt. Dann leitete er den Bach so um, dass dessen Wasser den jahrelang angesammelten Mist aus dem Haus spülte. Mit dem Verkauf des Mists als Dünger verdiente er mehr als ihn das Haus gekostet hatte. In das rudimentäre Gebäude brachte er schnell Leben ohne jeglichen Komfort. Der Bach blieb als Wasserversorgung, das Mobiliar war aus allerlei Spenden zusammengestückelt und bald war jeder freie Zentimeter mit Dingen vollgestellt, die er von seinen Expeditionen mitbrachte oder geschenkt bekam. Wer nach Jizerka kam, durfte kostenlos in einem der Matratzenlager oberhalb der Rumpelbude mit dem Charme eines einfachen Bretterverschlags übernachten. Und es kamen viele. Manchmal schliefen mehrere hundert Menschen im Haus und drum herum. Einmal kamen über 4.000 Leute an einem einzigen Tag. Inmitten der Menge saß Ginzel, das weit über die Gegend bekannte Original, und stempelte Wanderbücher, erzählte von seinen Aventiuren in Sibirien, Ecuador und der Sahara, oder er führte durch das Haus, wobei eine Führung mit Lachen eine Stunde länger angesetzt war als eine ohne. Einiges, das Ginzel in seinem Haus schuf oder ausstellte, klingt aus heutiger Sicht bedenklich, zumindest aber befremdlich. So gab es ein »Anti-Vergewaltigungs-Bett«, das aus einer sehr schmalen Matratze bestand, die so niedrig unter dem Dach lag, dass zwei Personen weder neben- noch aufeinander hätten liegen können. Es gab eine »Anti-Aids-Dusche«, die aus einem eiskalten Wasserfall hinter dem Haus bestand, und nach deren Genuss man so verfroren war, dass einem die Lust auf Sex verging. Und es gab ein »Stereoklo«. Dabei handelte es sich um ein Plumpsklo mit zwei Brillen, die immer gut sichtbar über der Küchenhexe hingen, damit man erstens wusste, ob das Klo frei war, und zweitens im Winter nicht mit dem Allerwertesten festfror. Den wischte man sich umweltfreundlich ab, indem man nach dem Klogang die Wiese hinabrutschte. In der EB-Community munkelt man, dass gar ein Video vom jungen Commander bei dieser Tätigkeit existiert. Blechbüchsen haute Ginzel mit dem Hammer zu Lesezeichen platt, die Gäste weckte er mit Spieldosen, auf jeden Krempel setzte er seinen Misthausstempel, seine Katzen hießen Margot und Erich. Unter den Kuriositäten fanden sich neben haufenweise absurden Schildern und Schrifttafeln ein Walknochen aus Island, ein Taschenrechner für Ostfriesen, ein Wolpertinger, eine kollektive Mausefalle, Lava vom Popocatépetel und ein echter Schrumpfkopf.

Da das Haus direkt am EB liegt und als dessen beliebteste Unterkunft und Stempelstelle zu DDR-Zeiten galt, nannte Ginzel den Weg ganz uneitel »Eisenach–Misthaus–Budapest«. Mitte der Neunzigerjahre kam es zur Katastrophe: Das Misthaus brannte bis auf die Grundmauern ab. Auch das gesamte Inventar fiel den Flammen zum Opfer.

Das Haus wurde mithilfe von Spendengeldern wieder aufgebaut, ist aber seit Gustavs Tod meist verschlossen. Nur der gelbe Briefkasten mit seinem Namen und das Plumpsklo erinnern noch an die verrückten Zeiten.

Bevor ich mich auf den weiteren Weg mache, erreicht mich eine Nachricht von Johann aus Harrachov. Er möchte wissen, ob ich Lust auf eine gemeinsame Nacht habe und er dafür schon mal ein Zimmer organisieren soll. Leider stellt er diese Frage versehentlich im *Klub Drushba*. Na wunderbar, jetzt weiß jeder Bescheid, auch meine Mutter.

Mich nach Harrachov durchzuschlagen gerät zur Tortur, denn laut Commander-App muss ich mitten durch den Wald. Nicht nur, dass es recht steil bergab geht, ich soll auch ausgerechnet dort lang, wo es die ohnehin schon dicht an dicht stehenden Fichten reihenweise umgenietet hat. Von einem Weg ist nichts zu sehen, das Durchkommen scheint unmöglich, aber eine Rückversicherung bei Johann bestätigt, dass es keine andere Möglichkeit gibt. Ich klettere und krieche, bis mich die Nadelbäume vollkommen derangiert und zerkratzt auf einen ordentlichen Waldweg ausspucken. Die nächste Herausforderung lässt nicht lange auf sich warten: Ich muss einen Fluss überqueren, dessen einzige Brücke weit und breit eingestürzt ist. Wenn das der Commander wüsste! Ich springe von Stein zu Stein und hoffe, dass ich nicht ausrutsche oder vom Gewicht meines Rucksacks umgerissen werde. Gottlob gibt es am anderen Ufer eine Sportlerklause mit Kofola und Kaktus-Eis.

Am Ortseingang von Harrachov wartet Johann auf mich. Das Privatzimmer, das er für uns gemietet hat, verfügt sogar über eine Waschmaschine und Wäscheleinen im Garten. Ich hätte nie zuvor gedacht, dass mich der Anblick von frisch gewaschener, im Wind flatternder Wäsche jemals so glücklich machen würde.

Am nächsten Abend hole ich die Zierlich-Gang am Bahnhof ab.

»Hast du uns vermisst?«, ruft Moustafa zur Begrüßung und umarmt mich so fest, dass ich kaum Luft bekomme. Und tatsächlich merke ich erst jetzt, wo ich vor ihnen stehe, wie sehr mir die drei gefehlt haben, ich krieg mich kaum ein vor Freude. Ursprünglich wollten wir noch an diesem Abend bis ins Riesengebirge kommen, aber weil der Zug vier Stunden! Verspätung hatte, verbringen wir die Nacht lieber in Harrachov. Wir verlängern die Übernachtung in der Privatunterkunft und mieten noch ein Zimmer und eine Klappliege dazu. Moustafa wirft eine Münze, in wessen Zimmer er diese aufschlägt. Die Münze entscheidet, dass er sich das Zimmer mit mir und Johann teilt, während Stephanie und Johanna das andere bekommen.

Während sich die beiden einrichten, präsentiert Moustafa mir den Inhalt seines Rucksacks. Der ist vollgepackt mit Chips, Bonbons und Schokolade, eine Isomatte hat er hingegen nicht eingepackt.

»Das ist ja wie bei einem Kindergeburtstag!«, rufe ich angesichts des Süßigkeiten-Arsenals.

Wir machen Lagerfeuer im Garten unserer Unterkunft.

Während Johann sich um das Feuer kümmert, erzählt Moustafa von einem verpatzten Date. Über ein Computerspiel chattete er wochenlang mit einer Frau. Jetzt hatte sie ihn zu einem Konzert eingeladen, damit sie sich endlich persönlich kennenlernten.

»Und das war komisch«, erzählt Moustafa. »Alle waren schwarz gekleidet. Ich schwöre, ich fiel total auf mit meinem roten Pullover!«

»Mousti, das klingt wie ein Wave-Gothik-Treffen«, sagt Stephanie.

»Aha. Alle saßen auf dem Boden. Aber der war total schmutzig! Und alle hatten diese Blechdinger im Gesicht! Und alle kannten sich. Wenn einer neu dazukam, haben alle anderen die Köpfe gehoben und Hi gesagt.«

»Nee, das waren keine Gruftis, ich glaube, du warst bei der Antifa!«, ruft Johanna.

»Und die Musik war sehr laut und gar nicht schön. Alles war mitten im Dreck, auch die Bühne.«

»Sag mal, Mousti«, frage ich, »war das ein eingezäuntes Grundstück? Mit vielen Bauwagen?«

»Ja, so komische Wagenhäuser standen überall.«

Und da haben wir die Lösung, Moustafa, der Informatiker und Computer-Nerd mit dem akkurat konturierten 3-Tage-Bart und den gebügelten Hemden, war auf einer Wagenburg-Party!

»Und die Frau? Wie war die? Habt ihr euch trotzdem gut verstanden?«, fragt Johanna.

»Keine Ahnung, ich bin nach zehn Minuten wieder gegangen, es gab sowieso kein Bitter Lemon, nur Bier, und alle haben aus der Flasche getrunken und geraucht.« Bitter Lemon ist für Moustafa, was Cola für mich ist.

»Das heißt, du hast sie gar nicht erst kennengelernt?«, hakt Johanna nach.

»Nein! Ich wollte da nicht bleiben mit diesen komischen Leuten. Die Musik war keine Musik, nur Krach. Schrecklich! Nachher hätte sie mich noch gefragt, wie ich ihren Auftritt finde und dann hätte ich sagen müssen, dass es nicht mein Geschmack war.«

2015 wurde die Turnhalle der an den Richard-Wagner-Hain grenzenden Deutschen Hochschule für Körperkultur zur Massenunterkunft für Geflüchtete umfunktioniert. Auf Klappliegen waren mehrere hundert Menschen in der Halle untergebracht. Viele von ihnen flohen so oft es ging aus dieser beengenden Unterbringung, die keinerlei Privatsphäre bot, und kamen zum *ZierlichManierlich*: zum Kaffeetrinken, zum Quatschen oder wenn sie Hilfe und Rat brauchten. Wir wurden schnell zur Anlaufstelle. Mein Exfreund brachte einer Gruppe von Syrern, Eritreern und Marokkanern nachmittags die deutsche Sprache bei. So lernten wir Mousti kennen. Bald trafen wir uns regelmäßig und saßen oft in unserem Schrebergarten, wo wir Kuchen aßen und Tee tranken. Mousti half uns, die Hütte mit Holz auszukleiden und baute ein Tomatenhäuschen. Im Winter wurde er nach Hoyerswerda verlegt, wo wir ihn einmal besuchten: Er teilte sich ein Zimmer und ein Waschbecken mit sechs anderen, sie kochten für uns und wir aßen auf dem Boden. Als sein Asylantrag bearbeitet war, durfte er wieder nach Leipzig und ich stellte ihn im *ZierlichManierlich* an. Offiziell war er unser Hausmeister. Er war für das Abpacken der Lieferungen und alle Arbeiten rund um das Lager und Reparaturen zuständig. Weil er so schnell Deutsch lernte, konnte ich ihn aber schon bald als feste Servicekraft einstellen.

Moustafa hat in Aleppo Informatik studiert, doch sein Diplom wird in Deutschland nicht anerkannt. Er hätte das Studium wiederholen können, aber weil er möglichst schnell Geld verdienen wollte, um seine Eltern zu unterstützen, hat er sich für eine duale Ausbildung entschieden. In zwei Jahren erhält er einen Bachelor der Angewandten Informatik.

Polen, Juni 2019

Morgens laufen wir parallel zur stark mit LKW befahrenen Europastraße Richtung polnische Grenze. Stephanie, die sonst immer sehr schick ist, sehe ich zum ersten Mal mit Brille und ungeschminkt. Sie trägt Funktionskleidung und hat ihr blondes Haar locker unter ein Basecap gesteckt. Auch Moustafa ist ungewohnt leger gekleidet, aber keinesfalls wandertauglich: Jeansshorts, T-Shirt und ausgelatschte Sneakers. Johanna bleibt ihrem eigenwilligen Kleidungsstil auch beim Wandern treu. Sie trägt dünne Lederschnürschuhe, einen Rock und einen Charlie-Chaplin-Hut. Und sie ist tatsächlich noch langsamer als ich. Der flotte Johann schafft es kaum, nicht vor uns wegzurennen. Als wir die tschechisch-polnische Grenze erreichen, kann Moustafa gar nicht glauben, dass er sie ohne Kontrolle passieren darf: »Schau mal, ich bin mit einem Fuß in Tschechien und mit einem in Polen!«, ruft er begeistert.

An der Grenze verlässt Johann uns. Er möchte der offiziellen Wegführung folgen, die der EB in einer riesigen Schlaufe um die höchste Erhebung der Sudeten, das Riesengebirge, macht. Wir vier hingegen wollen Krkonoše, das sagenumwobene Reich von Krakonoš, auch bekannt als Rübezahl, erkunden, denn so hat es der *Klub Drushba* beschlossen, als ich um Entscheidungshilfe bat. Unter anderem überzeugten mich die Klubmitglieder mit der Information, dass Rübezahl übertragen »rein den Zagel« bedeute, und man sich in etwa ausrechnen könne, was der Bursche also den lieben langen Tag getrieben habe. Der Sage nach ist Krakonoš großzügig, solange man ihm wohlgesonnen ist, leitet aber Spötter gerne in die Irre seiner Nebelfelder. Und auf keinen Fall darf man den Herren der Berge beim Spottnamen Rübezahl rufen, nichts hasst er mehr.

Wegen der Abweichung verscherze ich es mir ein bisschen mit dem Commander, für den natürlich der originale Verlauf Priorität hat. Bert versichert mir aber, dass es für die Einladung zum jährlichen EB-Treffen keinen Unterschied mache, welcher Route ich folge. Er fügt hinzu, dass es für Wanderinnen wie mich, also solche, die nicht mal Stempel sammeln, schon okay wäre. Zum Glück liegen meine Prioritäten mehr auf den drei großen K als auf historisch genauen Routen. Denn das Riesengebirge ist nicht die einzige landschaftlich extrem reizvolle Gegend, an der der EB vorbeiführt. Der Grund für die Routenführung des EB liegt darin, dass man damals nur an offiziellen Grenzübergängen ins Nachbarland kam. So führt er zum Beispiel am Kerngebiet der Tatra vorbei, anstatt sie zu durchqueren. Die Berge an den Ländergrenzen blieben für den sozialistischen EB-Wanderer Leckerbissen, die er nur aus der Ferne bewundern durfte.

Heute hingegen kann man dank Schengener Abkommen auf den Bergrücken herumspazieren, wie man lustig ist. Ich möchte mir diese landschaftlichen Höhepunkte nicht entgehen lassen, nur weil es vor der Wende Restriktionen gab. Und so überlasse ich es Stempelsammler und EB-Streber Johann, das Riesengebirge in einer siebzig Kilometer langen Runde um die Beckenlandschaft Kotlina Jeleniogórska, zu Deutsch Hirschberger Kessel, zu umgehen.

Während Stephanie mit Johanna plaudernd zurückfällt, erzählt Moustafa, angeregt durch die unkomplizierte Grenzüberschreitung, von seiner Flucht. Er war mit neunzehn Jahren als regimekritischer Student inhaftiert worden. Seine Familie bekam ihn zwar wieder frei, aber allen war klar, dass er umgehend fliehen musste. So kam Moustafa in die Türkei, wo er ein Jahr lang auf dem Bau und in einem Bistro arbeitete, bis zu achtzehn Stunden täglich.

»Am Anfang haben wir in einem Park geschlafen, mitten in der Stadt, der ganze Park war voll mit Geflüchteten. Ich mochte es, denn man konnte den Himmel sehen.«

»Dann wirst du das Zelten auch mögen.«

»Ich will gar nicht im Zelt liegen, ich will lieber unterm freien Himmel schlafen, wie damals.«

»Ohne Isomatte? Du weißt schon, dass es in den Bergen ganz schön kalt werden kann?«

»Ach, Quatsch! Ich brauche keine Isomatte und ich brauche kein Zelt und einen Schlafsack brauch ich eigentlich auch nicht! Das hatte ich damals alles nicht!«

»Ja, Mousti, aber das war in der Türkei …«

»Achtmal hab ich versucht, übers Mittelmeer nach Griechenland zu kommen. Einmal hat uns die Küstenwache ins Wasser geworfen, nachdem sie uns alle Handys und Wertsachen abgenommen hatte. Ich hab gepaddelt wie ein Hund, um über Wasser zu bleiben, und ich hörte, wie es um mich herum immer leiser wurde. Als uns dann ein Schiff aufnahm, saß ich neben den ganzen Leichen.«

Ich kenne diese Geschichte schon. Mir ist klar, dass das Wandern ihn an seine Flucht erinnert. Und auch, wenn ich weiß, was er erlebte, machen mich seine Schilderungen immer noch traurig und sprachlos.

»Ach, Rebecca, ich genieße es zu laufen, ohne Angst haben zu müssen!«, ruft er nun. »Das schlimmste Stück war das in

Ungarn, wo man nachts durch den Wald musste. Man sah die Hand vor Augen nicht, aber man durfte kein Licht machen und keinen Mucks von sich geben, um nicht erwischt zu werden. Am Waldrand lauerte die Polizei nur darauf, uns zu verprügeln. Aber einige kapierten nicht, wie ernst die Lage war und hielten einfach ihre Klappe nicht oder leuchteten mit ihren Handys. Also kam es zu furchtbaren Kämpfen zwischen den einzelnen Gruppen.«

Ich habe von diesem Wald und den darin vorkommenden erschreckenden Ereignissen nicht nur von Moustafa gehört, beinahe alle, die zu Fuß über die Balkanroute kamen, erzählten davon und den blutigen Kämpfen und Überfällen, die dort stattfanden.

»Du weißt, dass ich auch durch Ungarn laufen werde? Das Ende des Wegs, das Ziel, ist in Budapest.«

»Oh mein Gott! Niemals würde ich in dieses schreckliche Ungarn zurückgehen, die Leute dort waren sehr brutal zu uns, vor allem die Polizei! Aber in Budapest war es schön, ich war da einen Tag und habe auf den Schmuggler gewartet, der uns in die Nähe der Grenze fahren sollte, eben zu diesem schrecklichen Wald!«

Nach Deutschland kam Moustafa mit zahlreichen weiteren Flüchtenden in einem Kühllaster. Als sie keine Luft mehr bekamen, klopften sie an die Wände und der Fahrer setzte seine lebendige Fracht mitten auf der Autobahn aus. Sie wussten nicht einmal, in welchem Land sie waren. Eigentlich wollte Moustafa nach Schweden, denn er hasst die Sonne und in Schweden war es meist kalt, hatte er gehört. Er hat mir einmal das Foto gezeigt, dass die deutschen Polizisten von ihm nach der Festnahme auf der Autobahn gemacht hatten. Es zeigt einen alten Mann. Ich hätte den 22-Jährigen redegewandten, stets aufwendig frisierten und akkurat gekleideten jungen Mann, den ich am *ZierlichMa-*

nierlich kennenlernte, niemals in dieser ausgemergelten Gestalt wiedererkannt.

»Rebecca, ich glaube, dass ich meine Eltern nie wiedersehen werde, aber ich lüge sie an und sage, dass wir uns eines Tages wieder in die Arme schließen. Mein altes Leben ist vorbei.«

»Aber wenigstens hast du ein Leben, die andere Möglichkeit wäre gewesen, keins mehr zu haben.«

»Genau!« Moustafa wechselt das Thema: »Rebecca, was wirst du als nächstes verlieren, damit Johann dir hinterherrennt?«

Stephanie und Johanna schließen zu uns auf. Wir setzen uns auf einen riesigen Felsbrocken, der wie ein Elefantenrücken aus dem Grün ragt. Der Himmel ist strahlend blau. Aber in der Ferne grollt es. Ganz wie man es dem Berggeist Krakonoš nachsagt, der als Wetterherr wie aus dem Nichts Regen, Schnee und Donner über den eben noch sonnigen Kamm schicken kann. Johanna kaspert auf einem anderen Findling herum, wo sie mit großer Ernsthaftigkeit gängige Modelposen nachstellt. Wir lassen uns von ihrer Blödelei anstecken, turnen über die Felsen und machen alberne Gruppenfotos. Wir kichern wie Teenager auf Klassenfahrt.

Ein schmaler Trampelpfad führt durch immer lichter werdenden Wald. Abgestorbene Fichtenskelette ragen in den Himmel, der plötzlich zweigeteilt ist: Auf der einen Seite gleißendes Blau und auf der anderen schwarze Wolken, die sich immer dichter zusammenbrauen. Und wie bei einem Yin-und-Yang-Zeichen verirrt sich ein graues Wölkchen ins Himmelblau und ein Sonnenstrahl ins geballte Schwarz.

Stephanie muss alle zehn Minuten ins Gebüsch oder eine rauchen, Moustafa bietet uns alle naslang Chips, Schokolade oder Bonbons an, ich halte alles fotografisch fest und Johanna schlendert so langsam, dass sie ständig zurückfällt. So sieht man auf den meisten Fotos Stephanie, Moustafa und mich im Vordergrund und ganz weit hinten, als kleinen Punkt, Johanna.

Wir erreichen die erste Baude, wo wir einen Boxenstopp einlegen, um uns mit den drei großen K zu stärken. Über den Bergrücken, der einst die Grenze zwischen Schlesien und Böhmen war, verläuft der mit dicken Steinen gepflasterte Kammweg, auf dessen linker Seite die polnischen Schroniskos liegen, während sich rechts die tschechischen Boudas finden.

Als wir über der Baumgrenze sind, schlägt das Wetter vollends um, es beginnt zu gewittern. Die schwarze Wolkenfront rückt von rechts immer weiter über den Bergrücken und türmt sich vor uns auf. Rübezahl lässt seine Muskeln spielen. Zur Linken scheint die Sonne weiterhin ungetrübt ins Tal. Die flachen Steine schimmern sandfarben. In Kombination mit dem dunklen Grün der niedrigen Nadelsträucher hat der Weg etwas Mediterranes. Die Hänge sind gecheckt von grünen Latschenkiefern und strohig trockenen Grasbüscheln. Der Weg schwingt sich in Wellen bis zur nächsten Bergspitze, die fern am Horizont zu liegen scheint. Mit Flechten bewachsene Felsbrocken erheben sich dann und wann aus der kargen Ödenei.

Wegen Johanna kommen wir nur zögerlich voran. So dämmert es schon, als wir an der Elbquelle stehen. Die Mosaike der bunten Wappen vieler Anrainerstädte reihen sich an einer niedrigen Mauer. Im Quellbrunnen glitzern Münzen. Über gelbem Gras liegen Flecken schmutzigen Schnees, der Wind bläst pfeifend und ungebremst über die karge Landschaft, bringt die verblichenen Holzstöcke zur Markierung der Schneehöhe ins Wanken. Blitze zucken über den Himmel. Der launische Bergschrat beherrscht und tyrannisiert sein Reich. Fröstelnd stehen wir im diesigen Nebel, etwas verzagt ob der Frage, ob es eine gute Idee ist, unter diesen Umständen zu zelten. Unser Plan war es, die Zelte so zwischen die niedrigen Nadelgewächse zu stellen, dass man sie vom Weg aus nicht sieht, nur sind die Sträucher großflächig schwarz verkohlt und zeugen davon, wie regelmäßig der Blitz hier oben schon eingeschlagen hat. Wir füllen unsere Trinkflaschen an der Quelle.

»Sagt mal«, fragt Moustafa, »habe ich eine falsche Wahrnehmung oder ist das eine Frau, die Sex will?« Er zeigt auf die Holzskulptur einer knienden Nixe, deren wallendes Haar wohl die Fluten der Elbe markieren soll. Wir sind über den Anblick des nackten, hochgereckten Hinterns nicht minder verwirrt. Die merkwürdige Statuette inspiriert Johanna dazu, sich auf dem Rand des Quellbrunnens zu räkeln, dass ihr Rock unanständig hochrutscht.

Weil es immer lauter donnert, lassen wir das mit dem Zelten und steigen auf der polnischen Seite ab. Steil geht es den Hang runter zu einer imposanten alten Almhütte.

»Oh Mann, je weiter du kommst, desto beeindruckender wird die Natur bestimmt noch!«, ruft Stephanie. »Es ist doch völlig verrückt, dass du in Deutschland losgelaufen bist und irgendwann in der Tantra ankommen wirst!«

»Tantra? Meinst du die Hohe Tatra?«

»Oh, ich dachte, das heißt Hohe Tantra.«

»Äh nein, die hohe Kunst des Tantra ist was anderes …«

In der Schronisko bekommen wir ein Zimmer mit zwei Doppelstockbetten. An der einzig verfügbaren Steckdose auf dem Flur steckt eine Kabeltrommel, die wir mit ins Zimmer nehmen, um unsere Handys zu laden. Wir fläzen uns auf die Betten, die Beine hochgestreckt und reichen Moustafas Süßigkeiten herum. Warm weht der Wind durchs offene Fenster und bläht die vergilbten Gardinen dick und bauschig auf. Moustafa möchte unbedingt, dass wir uns später, wenn es dunkel ist, die Taschenlampe unters Kinn halten und Gruselgeschichten erzählen. Alle paar Minuten klopft es, weil natürlich auch andere Wanderer ihre Handys laden wollen.

»Leute, ich hab so richtig Klassenfahrtfeeling!«, ruft Johanna. »Und ich Hunger!«, schiebt Stephie hinterher. Also raffen wir uns auf und kochen vor der Schronisko Tomatensuppe mit Reis. Dabei bringt Stephanie uns auf den Stand der Neuigkeiten rund ums *ZierlichManierlich*: Wer ist getrennt, wer frisch verliebt, wer hat mal wieder mit seinen Marotten alle in den Wahnsinn getrieben? Kommen der Doppelte-Cappuccino-Mann, die Vanillefrau und der Espresso-in-der-Keramiktasse-Typ immer noch täglich? Was hat die Kundin gemeint, die ein Ziegenkäsebaguette wollte, aber in vegan? Was ist mit der Mikrowelle los, dass die polnischen Knacker darin seit Neuestem explodieren? Warum wurde die beliebte Kirschlimonade eingestellt? Und warum nahm Julia stattdessen Rhabarberlimonade ins Angebot, wo es diese Sorte doch schon als Schorle gibt? Schmeckt die selbstgemachte Gurkenlimo wirklich und was kann man tun, um beim Griff nach der Sirupflasche nicht ständig von Wespen gestochen zu werden? Wie läuft es mit dem Crêpes-Mann, der sich in die Küche eingemietet hat? Warum bröseln die Heidesandtaler auseinander, obwohl es das gleiche Rezept ist wie immer?

»Hauptsache es gibt noch Bitter Lemon, der Rest ist mir egal!«, meint Moustafa.

»Tja Mousti, da hab ich schlechte Nachrichten für dich: Bitter Lemon hat Julia auch aus dem Sortiment genommen!«

»Was? Dann geh ich da nicht mehr hin! Das ist wirklich nicht mehr der Laden, der er mal war! *ZierlichManierlich* ohne Bitter Lemon? Das ist doch scheiße!«

Wir sind uns einig: Es war natürlich alles viel besser, als wir vier das Kernteam bildeten! Wir sind schließlich die Zierlich-Gang.

»Ach, irgendwie vermisse ich das alles!«, sagt Johanna, »Das Zierlich ist halt so ein Ort für alle. So viele komische Leute, aber eben positiv verrückt! Wenn ich dran denke, wie sehr einen manche Kollegen und Kunden in den Wahnsinn treiben können! Aber dann ist es halt auch wieder lustig, weil man sich im Team gemeinsam drüber aufregen konnte. Und jetzt habe ich tagtäglich nur mit Leuten zu tun, denen es echt schlecht geht.«

Johanna arbeitet als Psychologin mit Langzeitarbeitslosen und erzählt jetzt ein bisschen von der Klientel, mit der sie täglich zu tun hat: »Manche von denen sind seit Jahrzehnten arbeitslos, manche haben noch nie gearbeitet, die meisten sind Alkoholiker. Da muss man sich über kleinste Erfolge freuen. Einer meiner Klienten hat es letztens geschafft, zum Zahnarzt zu gehen, das war so ein monumentaler Schritt für ihn, dass wir laut gejubelt haben.« Während ihres Berichts reckt und streckt sich Johanna, nimmt verschiedene Yogaposen ein und macht Dehnübungen.

Die Sonne versinkt wie ein roter Feuerball hinter der Hügelkette. Um 22 Uhr wird der Generator abgestellt, die Berghütte versinkt in Dunkelheit und Stille, während es draußen donnert und blitzt und der Wind fauchend ums Haus fährt.

Morgens steigen wir quer zur Bergflanke, vorbei an Altschneefeldern, wieder auf den Kamm. Die Sonne scheint, aber es ist kühl. Es geht beständig bergauf und bergab. Die Natur erinnert nicht nur an die Tundra, sie ist tatsächlich Restbestandteil der arktischen Ära nach der Eiszeit. Beim Anblick der von Borstgras, Moosen, Alpen-Weideröschen, Moltebeeren und Edelweiß geprägten Flora sowie den mächtigen, von Gletschern ausgehöhlten Kerben in den Felsflanken und den eisblauen Bergseen in der Tiefe kann ich mir geradezu vorstellen, wie es war, als die Eiszeit das Land wieder freigab, das sie zuvor so überrollt hatte.

»Das ist das Schönste, was ich je gesehen habe!«, ruft Mousta-fa und macht einen Videocall, um seinen Eltern zu zeigen, wo er ist. Wir winken ihnen zu und schicken Grüße auf Englisch ins Wohnzimmer in Aleppo.

Moustafa pflückt Blumen. Stephanie weist ihn auf die Regeln des Nationalparks hin.

»Ich soll in die Natur gehen, darf aber keine Blumen pflü-cken? Ich soll draußen schlafen, darf aber kein Feuer machen? So einen Quatsch können sich auch nur Deutsche ausdenken!«

»Du bist aber gar nicht in Deutschland, Mousti, und diese Regeln gelten weltweit, so weit ich weiß …«

»In Syrien nicht! Aber da ist die Natur auch nicht so schön, vielleicht gibt es nichts zu schützen. Wir müssen unbedingt nochmal alle zusammen in Urlaub fahren – das macht so Spaß! Ihr seid wie meine Familie! Johanna ist wie meine große Schwester und Stephie wie meine kleine!«

»Ach und ich bin wohl wie deine Mutter oder was?!«

»Nur ein bisschen … Aber wirklich, meine große Schwester lacht auch immer erst zehn Minuten nach der Pointe von einem Witz. Und meine kleine Schwester ist wie Stephie, wenn ich sie ärgere, regt sie sich immer so schön auf. Ich mag, wenn Stephie böse auf mich ist!«

Johanna lacht überhaupt nicht später als andere, sie ist einfach nur viel zu weit weg, um unsere Witze zu verstehen. Sie schlen-dert gemächlich hinter uns her. Alle paar hundert Meter bleiben wir stehen und warten, bis sie aufschließt.

So geht's nicht weiter, beschließen wir und sprechen ab, dass immer einer mit Johanna läuft, während die anderen beiden vo-ranstürmen dürfen.

Je näher wir der Schneekoppe kommen, desto nebliger wird es. Die kurze Kleidung haben wir längst gegen warme getauscht, die Kapuzen tief ins Gesicht gezogen. Es geht auf den Abend zu, andere Wanderer sind längst nicht mehr unterwegs, wir sind allein in Rübezahls Reich. Es ist still und jeder Schritt gedämpft, die Atmosphäre hat etwas Gespenstisches. Aber vom geschwänzten Dämon keine Spur, der Herr des Gebirges ist uns wohlgesonnen.

Für den letzten Anstieg lassen wir unsere Rucksäcke am Rande eines Geröllfeldes liegen. Über das kalte, graue Gestein kraxeln wir zum Gipfel. Der ist tief im Nebel versunken, ich kann die anderen kaum erkennen, nur ihre bunten Jacken verraten mir, wo sie sind.

»Klub Drushba, Team *ZierlichManierlich* hat's geschafft: endlich auf der Schneekoppe!«, verkünden wir im Klub. Das verbindende Gefühl, gemeinsam etwas geleistet zu haben, ist überwältigend.

Die Umrisse der ansässigen Gebäude, als da wären: eine hölzerne Kapelle, eine Poststelle und ein Observatorium inklusive Gaststätte, das zwei fliegenden Untertassen ähnelt, erkennen wir nämlich nur schemenhaft. Alle Türen sind fest verschlossen, nur eine schwarze Katze streunt maunzend um unsere Beine.

Dann machen wir uns zügig an den Abstieg. Aber erst, als es schon dunkel wird, finden wir einen Platz, der groß genug ist für drei Zelte. Wieder donnert und blitzt es in der Ferne, Rübezahl schickt einen letzten Gruß. Wir sind immer noch getragen vom Stolz, die Tour gemeistert zu haben.

Im Licht der Stirnlampen kochen wir Kartoffelpüree.

»Die Deutschen können keine Kartoffeln!«, stellt Moustafa nach einem Löffel Püree fest. »Das schlimmste Essen in Deutschland ist Kartoffelsalat. Die Deutschen sind verrückt. Wie kann man nur kalte Kartoffeln essen?! Kartoffeln müssen heiß und fettig sein!«

Und deshalb zieht er dem Topf, aus dem wir alle löffeln, seine Süßigkeiten vor.

Am nächsten Morgen erwischt uns ein Ranger. Aber er ermahnt uns nur freundlich, schnell zusammenzupacken, bevor die ersten Wanderer kommen, und sieht von einer Strafe ab. Das tun wir. An einer Bank frühstücken wir unter dem Kopfschütteln Moustafas Haferbrei mit Zimt und Zucker. Er nimmt nur eine Tasse Kaffee.

Unser Tagesziel ist die polnische Stadt Kamienna Góra, wo unsere Ausweichroute nicht nur wieder auf den EB stößt, sondern auch Vera eintreffen wird.

»Da kann sie sich quasi mit uns abklatschen«, meint Johanna.

»Vera hat schon fleißig trainiert.« Ich berichte von Veras Tourvorbereitungen.

»Sie hat ein Praktikum im Wandern gemacht?«, fragt Moustafa ungläubig.

Es gilt also bis zum Abend wieder rund 25 Kilometer zu bewältigen, die meisten davon bergab. Die ersten Kilometer sind steil und steinig. Der Nebel sitzt tief zwischen dem dunklen Grün der Latschenkiefern. So bekommen wir die Schneekoppe immer noch nicht zu Gesicht, egal wie oft wir uns auch umdrehen. Der Wald entlässt uns an den Pomezní Boudy. Das sind aber leider keine Frittenbuden, obwohl wir uns nichts mehr wünschen als ein Gasthaus »Zur fröhlichen Fritte«. Aber so verzichten wir auf eine Pause und folgen dem Pfad nach Kamienna Góra. Stundenlang geht es durch endlos scheinende Nadelwälder.

»Die Bäume erinnern mich an die Pinien in Aleppo«, sagt Moustafa. »Aber genau wie die Pistazien sind diese Bäume jetzt alle kaputt.«

Weil der Weg so öde ist, halten wir uns bei Laune, indem wir uns ausmalen, was wir jetzt gerne essen und trinken würden. Allein, es liegt keine Imbissbude, kein Kiosk, ja nicht einmal ein Ort am Weg. Also essen wir Reiswaffeln mit Tomatenmark und trinken Instantkaffee an einer Wildblumenwiese. Das saftige

Grün ist bunt gefleckt mit Blütenköpfen. Löwenzahn, Sauerampfer, Schafgarbe, Wiesenschaumkraut und viele andere Blumen wachsen hier. In der Ferne zeichnet sich das Riesengebirge ab und endlich ist auch die Schneekoppe frei von Dunst und bis hierher deutlich zu sehen. Lichtflecken tänzeln zwischen den über die Hügel wandernden Wolken und überziehen die bewaldeten Flanken mit einem goldenen Schimmer.

Bald laufen wir durch ein unendliches Meer wilder Lupinen, die in allen Schattierungen zwischen Weiß und Violett leuchten. Als wir endlich einen Ort erreichen, ist er klein und beinahe verlassen, wir befüllen unsere Wasserflaschen am Friedhof und bewundern die Pracht bunter Plastikblumen auf den Marmorgräbern.

In der sanft einsetzenden Dämmerung führt der EB durch junge Getreidefelder, aus denen Klatschmohn rot heraussticht. Wir schrecken Hasen, Füchse und Rebhühner auf. Am Horizont zeichnet sich schon die Stadt ab. Der Gegensatz zwischen den Umrissen der Hochhaussiedlungen und den abgelegenen schlesischen Höfen, wo freilaufende Hühner auf den Wegen scharren, Gänse schnatternd über die Wiesen stieben und Störche in den Feldern staksen, könnte größer nicht sein

Im Hotel treffen wir Vera. Ausgehungert machen wir uns auf den Weg in die Altstadt. Mit unseren schmutzigen Wanderklamotten fallen wir auf. In der kleinen Kreisstadt tragen die Frauen knappe Kleider, hohe Schuhe und Parfümwolken, die Männer kurzgeschorenes Haar, Jogginganzüge und Alkoholfahnen.

Vera ist klein und zierlich, aber auch zäh und ehrgeizig. In ihrem zarten Körper steckt eine große Kraft: Sie baut Möbel, verlegt Fußböden und reißt Wände ein, nichts liebt sie mehr, als ständig ihre Wohnung umzugestalten.

Wir landen in einer Kawiarnia, die sich versteckt in einem kleinen dunklen Keller befindet. Jeder Zentimeter der Wände ist mit gerahmten Fotografien gepflastert, auf Regalborden stehen alte Krüge und Saucieren, Würste baumeln von der Decke, im Hintergrund läuft finnischer Tango. Der Wirt hat einen stattlichen Kaiser-Wilhelm-Bart mit hochgezwirbelten Enden und tischt üppig auf: saure Gurken, Schmalz, dick geschnittenes Graubrot, Kabanosy, Pierogi, Schnitzel, Kartoffelpuffer, Krautsalat, saure Sahne und Pilze. Und wir essen tatsächlich alles auf.

Als ich die Rechnung begleiche, fragt der Gastwirt, was wir für eine Truppe seien. Ich erkläre ihm, dass ich bis nach Budapest laufe und die anderen sich in seiner Stadt den Staffelstab der Begleitung in die Hand geben. Und endlich kommt eine originellere Frage als die nach meiner weiblichen Angst, nämlich: »Ist Ihnen langweilig oder sind Sie verrückt? Warum um Herrgottswillen so weit laufen?«

Frühmorgens heißt es Abschied nehmen. Moustafa und Stephanie steigen am Bahnhof in den Zug Richtung Görlitz, Johanna hat entschieden, sich die Gegend noch genauer anzusehen, Vera und ich ziehen los ins Wałbrzyskie-Gebirge.

Praktikantin Vera ist hochmotiviert. Ich hingegen bin ein bisschen erledigt von der Tour durchs Riesengebirge. Und der EB ist an dieser Stelle nicht besonders spannend, die zwei Tagesetappen nach Kamienna Góra dienen lediglich der Verbindung ins Eulengebirge. Góry Sowie ist der polnische Name des schlesischen Sudetengebirgszugs. Der Name mag den meisten nicht vertraut sein, trotzdem steht das Eulengebirge mit einigen historisch relevanten Geschehnissen in Verbindung. Zum einen fand hier 1844 der Schlesische Weberaufstand statt, auf dem Gerhart Hauptmanns Drama *Die Weber* basiert. Und hier gruben und sprengten die Nationalsozialisten für ihr »Projekt Riese« ein gigantisches Stollensystem ins Gestein. Ein Führerhauptquartier für die Operationen im Osten sollte es werden.

Heute graben, bohren und sprengen nur noch selbsternannte Schatzsucher und Dukatenjäger, die in den teilweise verschütteten Stollen Goldzüge, Nazischätze oder gar das Bernsteinzimmer vermuten.

Auf dem Weg dorthin: Feldwege und trostlose Siedlungen, deren Bewohner einst vom Bergbau lebten. Am Nachmittag geht es in den Wald und auf den Vulkankegel Chełmiec. Der Kurort Wałbrzych ist das nächste Ziel. Dafür müssen wir runter vom Vulkan, und bergab ist der Pfad so steil, dass uns nichts anderes bleibt, als auf dem Hosenboden hinunterzurutschen.

Während Vera und ich Kilometer um Kilometer auf der ansonsten eher unspektakulären Wegstrecke abarbeiten, mäandern Moustafa und Stephanie durch polnische Kuhdörfer: Sie sind nämlich in den falschen Zug gestiegen. Johanna hingegen hat in Kamienna Góra in einem Café eine Frau kennengelernt, die sich spontan ihrer annimmt. Sie leiht Johanna ein Fahrrad, zeigt ihr die Sehenswürdigkeiten der Region, lädt sie zum Essen ein, besucht abends mit ihr das örtliche Pfingstfest, eine Kirmes mit Fahrgeschäften, Fressbuden und Feuerwerk, und lässt Johanna im leeren Kinderzimmer ihres erwachsenen Sohnes nächtigen.

»Das ist also Serendipity!«, schreibt Johanna und fügt hinzu, dass sie solche Berge von Fleisch verzehren musste, dass ihr ganz schlecht ist. »Den Rest kriege ich morgen als Jause mit in den Zug«, stöhnt sie.

»Weißt du schon, wo du nach der Wanderung wohnen wirst?«, fragt Vera.

»Nein, gar nicht. Aber ich mache mir überhaupt keine Gedanken deswegen. Es ist auch gar nicht mehr so beängstigend. Im Gegenteil: Ich kann mir sogar vorstellen, noch ein paar Monate länger nomadisch zu leben und von Couch zu Couch zu ziehen.«

Dabei hätte ich mir vorher niemals vorstellen können, ohne eigene vier Wände als Rückzugs- und Wohlfühlort existieren zu können. Die erste Wohnung, die ich in Leipzig hatte, war schön, groß und billig, aber im Haus lebten lauter furchtbare Leute: Unter uns vermöbelte der Mann im Suff regelmäßig seine Frau, weshalb sich die Kinder schreiend zu uns retteten, und ich die Polizei rufen musste. Über mir wohnte eine junge Mutter, der man alle vier Kinder weggenommen hatte. Nun hatte sie einen Hund, mit dem sie aber nie Gassi ging. Also schiss der Hund das Treppenhaus voll. Und mein jüngerer Sohn, der erst ein Jahr alt war, krabbelte die Treppen noch hoch. Im Erdgeschoss hauste ein alkoholabhängiges Pärchen. Sie zitterten so stark, dass sie einen Einkaufswagen zur Gehhilfe umfunktionierten, wenn sie Nachschub holten. Hatte der Hausmeister den Einkaufswagen entsorgt, nahmen sie einfach meinen Kinderwagen. Dank ihnen stank das ganze Treppenhaus nach Schnaps, Zigaretten und altem Schweiß. Nach fünf Monaten zogen wir aus. Die nächste Wohnung war im Haus einer netten Familie aus dem Kindergarten, deren Söhne genauso alt waren wie meine. Das war toll. Wir teilten uns Garten und Kinderbetreuung. Aber die Zimmer im Hochparterre rochen immer leicht muffig, egal wie oft ich lüftete. Irgendwann war die Ursache gefunden: Aus dem Keller stieg Feuchtigkeit auf und ließ die Wände hinter den Schränken schimmeln. Eine Freundin kaufte über eine Anzeige im Stadtmagazin eine Kommode und berichtete mir von der tollen Wohnung, wo sie das Schränkchen abgeholt hatte. Sie erzählte, dass die jetzigen Mieter noch keine Nachmieter hätten. Ich radelte hin. So lernte ich Vera kennen. Sie lebte mit ihrem Mann und ihren zwei Töchtern dort, löste aber ihren Hausstand auf, weil ihr Mann beruflich nach Berlin musste. Eine neue Wohnung in Berlin hatten sie schon, aber da Vera als Lehrerin und die beiden Töchter als Schülerinnen noch in Ruhe das Schuljahr zu Ende bringen wollten, war der Plan, dass Vera mit den Mädchen bis zu den Sommerferien in die kleine, unsanierte und deshalb spottbillige Wohnung im Erdgeschoss zog. So kam ich an die riesige Altbauwohnung. Allein, aus Veras Umzug nach Berlin wurde nichts, denn während ihr Gatte schon in Berlin weilte, verliebte sie sich in einen anderen Mann. Also blieb sie in der kleinen Wohnung. Und so trafen wir uns abends oft in ihrem Wintergarten oder auf meinem Balkon zum Quatschen, sobald die Kinder im Bett waren. Als Veras Vater starb, zog ihre Mutter Anikó für ein paar Monate bei mir und meinen Söhnen ein. Anikó ist Ungarin und freut sich schon, mir auf dem ungarischen Abschnitt des EB telefonisch mit Rat und Tat zur Seite zu stehen.

Am nächsten Tag geht der Weg für Vera und mich trostlos weiter. Wir durchqueren polnische Dörfer, auf deren staubige Straßen die Pfingstsonne niederbrennt, während vom Wind aufgewirbelte Pappelpollen uns umschwirren. Echte Störche sitzen in den Wiesen und falsche in den Vorgärten. Zwischen den Dörfern Himbeer- und Rapsfelder. Der Raps ist bis auf ein paar Farbkleckse verblüht. Immer wieder säumen Kruzifixe, Marienbilder und Jesusfiguren den Weg.

Weil es so heiß ist und der EB maßgeblich über Asphalt führt, tun mir die Füße weh. Ich spüre, dass ich wieder Blasen bekomme, an denselben Stellen wie zuvor. Zum Glück finden wir in den Dörfern ausreichend Gelegenheit, uns an den drei großen K zu laben. Beim Anblick der bunten Plastikverpackung wünschte ich, durch die dort aufgedruckte Republika Kaktusa wandern zu können.

Erst einmal aber gilt es, neuen Spiritus zu finden, damit wir uns im einsamen Eulengebirge selbst versorgen können. Ich hatte mich für einen Spirituskocher entschieden, weil ich davon ausging, dass ich diesen billigen Brennstoff und Haushalts-Allrounder noch im kleinsten Krämerladen der abgelegensten Dörfchen finde, während Gaskartuschen nur in speziellen Outdoorläden erhältlich sind. Stattdessen drückt man uns nun in jedem Laden, den wir betreten, auf die Frage nach Spiritus hochprozentigen Schnaps in Glasflaschen in die Hand. Der würde zwar zur Not auch brennen, ist aber viel zu teuer. Mit Händen, Füßen und Google-Übersetzer versuchen wir den Betreiberinnen der Skleps, wie die Tante-Emma-Läden in Polen heißen, zu verdeutlichen, wofür wir den Spiritus brauchen. Wir bauen sogar den Kocher auf der Theke auf. Andere Kunden fühlen sich bemüßigt, uns zu Hilfe zu kommen. Aber es bleibt dabei: Man hält den Hochprozentigen für das, was wir suchen. Erst als Magdalena mir mein Anliegen in eine polnische SMS formuliert, haben wir Erfolg. Des Rätsels Lösung: Spiritus heißt in Polen »Denaturat«, alles andere ist Schnaps. Und Denaturat gibt es tatsächlich auch im kleinsten Sklep, noch dazu spottbillig.

Magdalena wird auf den polnischen Abschnitten noch öfter mein Telefonjoker: Sie googelt Zug- und Busverbindungen für meine Besucher, Öffnungszeiten von Thermalbädern und glutenfreie Biersorten. Ein Hoch auf die abgeschafften Roaming-Gebühren in der EU!

»Fragst du dich manchmal, ob es besser wäre, den Weg so wie früher zu machen, wo Post und Fernsprecher die einzigen Kommunikationsmittel waren?«, fragt Vera.

»Darüber habe ich mir ausgiebig Gedanken gemacht. Ich kann die Frage ganz entschieden verneinen. Ich bin ja nicht losgezogen, um mich auf eine Sinnsuche zu begeben. Die Wanderung ist ein Projekt, das ich nur stemmen kann, wenn ich euren Support in Form von Kontakt habe.«

Auf den in der Hitze flirrenden Asphaltstraßen liegen die schwarz schimmernden Hülsen vertrockneter Kröten und Frösche. Am späten Nachmittag lotst uns die Commander-App an einen Stausee unterhalb einer alten Burganlage. Schon an der Burg hört man: Am See herrscht reges Treiben! Das rhythmische Dröhnen dumpfer Technobeats, Gelächter und Motorengeräusche schallen durch den Wald. Und tatsächlich entpuppt sich der schmale Streifen Sandstrand am See als überfülltes Stückchen Erde: Es wird gebadet, getrunken, gefeiert, Tret- und Schlauchboote schaukeln auf dem Wasser, die Boxen von Strandbar und mehrerer glänzend aufgemotzter Karren liefern sich ein Duell der Musikstile, die nur in der Lautstärke vereint sind. Aber die Staumauer, die wir laut GPS-Track überqueren müssen, um diesem Tohuwabohu zu entkommen, ist abgesperrt. Bagger, Berge von Sand und Bauzäune zeugen von einer längst überfälligen Instandsetzung. Wir starren durch die Absperrung. Es ist klar: Selbst wenn wir über den Bauzaun klettern, kommen wir nicht weit. Von der Staumauer existiert nur noch ein maroder, im Wasser verschwindender Steinhaufen.

Frustriert lassen wir uns in den Sand zwischen sonnenbadende Frauen, biertrinkende Männer und kreischende Kinder fallen. Ich durchforste die Offlinekarte nach einer Alternativroute. Aber es gibt keine, nicht mal ein Trampelpfad um den See existiert.

»Und wenn wir ein Tretboot leihen?« Vera zeigt auf den Ponton, an dem die Boote verankert sind. »Obwohl, das liegt ja dann am anderen Ufer und kommt nicht zurück. Wir brauchen jemanden, der uns rüberrudert!«

Aber als sie dem Bootsverleiher unser Anliegen vorträgt, erntet sie nur schiefe Blicke. Es fängt an zu dämmern, die Badegäste packen zusammen, ein Strom hupender Autos setzt sich in Bewegung.

»Lass uns trampen«, schlage ich vor, »dann müssen wir wenigstens nicht das ganze Stück zurücklaufen.«

Also stellen wir uns an die schmale Straße und halten den Daumen raus. Nach mehreren Fehlversuchen erbarmt sich eine Kleinfamilie. Zusammengequetscht sitzen wir zwischen den Kindern auf der Rückbank. Ich zeige dem Fahrer in meiner App, wo der EB am anderen Ufer weitergeht. Mit meinem Handy in der Hand fährt er uns aber noch ein ganzes Stück weiter und erspart uns somit etliche Asphaltkilometer. An dem Punkt, wo der EB endlich wieder ins Grüne führt, lässt er uns aussteigen. Wir winken, schultern die Rucksäcke und laufen los, durch verwilderte Weiden Richtung Wald. Die Bergwiesen schmiegen sich samtig weich an die Hügelflanke. Dort schlagen wir mein Zelt auf.

Bronzefarben glitzernde Käfer klammern sich an Grashalme und Blumenstengel. Bienen, Hummeln und Wespen erfüllen die Luft mit ihrem Gesumme. Auf einem flachen, großen Stein kochen wir unser Abendessen, das wir im hohen Gras sitzend verzehren. Danach kommt Vera nicht mehr hoch. Auf allen Vieren kriecht sie über die Wiese und muss über ihre eigene Schwäche so lachen, dass sie erst recht nicht aufstehen kann.

Schon als wir morgens zur Wielka Sowa, der höchsten Erhebung des Eulengebirges aufsteigen, ist die Hitze quälend. Schwül drückt es vom Himmel. Die Quellen sind trocken, wir finden nur ein dünnes Rinnsal, an dem wir kaum unsere Flaschen auffüllen können. Auf dem Gipfelplateau stehen nicht nur zahlreiche Holzskulpturen des namengebenden Vogels und ein Aussichtsturm, sondern auch eine Imbissbude. Hier tummeln sich lärmende Schulklassen und erschöpfte Tagesausflügler, aber auf dem weiteren Weg begegnet uns niemand mehr.

Mehrmals schrecken wir Wild auf, das in schattigen Kuhlen am Wegesrand Abkühlung sucht. Wann immer die Tiere laut krachend ins Unterholz stürmen, schreit Vera vor Schreck laut auf, während ich so tue, als ob ich mich nicht erschrocken hätte, damit sie sich weniger fürchtet. Filigrane, hellblau gesprenkelte Schalen zerbrochener Vogeleier leuchten auf dem Weg. Schwalben tauchen in den hüfthohen Gräsern heller Lichtungen nach Insekten. Weit unten im Tal leuchten rote Ziegeldächer verstreuter Höfe. Schmetterlinge segeln von Blüte zu Blüte. Gleichmäßig tönt der Ruf eines Kuckucks aus dem Dickicht.

Auf dem Kamm des Eulengebirges habe ich tausend Kilometer geschafft. Ich freue mich aber gar nicht, denn ich verdanke den vielen Asphaltkilometern der zwei vergangenen Tage wieder ein paar prächtige Blasen. Und weil meine Hose mittlerweile schlackert, laufe ich mir zur Krönung auch noch einen Wolf zwischen den Oberschenkeln. Meine Laune ist im Keller. In diesem Moment hasse ich den EB so richtig: Die Sonne knallt mir auf den Kopf und warm ist mir auch noch. Ich muss auf jeden Gipfel und dann geht's auch noch ständig bergauf. Ich sehe aus wie ein Schwein und schmutzig bin ich auch noch. Zum Glück sind es ja nur noch 1.700 Kilometer. Ha ha. Erst jetzt komme ich auf die Idee, meine Schuhe anders zu schnüren. Sofort merke ich, dass sich meine Füße entspannen. Wenigstens werden meine Schuhe und ich ab diesem Tag so richtig eins. Deshalb wechsle ich sie auch nicht, als sich langsam, aber merklich das Profil unter den Sohlen verabschiedet.

Auch Vera hat sich ein paar prächtige Blasen gelaufen. Wir sind beide im Meckermodus. Hungrig und müde, dazu die Schmerzen.

»Selbst der schöne Himmel ist nicht mehr schön!«, ruft Vera, »Richtig hässliche DDR-Farben!« Sie steigert sich jetzt richtig rein und zählt mir auf, welch obskure und unangenehme Begegnungen sie in der letzten Zeit hatte, wenn sie in ihrem Wochenendhäuschen war, das in einem kleinen Dorf in der sächsischen

Provinz liegt. »Das waren vorher schon einfache Leute, aber nett. Und jetzt sind sie plötzlich Wutbürger! Ich sag dir was: Sachsen hat ein Problem!«

Ich berichte ihr, was ich bis jetzt dahingehend unterwegs erlebt habe.

»Oh, das wird in Ungarn nicht besser. Was meinst du, was die Leute da über die Roma herziehen?!«

»Na toll, ich bin auf dem Weg der Völkerverständigung unterwegs und was ist allgegenwärtig: Fremdenfeindlichkeit. Die Ungarn und Slowaken wettern über Roma, die Polen und Tschechen über Flüchtlinge. Die Sachsen sind über alle Fremden hergezogen. Und die Thüringer hab ich zu schlecht verstanden, um zu erraten, gegen wen die was hatten.«

Unsere Mägen knurren immer lauter, aber ein geeigneter Zeltplatz ist einfach nicht in Sicht. Ausgerechnet in diesem Moment besitzt Johann auch noch die Dreistigkeit, uns ein Foto einer wagenradgroßen Pizza zu schicken, die er in einer gemütlichen Pension verspeist.

Wir fangen beinahe an zu weinen vor Neid. Laut erträumen wir alles, was wir jetzt essen wollen.

Erst als es dunkel wird, finden wir eine ebene Stelle im Wald. Unter dem schmalen Lichtstrahl der Stirnlampe koche ich Asia-Nudeln. Wir essen im Stockdunkeln, die Bäume knirschen, wenn der Wind rauscht, Fledermäuse zischen über unseren Köpfen entlang. Völlig ermattet kriechen wir ins Zelt.

»Ich hab irgendwie Angst«, gibt Vera zu und ihr zuliebe tue ich erneut so, als hätte ich keine, obwohl auch ich mich grusele, weil der Wald um uns herum so knarzt und knarrt. Aber als Vera einschläft und dabei so laut schnarcht, wie man es ihrer zierlichen Person nicht zutrauen würde, schlafe auch ich beruhigt ein.

Anderntags sieht der Wald natürlich nicht mehr halb so bedrohlich aus. Allerdings haben wir unser Zelt unwissentlich unter einem toten Baum aufgeschlagen. Ein Glück, dass uns kein Ast aufs schlafende Haupt fiel!

Gemächlich wandern wir bis zum Srebrna Góra, dem Silberberg-Pass. Dort muss Vera einen Bus erwischen. Magdalena hat mühselig recherchiert, um herauszufinden, wo Vera überall umsteigen muss, um schließlich bei ihrem Auto in Kamienna Góra zu landen.

Am Pass trinken wir Kaffee an der über hundert Jahre alten Villa Hubertus, einer Art Berghütte. Als wir fragen, wo genau der Bus abfährt, bietet die Hüttenwirtin Vera an, sie mit dem Auto mit ins Tal zu nehmen. Ich hatte eigentlich vor, noch einige Kilometer zu machen, aber jetzt entscheide ich spontan, meinen Füßen zuliebe einen halben Ruhetag einzulegen und eine Nacht in der Villa zu bleiben. So kann Vera noch duschen, bevor es losgeht.

Leider ist der Abschied von Vera dann total überstürzt, denn es heißt plötzlich: »In fünf Minuten am Auto mit Bagage!«

Oberhalb der Villa Hubertus liegt die ehemalige Festung Silberberg, einst Bollwerk der Preußen und heute beliebtes Ausflugsziel im Eulengebirge. In Flipflops und Tunika folge ich dem Wegweiser in der Hand einer lebensgroßen Puppe in Militäruniform und Gasmaske zur historischen Gebirgsfestung und schmuggle mich mit einer der zahlreich anstehenden Schulklassen kostenlos in die aus rotem Backstein gemauerte Anlage, denn ich habe mein Geld in der Unterkunft vergessen und bin wenig motiviert, noch einmal ab- und aufzusteigen.

Friedrich der Große war es, der einst den größten Festungsbau Europas mit dem höchsten Bastei-Donjon in Auftrag gab. Das Schlesische Gibraltar galt als uneinnehmbar und ist von beeindruckender Größe. Alte Holzfässer, Strohballen und Kanonen erzeugen historisches Flair. Schmiedeeiserne Gitter versiegeln die Kasematten, in denen im Zuge der Demagogenverfolgung Burschenschaftler eingekerkert wurden. Wo einst die preußischen Regimenter unter dem Kommando ihres Generalmajors strammstanden, grasen heute Ziegen.

Weil das Thermometer schon früh um acht dreißig Grad anzeigt, gehe ich es langsam an und will nur knapp fünfzehn Kilometer bis ins Städtchen Bardo laufen. Auf der anderen Seite der Passstraße gibt es eine zweite Festungsanlage. Im Gegensatz zum Donjon ist das Fort Spitzberg kleiner und ruinöser, wartet dafür aber mit zahlreichen, mit Totenköpfen geschmückten Schildern auf, auf denen in Deutsch, Polnisch und Russisch Warnungen vor Minen oder gar einer Todeszone prangen.

Der Pfad ins Tal führt an ein altes Viadukt, das in mehreren hohen Bögen das tiefe Tal überspannt. Entlang der dazugehörigen, längst stillgelegten und überwucherten Eisenbahntrasse gelange ich vorbei an abgelegenen Gehöften und Viehweiden zurück in den tiefen, einsamen Wald. Währenddessen trifft Johann in der Villa Hubertus ein.

Nachmittags bin ich in Bardo, einem Marienwallfahrtsort. Seit Jahrhunderten strömen Pilger in die kleine Stadt an der Nysa Kłodzka, der Glatzer Neiße. Nach der Neugliederung Preußens gehörte Bardo bis 1945 unter dem Namen Wartha zum schlesischen Landkreis Frankenstein, heute Powiat Ząbkowicki. Bäckereien und Kuchenstuben sorgten mit Pfefferkuchenbackwerk für das leibliche Wohl der Gläubigen. Einige der alten, deutschsprachigen Blechschilder baumeln immer noch an manch maroder Fassade. Ich hatte mir Bardo urbaner und mondäner vorgestellt. Es gibt eine große Kirche, einen menschenleeren Marktplatz, ein Sklep, ein Restaurant und eine sandgelbe Figur des Brückenheiligen Nepomuk auf der jahrhundertealten steinernen Neiße-Brücke. Während ich mich an meine drei großen K halte, fotografiere ich die drei großen polnischen K: Kirchen, Kapellen, Kruzifixe.

Damit ist auch am anderen Neiße-Ufer nicht Schluss, denn hier führt ein Kreuzweg in die Góry Bardzkie. Auf monumentalen Steinplatten werden die Stationen der Kreuzigung Jesu bildhaft dargestellt. An einer kleinen Marienkapelle fließt Quellwasser plätschernd aus einem Hahn. Weil dem Wasser heilende Kräfte zugesprochen werden, wird es in Kanistern für Kranke und Alte abgefüllt und ins Tal geschleppt. Man soll mit einem Schluck im Mund dreimal um die Kapelle marschieren und sich dabei auf seinen sehnlichsten Wunsch konzentrieren. Da meine Wünsche an diesem Abend eher unchristlicher Natur sind, lasse ich den Hokuspokus lieber gleich bleiben. Eigentlich wollte ich mein Zelt in der Nähe des Kapellchens aufstellen, aber hier ist der Boden in weitem Radius ringsum nass und modrig. Also steige ich weiter auf. Bis mich über den polnischen Wetterdienst eine SMS mit einer Unwetterwarnung für die Region erreicht. Auch in Deutschland hinterlassen zu dieser Zeit schwere Gewitter große Verwüstungen. Auf der Hügelkuppe endet der Kreuzweg an einer kleinen Kirche, die aber leider verschlossen ist. Ich hätte sonst glatt meine Isomatte drinnen ausgerollt. Danach folgt nur der zu beiden Seiten steil abfallende, dünn bewaldete Kamm. So bleibt mir nichts anderes übrig, als wieder ein Stück abzusteigen und mein Zelt bei einem der steinernen Kreuzbilder aufzustellen, neben Grabkerzen und Plastikblumen. Ich verspreche mir von diesem Ort wenigstens minimalen Schutz, zur Not auch göttlichen. Es ist ein äußerst unbequemes Nachtlager auf schiefem, hartem Boden, aber wenigstens stehen keine hohen Bäume oder solche mit abgestorbenen schweren Ästen in der Nähe. Es stürmt, die Wipfel rauschen, die Zeltplane flattert, in der Ferne donnert und grollt es gewaltig, die Freunde im Klub äußern sich besorgt ob der Wetterlage und Johann berichtet, dass es bei ihm schon heftig gewittert. Doch ich habe Glück – die schweren Unwetter streichen an diesem Gebirgskamm vorbei.

Dafür holen sie mich am folgenden Tag ein, völlig unerwartet, aber glücklicherweise in dem Moment, als ich in einem Unterstand ein improvisiertes Mittagessen aus Kaffee, Porridge und Kartoffelchips verzehre. Der Donner brüllt über die Berge und findet sein Echo im ohrenbetäubenden Rauschen des Starkregens. Ich bin heilfroh, diesem Unwetter nicht schutzlos ausgesetzt zu sein. So sitze ich das Schlimmste im Unterstand aus, durch dessen rudimentäres Dach es an unzähligen Stellen tropft. Als es nur noch nieselt, breche ich auf. Der Wald atmet schwer. Der Boden dampft. Dunstschwaden ziehen sich faserig ausgerissen bis ins Tal. Von den Ästen tropft das Regenwasser, der Weg hat sich in ein lehmiges Rinnsal verwandelt. Rotkehlchen wippen auf den niedrigen Zweigen der Nadelbäume im Wind, das gleichmäßige Klopfen eines Spechtes hallt durch den stillen Forst, der Ruf des Kuckucks wird zu meinem ständigen Begleiter. Kurz später laufe ich in die nächste Gewitterfront. Aber zum Glück habe ich immer Glück, denn wieder taucht ein Unterstand genau im richtigen Moment auf.

Trotzdem lässt mich der Hall des Donners zusammenzucken, der laut und scheppernd von Bergflanke zu Bergflanke schallt. Vielleicht sollte ich den Wandertag vorzeitig beenden und mein Lager im Schutz der einfachen Hütte aufschlagen. Aber vor allem muss ich was gegen meinen Hunger tun. Ich baue meinen Kocher auf.

Ein lauter Pfiff rupft mich aus der Apathie: Unvermittelt schält sich Johanns blaue Regenjacke aus der grauen Regenwand. Vielleicht ist die Quelle doch wundertätig, denn sie hat meine unchristlichen Gedanken vom Vorabend erhört, und das ganz ohne feierliche Prozession rund ums Kappellchen.

»Boah, bin ich froh dich zu sehen! Ich fürchte mich total bei Gewitter!«

»Weiß ich doch, deshalb hab ich extra Gas gegeben und bin vom Silberberg bis hier förmlich gerast.«

Gemeinsam kochen wir Polenta und essen dazu eine Dose Fisch, die Johann in Bardo gekauft hat.

Als der Regen nachlässt, brechen wir auf. Abends bauen wir mein Zelt an ein paar verlassenen Fischteichen auf, waschen uns im vom Regen sprudelnd angeschwollenen Bach und machen ein Lagerfeuer, in das wir schweigend starren, während es von den Bäumen immer noch tropft.

Ich bin froh, dass Johann da ist. Ich habe keine Sehnsucht nach einem richtigen Partner, also kann ich es für die Dauer der Wanderung auch gleich mit dem falschen probieren, wo er mir doch ständig so unvermittelt vor die Füße plumpst. Plötzlich muss ich laut lachen, weil mir wieder einfällt, was mein Exfreund immer sagte, wenn ich mich aufregte, weil der Herr mit dem Doktortitel lieber eine Kuhle in die Couch saß, als sich übergangsweise einen reinen Brotjob zu suchen: »Dann such dir doch einen Bauarbeiter, wenn dich arbeitende Männer glücklich machen!«

Und schwupps, so schnell kann es gehen.

Am nächsten Tag geleitet uns die Sonne an reichlich vorhandenen drei großen polnischen K vorbei nach Lądek-Zdrój, einem der ältesten Kurorte Europas. Das Heilbad ist ein prachtvoller Neorenaissancebau, unter dessen imposanter Kuppel angeblich schon Friedrich der Große, Goethe und Zar Alexander I sowie manch anderes blaues Geblüt sein vornehmes Hinterteil ins schwefelhaltige Mineralwasser hielt.

Es ist so heiß und schwül, dass wir im akkurat angelegten Kurpark an den Bänken kleben bleiben. Wir kommen in einer ehemaligen Villa unter, deren Betreiberin perfekt Deutsch spricht.

»Ich bin hier geboren, habe aber vierzig Jahre in Deutschland gelebt, bevor ich zurückgekommen bin. Meine Töchter sind dortgeblieben. Die machen lauter verrückte Sachen. Jetzt will die eine alleine mit dem Rad bis Paris fahren und im Zelt schlafen!«

»Na ja, was soll ich dazu sagen: Ich laufe bis Budapest und schlafe auch meistens im Zelt …«

»Aber doch nicht alleine!«

Ich erkläre ihr unsere Zufallsbekanntschaft und dass wir uns schon nach der nächsten Etappe wieder trennen werden, da auf Johann mal wieder eine Original-EB-Schlaufe von fünfzig Kilometern Umweg wartet, während ich den direkten Weg über den Śnieżnik Kłodzki nehmen werde. Der Grund ist ausnahmsweise nicht etwa Faulheit oder Desinteresse an der originalen Wegführung, aber ich benötige für ein paar Tage Zugang zu einem Computer, um eine Abgabefrist einhalten zu können. Wieder ist der *Klub Drushba* meine Rettung. Dank eines Klubmitglieds werde ich in Opava, einem nur zehn Kilometer vom EB entfernt liegenden tschechischen Städtchen, bei einer fremden Familie unterkommen, die mir für ein Wochenende Asyl und einen Laptop bieten.

Die ältere Dame führt uns durch das Haus und berichtet, dass sie den ehemaligen Sommersitz einer reichen jüdischen Familie Ende der neunziger Jahre günstig kaufen konnte.

»Es ist die kleinere Kopie ihres Hauptwohnsitzes in Berlin. Einmal besuchte mich der Enkel der damaligen Besitzer, der hier als kleiner Junge seine Sommerfrische verbracht hatte.« Sie zeigt uns Fotos aus der Vorkriegszeit. »Das hier war das jüdische Viertel der Stadt, Bad Landeck hieß sie da noch. Direkt gegenüber war die Synagoge, das Gebäude ist noch da, aber von der ursprünglichen Nutzung gibt es keine Spur mehr.«

Und tatsächlich: Obwohl in der Kurstadt alle Sehenswürdigkeiten akkurat ausgeschildert sind, gehören die ehemaligen Orte jüdischen Lebens nicht dazu.

Am nächsten Tag sind wir bereit für ein königliches Bad. Alles ist hochherrschaftlich: Säulen tragen die mehrstufige, reichlich von Rosetten, Stuckblüten und grazilen Evastöchtern verzierte Kuppel, an allen Ecken plätschern mit Ornamenten versehene Trinkbrunnen und im Heilbecken selbst locken marmorne Nischen zur diskreten Entspannung. Der Ablauf des Badens ist allerdings in reinster Funktionalität reglementiert. Man bekommt eine Uhrzeit zugewiesen, zu der man sich in einer schäbigen Umkleide eine unansehnliche Plastikduschhaube aufsetzen muss, um unter dem strengen Blick der Aufsichtsdamen möglichst leise und gediegen im stark nach Schwefel riechenden, über vierzig Grad warmen Becken zu treiben. Nach genau zwanzig Minuten pfeifen einen die rigorosen Damen wieder raus.

Betäubt vom Schwefelgeruch verlassen wir das Etablissement, in dem sich diktatorischer Sozialismus und barocke Opulenz so wunderbar vereinen. Aber selbst der omnipräsente Geruch nach faulen Eiern über dem Kurpark erscheint uns noch angenehm parfümiert, als Johann versehentlich auf eine tote, von Verwesungsgasen geschwollene Maus tritt, die unter seiner Sohle mit einem lauten Knall explodiert. Nach diesem Schreck sitzen wir neben den Blumenrabatten, bis es dunkel wird, seltsam schläfrig und angenehm entspannt von der Wirkung des Heilwassers.

Bis zum Śnieżnik Kłodzki wollen wir noch zusammen wandern. Zwei Tage sind es, bis der vorbildliche EB-Jungpionier Johann dem Ruf: »Für Berge und Umwege seid bereit!« sein herzlichstes: »Immer bereit!« entgegenschmettern wird.

Im Tal der Morawa sind die Hänge so steil, dass wir einfach kein Plätzchen für mein Zelt finden. Erst als es dämmert, erspähen wir eine ausreichend große ebene Fläche, und zwar zwischen zwei dicken runden Wasserspeichern. Dort schreckt uns früh morgens der Bauer aus den Schlafsäcken, als er die Luken auf den Speichern öffnen will. Ich weiß nicht, wer sich mehr erschrickt, wir oder der Bauer, aber wir packen in Windeseile zusammen und machen uns so schnell wie möglich vom Acker, ohne zu frühstücken. Das tun wir erst fünf Kilometer später am Wegesrand, wo wir auch alles andere nachholen, wovon uns der überraschte Bauer abhielt.

Das bringt uns beiden gerötete Wangen ein und mir eine Zecke. Ich reagiere panisch, mit siebzehn hatte ich eine Borreliose. Damals lebte ich in einem Abbruchhaus, das hatte zwar keinerlei Komfort zu bieten, kostete mich aber auch keinen müden Pfennig Miete. Im Hof stand ein altes Autowrack, das Gras ging mir bis zu den Ellbogen. Schuppen und Scheune waren bis unter die Decke voll mit dem Plunder, den Generationen von früheren Bewohnern hinterlassen hatten. Die meisten Decken und Wände waren einsturzgefährdet oder schon durchgebrochen; es gab nur drei Zimmer, die man ohne Lebensgefahr betreten konnte. Eins davon bewohnte ich. Abends lag ich auf einem Flokatiteppich, kiffte und hörte Schallplatten. Neil Young, Pink Floyd und Räucherstäbchenduft drangen durch das alte Gemäuer. Es war herrlich: Ich musste endlich nur für mich alleine sorgen und konnte ansonsten tun und lassen, was ich wollte. Ich schwänzte so oft die Schule, dass ich irgendwann ein ärztliches Attest brauchte, um meine Fehltage zu begründen. Also ging ich zur Hausärztin und erzählte ihr, ich hätte seit einiger Zeit ständig Kopfschmerzen. Außerdem zucke mein linkes Augenlid ununterbrochen. Müde wäre ich auch ständig. Nichts davon war gelogen, aber ich schob die Symptome auf meinen ausgiebigen Cannabis-Missbrauch.

»Hast du zufällig auch einen roten Fleck am Körper?«, fragte die Ärztin. Hatte ich. Seit Wochen ringelte sich ein apfelsinengroßer Fleck um mein Knie.

»Hast du denn in der letzten Zeit Zeckenbisse gehabt?«, bohrte sie weiter.

Hatte ich. Denn das Autowrack eignete sich hervorragend zum Rumlümmeln. Und beinahe jedes Mal, wenn ich mich durch das hohe Gras geschoben hatte, hatte ich danach mindestens eine Zecke an meinem Körper gefunden.

Und so stellte sich heraus, dass meine Kiffer-Symptome in Wahrheit allesamt von einer Borreliose stammten. Ich bekam eine Woche lang intravenös Antibiotikum. Als der Winter kam, musste ich das Abbruchhaus verlassen. Mangels Heizmöglichkeiten war es im Inneren des feuchten Fachwerkhauses genauso kalt wie draußen. Ich fand eine kleine Wohnung in der Stadt, die 120 Mark Miete kostete. Es war eine winzige Dachgeschosskammer in einem unsanierten Haus, was für den Westen Deutschlands eher ungewöhnlich war. Es gab kein Telefon, kein warmes Wasser, keine Dusche, aber einen kleinen Bollerofen. Der heizte aber so schlecht, dass ich nachts trotz eines Schlafsacks unter zwei dicken Plumeaus fror. Das Klo war eine Etage tiefer auf dem Balkon. Ich musste es mit anderen Mietern teilen. Einer davon war total verwahrlost. Keine Ahnung, ob er je Miete zahlte, der Hausbesitzer war ein reicher CDU-Politiker, der sich nicht die Bohne für das Objekt interessierte. Die Wohnung des versumpften Mannes stand voll mit leeren Schnapsflaschen, zwischen denen nur schmale Gänge frei waren. Wenn er die Gemeinschaftstoilette benutzte, hielt sich der Alkoholdunst über Stunden. Er hatte zwei riesige Köter. Für die bekam er vom Metzger Knochen- und Fleischreste geschenkt. Morgens ging ich zur Schule und nachmittags putzte ich, arbeitete in einer Pizzeria und auf dem Bau, um mir mein unabhängiges Leben zu finanzieren. Ich war glücklich. Ich hatte das Gefühl, die ganze Welt stand mir offen.

Als ich dann in der elften Klasse schwanger wurde, war klar, dass ich mit einem Baby nicht in dieser Wohnung bleiben konnte. Ich machte gerade meinen Führerschein und dabei kam heraus, dass ich eine Brille brauchte. Da ich keinen Telefonanschluss hatte und es die Zeit vor den Handys war, kam die Optikerin auf die Idee, mir die fertige Brille persönlich vorbeizubringen. Das alte, unsanierte Haus und seine Bewohner müssen sie so schockiert haben, dass sie mir einen langen handgeschriebenen Brief vor die Tür legte, in dem sie mir jegliche Hilfe und Unterstützung anbot, die mein ungeborenes Kind und ich bräuchten.

Der Geburtstermin war im September. Und mitten im Hochsommer lag vor der Tür des Hundebesitzers ein gelber Sack mit blutigen Fleischresten und Knochen. Tagelang. Bis die Maden in dicken Bündeln von den Treppenstufen purzelten. Dazu kam: Der eine Hund war so alt und schwach, dass er die Treppe nicht mehr bewältigen konnte. Sein Geschäft verrichtete er also in der Wohnung. Zusammen mit den verwesenden Fleischresten ergab sich ein höllischer Gestank, der das gesamte Treppenhaus in Beschlag nahm. Ich, hochschwanger, hielt an der Haustür die Luft an und rannte so schnell es ging vom Erdgeschoss bis unters Dach, wo ich erst atmete, wenn ich meine Wohnungstür hinter mir geschlossen hatte. Zu guter Letzt breiteten sich noch Flöhe im ganzen Haus aus, weshalb ich kurz vor der Geburt nicht nur mit Klausuren und Umzug beschäftigt war, sondern auch mit dem Kampf gegen die Parasiten. Ja, so war das damals. Die Erinnerung mag eklig klingen, aber ich verbinde trotz der prekären Lebensumstände, von denen man eigentlich niemandem erzählen kann, vor allem eins mit dieser Zeit meines Lebens: das Gefühl absoluter Freiheit.

Zurück in die Gegenwart: Unterhalb der Spitze des Śnieżnik Kłodzki an der ehemaligen Sennerei Schronisko Na Śnieżniku trennen Johann und ich uns nach einem gemeinsamen Mittagessen. Weil die Landesgrenze genau über den Gipfel verläuft,

musste man vor dem Schengener Abkommen über einen offiziellen Grenzübergang einreisen. Johann wird also auf der polnischen Seite rund 25 Kilometer bis Boboszów laufen, bevor er
die gleiche Strecke auf der tschechischen Seite wieder zurück-
wandert. Erst dann wird er den Gipfel erreichen. Ich hingegen
muss nur eine halbe Stunde bergauf steigen, um den polnischen
Śnieżnik Kłodzki beziehungsweise tschechischen Králický
Sněžnik zu erklimmen. Um die Arbeitsproben pünktlich abge-
ben zu können, bevor mit Gaëlle mein nächster Besuch eintrifft,
muss ich es in vier Tagen bis Hradec nad Moravicí schaffen, dem
Ort, der die offizielle Mitte des EB markiert. Von dort sind es
nur zehn Zugminuten nach Opava zur unbekannten Gastfami-
lie. Bisher weiß ich nur, dass es eine deutsch-tschechische Familie ist. Anja heißt die Gastmutter, sie hat mir über WhatsApp
erklärt, wie ich am besten zu ihnen komme.

Tschechien, Juni 2019

Auch nach über tausend Kilometern spüre ich bergauf, dass meine Gesundheit nicht die beste ist. Ich bin bei Weitem nicht so schnell wie andere Wanderer, schwitze so stark, dass mein Hemd komplett durchtränkt ist, und brauche öfter kleine Atempausen. Und so fluche ich nach wie vor wie ein Berserker bei jedem Schritt über die groben Geröllbrocken, zumal ich immer noch nicht verstehe, warum der EB mich wirklich auf jeden Höcker schickt, nur damit ich oben auf einer aussichtslosen Kuppe stehe und direkt wieder absteigen kann. Zum Glück gehört der Śnieżnik Kłodzki nicht zu dieser Sorte. Weit geht der Blick über Tschechien und Polen. Vom einstigen Aussichtsturm sind nur noch über das Plateau verteilte Steine übrig, aber ein kleines Gipfelkreuz gibt es immerhin noch. Und eine Steinsäule, die den einstigen Dreipunkt zwischen dem Königreich Böhmen und den Grafschaften Mähren und Glatz markiert.

Seinen Namen, nämlich Glatzer Schneeberg, verdankt der Berg der Tatsache, dass er nur vier Monate jährlich nicht mit Schnee bedeckt ist. Davon ist freilich jetzt keine Spur. Wohin ich auch schaue, ich sehe nichts als das Grün der benachbarten Täler und Hügel unter dem blauweißgesprenkelten Firmament.

Unterhalb des Gipfels fließt das eiskalte Quellwasser der Morava aus einem ummauerten Felsschacht von hier über die Donau bis ins Schwarze Meer. Schmetterlinge aller Farben und Größen schlagen sanft mit den Flügeln, bevor sie aufgeschreckt von meinen Schritten eilig hinwegschweben. Immer wieder liegen golden oder silbern glänzende Blindschleichen auf dem Weg, verharren regungslos, wenn ich an ihnen vorbeilaufe. Silbergraue tote Stämme markieren die Baumgrenze. Darunter tanzen Sonnenstrahlen auf dem mit niedrigem Heidelbeergestrüpp und rostroten Nadeln bedeckten Waldboden. Je weiter ich absteige, desto wärmer schimmert das Licht zwischen den Kronen. Bei jedem Schritt, nach jedem Meter verändert sich das Farbenspiel von Licht und Wald wie in einem Kaleidoskop, das man zwischen den Fingern dreht. Schilfgräser und Farne säumen den Weg, die Vegetation wird dichter, schattiger und feuchter. Ich schlage mein Zelt an einem Bach auf. Im Dämmerlicht tanzen abertausende, teils handtellergroße Nachtfalter. Und als ich mich schlafen lege, zeichnen sich die Schatten derer, die sich auf meiner Zeltplane niederlassen, dunkel vor dem Mondlicht ab. Sanft wiegt mich das Plätschern des Baches in den Schlaf. Doch dann weckt mich ein Lichtstrahl, nicht größer als ein Punkt, der mich flackernd anvisiert. Mein Herz pocht, ich frage mich, wer da mit einem Laserpointer um mein Zelt schleicht, und fürchte mich vor dem, was er vorhat, bis ich begreife, dass es sich um ein riesiges Glühwürmchen handelt.

Um mein Schreibasyl pünktlich zu erreichen, bin ich bereit, jede mögliche Abkürzung zu nehmen. Also studiere ich am nächsten Tag bei einer ausgiebigen Kofola-Pause an einer Chata, einer Berghütte, ausführlich den Reiseführer. Gleich an der ersten Schummelmöglichkeit scheitere ich. Ich will mit der Seilbahn mehrere Kilometer und beinahe 600 Höhenmeter überbrücken.

Aber statt gemütlich bergauf zu schweben, kann ich nur wehmütig der Gondel hinterherblicken, denn ich bin exakt acht Minuten zu spät an der Bahnstation. Missmutig mache ich mich an den beschwerlichen Aufstieg. Bald knattert mit ohrenbetäubendem Krach ein Quad den Berg hinauf. Dicht neben mir bremst der Fahrer und fragt, ob er mich mitnehmen könne. Diese Chance lasse ich mir natürlich nicht entgehen. Es ist der Hüttenwirt der Gipfelhütte, der mir das Schummeln an diesem Tag nun doch noch ermöglicht. Serendipity sei Dank! Verschwitzt und stinkend muss ich mich eng an den Retter klammern, um nicht vom hoppelnden Gefährt zu fallen. Noch bevor ich entscheiden kann, ob ich mich schämen oder einfach die Fahrt genießen soll, wird klar: Mit dem Genießen wird es eh nichts, denn es geht in dermaßen halsbrecherischer Fahrt über die bucklige Hügelflanke, dass mir danach der Steiß sage und schreibe eine Woche lang so wehtun wird, dass ich kaum sitzen kann. Und so abschreckend kann mein Gestank nicht gewesen sein, denn der Hüttenwirt bietet mir an, die Nacht bei ihm zu verbringen. Da ich aber unbedingt noch den Skiort Červenohorské Sedlo erreichen möchte, lehne ich dankend ab. Wintersporthotels, Skiverleih und Skischule sind zwar nichts, was ich brauche, aber der Rote Bergsattel markiert das Ende des dritten Wanderführers und diesen Etappensieg möchte ich heute noch feiern. Im Abendsonnenschein stürme ich also hochmotiviert über den Grat, meinem immer länger werdenden Schatten und immer größer werdenden Hunger hinterher. Je hungriger ich werde, desto weniger Lust habe ich auf eine weitere Mahlzeit aus meinen vier Standardgerichten Kartoffelbrei, Tomatenreis, Linsen oder Polenta. Also lege ich mich noch mehr ins Zeug, denn die Küche des Hotels am Sattel hat bis 22 Uhr geöffnet. An einer Quelle mit mal wieder angeblich wunderheilendem Wasser vorbei und hinab durch wilde Lupinenwiesen kann ich die grünen

Dächer des Skiorts schon sehen. Als ich im Hotel ankomme, ist die Küche geschlossen, und zwar dauerhaft. So bleiben mir mal wieder nur mit einem Brühwürfel aufgepeppte rote Linsen. Im Klub verkünde ich, wie weh mir der Hintern von der mörderischen Quadfahrt tut. Warum ich diesen denn nicht in die wundertätige Quelle gehalten habe, fragen sich die Klubmitglieder. Das frage ich mich des nächtens auch, denn dank meinem schmerzenden Steiß kann ich nur auf dem Bauch liegen.

Zwischen mir und meinem Schreibasyl liegt nun das Altvatergebirge. Schilfgräser, sternförmige, nach oben heller werdende Moostriebe und plustrig weiße Blüten kennzeichnen ein Hochmoor. Zwischen niedrigen strauchartigen Gewächsen steht das Wasser rostrot. An Bromelien erinnernde Liliengewächse strecken ihre Blüten aus dem Moosteppich der Sonne entgegen, dazwischen grau und verwittert tote Stämme. Rustikale dunkle Holzhäuser ducken sich an saftig grüne Hochweiden. Sportliche Tschechen tummeln sich mit ihren Rucksäcken und Mountainbikes an den Berghütten.

Am Vysoká hole, dem Berg namens Hohe Heide, zerschneiden Skilifte den kärglich bewaldeten Hang, Schafherden ziehen unter dem Läuten der Glocken über die Wiesen. Zitronenfalter sonnen sich auf dem Geröllpfad, während sich pelzige Raupen mit rotschwarzen Flimmerhärchen eilig voranarbeiten. Es ist nichts zu hören bis auf den spitzen Schrei eines Greifvogels, der über dem Tal kreist. Scherenschnittartig zeichnen sich die Hügelkuppen der benachbarten Bergketten vor der Dämmerung ab. Im Tal der Ameisen machen unzählige gigantische Ameisenhaufen unmissverständlich klar, woher der Name stammt. Über den Dörfern am Waldrand liegt abendliche Stille, Menschen schichten Holz, halten einen Schwatz über den Gartenzaun, Kinder spielen im letzten Sonnenschein, Hunde kläffen, späte Rennradler kehren eilig heim.

Laut Reiseführer empfiehlt es sich, die nächste Etappe mit dem Bus zu überspringen, und da ich es eilig habe, befolge ich diesen Rat am nächsten Morgen. Für die Busfahrt kaufe ich mir zwei Dosen leckerste Limonade, in den Sorten Zitrone-Thymian und Jasmin-Bergamotte. Mit einem lauten Zischen öffne ich die erste Dose, sobald der Bus losfährt, und trinke gierig einen ersten Schluck. Aber nix da mit einer herrlichen Erfrischung, denn statt Limonade habe ich Bier gekauft! Abgesehen davon, dass ich es sowieso nicht trinken kann, weil es Gluten enthält, habe ich morgens früh auch nicht unbedingt Lust drauf. Jetzt halte ich während der gesamten, kurvenreichen Fahrt meinen Daumen auf die offene Dose und hoffe, dass die Tschechen mich nicht für eine Alkoholikerin halten, die morgens um acht schon ihren Pegel halten muss.

Im Örtchen mit dem schönen Namen Budišov nad Budišovkou wird gebaut und der Rest hat geschlossen, sieht man von den im Ortsnamen versprochenen Budis mit den örtlichen Besoffskis ab. Das ist schade, denn die Versorgung mit Kaktus-Eis lässt in diesem Teil Tschechiens generell zu wünschen übrig. Deshalb gehe ich dazu über, gleich mehrere der bunten Stieleise mit der prickelnden Spitze zu verspeisen, wenn es endlich mal welche gibt.

Am Ufer des Flüsschens Moravice liegt Jánské Koupele. Das ehemalige Örtchen Bad Johannisbrunn blickt auf eine mehrere Jahrhunderte währende Nutzung als Heilquelle und Kurort zurück. Behandelt wurden Alkohol-, Morphium- und Tabaksucht und Krankheiten wie Tuberkulose und Hämorrhoiden, aber auch Nervenerkrankungen. Seit der Schließung Mitte der neunziger Jahre verfallen Gebäude und Anlage, obwohl das Areal zur Liste der Kulturdenkmäler gehört. Es war unter den Nationalsozialisten Trainingszentrum für die HJ und scheint heute Neonazi-Pilgerstätte zu sein. Die Fenster sind eingeworfen, die

Türen mit Brettern vernagelt, die Bohlen der einst prächtigen Balkone, Pavillons und Balustraden sind morsch. An den zerbröselnden Fassaden aber reiht sich Graffiti an Graffiti: Überall prangen Hakenkreuze und Parolen, die den Führer wahlweise preisen oder verdammen.

Ich muss mich beeilen, um es pünktlich zum Zug zu schaffen und es liegen noch 27 Kilometer vor mir. Den Rest des Tages komme ich mir vor wie die Figur in einem Videospiel: Immer wenn ich ein Hindernis überwunden habe, steht schon das nächste an. Ich springe über Felsspalten, spurte Hügel hinauf, balanciere auf schmalen Stegen und hangele mich auf dem aufgeweichten und rutschigen Pfad an einer steil zum Fluss herabfallenden Schieferwand von Fels zu Fels, das Ganze halb blind, da meine Brille in dem beständigen Wechsel aus Sonne und Regen beschlägt. Am Flussufer ist der Pfad zwischen kniehohem Farn nur fußbreit, das Schiefergestein glitschig, modernde Baumstämme liegen im Weg, das schwarze Wasser der Moravice ist aufgewühlt, mit Sediment, Blättern und Ästen angereichert, gurgelnd und schnell fließt es unter mir. Beinahe erwarte ich, dass jedes Mal, wenn der Himmel seine Schleusen für einen weiteren Wolkenbruch öffnet, statt eines Regenschauers eine dröhnende Stimme auf mich niederprasselt, die mich je nach Bewältigungsstrategie und Geschicklichkeit mit »Level down« tadelt oder »Level up« lobt. Schade, dass ich mir keine besonderen Gadgets oder zusätzliche Leben erspielen kann. Stattdessen wechsle ich alle paar hundert Meter meine Kleidung, ziehe die Regenjacke an und wieder aus, ohne dadurch spezielle Kräfte wie Flugfähigkeit oder selbsttrocknende Brillengläser zu erlangen. Ich gönne mir an einem Campingplatz eine kurze Pause, um meine Reserven mit Cola und Kaktus-Eis aufzufüllen: mir fehlt Zucker im Blut! Im Stechschritt marschiere ich danach zügig voran und komme mir bei jedem hektischen Blick auf die

Uhr dennoch vor wie in der Endlosschleife einer virtuellen Welt gefangen. Der Weg scheint einfach kein Ende zu nehmen: Ich renne durch Regen, Nebel und Sonne, über aufgeplatzte Asphaltstraßen, schlammige Forstwege und einsame Dörfer und den schattigen Tunnel eines riesigen Stadtwalds.

Angekommen in Hradec nad Moravicí habe ich keine Zeit, Park und Schloss zu bewundern. Mit dem Handy in der Hand jogge ich durch die Straßen und Gassen des Städtchens Richtung Bahnhof. Keuchend komme ich am Bahnsteig an und habe gerade noch genug Zeit, ein Selfie zu machen, um den Moment des Bergfests zu verewigen, bevor ich in den Zug nach Opava steige. Immerhin gehört dieser Tag zu den wenigen, wo ich tatsächlich mal 30 Kilometer oder mehr schaffe.

Das erste Fazit zur Hälfte der Tour lässt sich in Folgende Zahlen packen: 62 Tage inklusive Ruhetage. Ein Paar durchlaufene Socken, vier verlorene Gegenstände, von denen drei wieder aufgetaucht sind. Neun schlimme Blasen. Vier Abweichungen oder Auslassungen von der offiziellen Wegführung, wobei die meisten durch großzügiges Verlaufen wieder wettgemacht oder mit schmerzendem Steiß gebüßt wurden. Steilanstiege ohne Fluchen: keine. Bisherige Mitläuferinnen: sieben. Noch angekündigte Mitläuferinnen: acht. Liebesabenteuer: eins, fortlaufend.

Am Bahnhof von Opava holt mich Anja ab. Ich erfahre, dass sie mit ihrem Mann Radim, den gemeinsamen fünf Kindern Nora, Emma, Tom, Filip, Maja und Hund Ferda nur einen Steinwurf entfernt lebt. Nora, die Älteste, hat ihr Zimmer für mich geräumt. Obwohl wir uns bisher nicht kannten, fühle ich mich sofort wohl. Und das ist kein Wunder, so herzlich wie ich im Kreis der Familie aufgenommen werde. Ich kann nicht nur meine Ausrüstung waschen und meine Arbeit abtippen und verschicken, ich feiere sogar gleich zwei Geburtstage mit. Während wir am letzten Abend mit der versammelten Verwandtschaft »Wer bin ich?« spielen, fühle ich mich längst nicht mehr wie ein Gast, sondern wie ein Teil der Großfamilie.

Weil ich etwas gegen meine Bauarbeiterbräune unternehmen möchte, kaufe ich in der Innenstadt ein Unterhemd. Und Nagellack. Meine Füße sind nicht mehr meine Füße. Alles, was sich unterhalb der Sockenkante befindet, kann ich nicht mehr als meinem Körper zugehörig identifizieren: Kalkweiße Haut, Schrunden, Narben abheilender Blasen, spröde Nägel. Diese Füße sind mir fremd, obwohl ausgerechnet sie mich auf diesem weiten Weg tragen. Ich sehe nur noch eine Lösung: Ich muss das Elend übertünchen.

Natürlich passt die Nagellackfarbe zu meiner Kleidung.

So fühle ich mich taufrisch, als ich Gaëlle am nächsten Tag am Bahnhof treffe. Im Morgengrauen ist sie in Leipzig in den Zug gestiegen, kurz bevor sie ankommen sollte, stellte sich allerdings heraus, dass sie Opava und Ostrava verwechselt hat. Glücklicherweise musste sie dort nur in einen anderen Zug steigen, um mit einer Stunde Verspätung in der richtigen Stadt zu landen. Wir können uns kurz umarmen, dann müssen wir schon in die Ein-Waggon-Bimmelbahn steigen. Sofort stellen wir fest, dass Gaëlle die gleichen Schuhe hat wie ich. Nur dass man meinen die über tausend Kilometer ansieht, während ihre noch neu glänzen. Aber dafür habe ich rote Fingernägel und ein neues Unterhemd, und das fühlt sich nach zwei Monaten in den täglich selben Kleidern an wie eine modische Revolution.

Gaëlle ist eine von zwei Kanadierinnen, die im *ZierlichManierlich* arbeiteten. Und obwohl sie beide aus Québec kommen, gleich alt sind, in Montreal Kunst studierten, klein, dunkelhaarig und auffällig tätowiert sind, lernten sie sich erst in Leipzig kennen, wo sie wiederum beide ein Zweitstudium an der Hochschule für Grafik und Buchdruck absolvierten. Nun ist Gaëlle Illustratorin und hat sich vor Kurzem mit einem kleinen Label für Kinderkleidung selbstständig gemacht. Sie ist fünf Jahre jünger als ich, hat zwei Kinder, einen siebenjährigen Sohn und eine vierjährige Tochter. Gaëlle arbeitet immer noch für das *ZierlichManierlich* und hat somit ebenso viele Jahre in Verbindung mit dem kleinen Sommercafé verbracht wie ich, nämlich genau zehn. In den Jahren, in denen sie ihre Kinder bekam, stand sie zwar nicht hinter der Theke, belieferte uns aber mit ihren selbstgebackenen veganen Tartes, Pies und Cookies, für die das *ZierlichManierlich* einigermaßen berühmt ist. Es gibt Leute, die fahren durch die halbe Stadt, um einen Erdnusscookie, einen Double-Schoko-Chip-Cookie oder einen Cookie mit gerösteten Mandeln und Fleur de Sel zu essen. Und weil Gaëlle den kleinen Laden schon so lange kennt, hat sie alle Höhen und Tiefen hautnah mitbekommen, während sich der kleine grüne Wagen von einem Geheimtipp zu einer überregional bekannten Adresse entwickelte. In der Bimmelbahn reicht sie mir mein Päckchen, in dem neben glutenfreien Mahlzeiten der nächste Wanderführer und das Bärenseil stecken, mit dem ich den Proviantbeutel in den slowakischen und polnischen Karpaten nachts in Bäume hängen werde. Groß ist die Population der Braunbären, die dort leben, zwar nicht, und angeblich sind die Tiere sehr scheu, aber ich will lieber nichts riskieren. Und als Kanadierin versorgt Gaëlle mich direkt noch mit den besten Verhaltenstipps bei Bärenbegegnungen.

Vor der Wanderung haben wir uns vor allem darüber ausgetauscht, was wir essen werden, da sie Veganerin ist. So ist unser Menüplan für die gemeinsamen Tage ein sorgsam ausgeklügeltes Werk aus glutenfreien und veganen Trekkingmahlzeiten. Außerdem haben wir überlegt, dass sie die Teile meiner Ausrüstung, die ich selbst nicht brauche, während der Wanderung nutzen kann, bevor sie sie dann mit nach Leipzig nimmt. Also gebe ich ihr im Zug Leggins, Hose und Longsleeve.

In Hradec nad Moravicí steigen wir aus. Der EB hat mich wieder.

Diesmal bleibt genug Zeit, das Schloss mit den roten Türmchen und dem verwunschenen Schlosspark ausgiebig zu begutachten. Es ist knallheiß und wir sind froh, als wir in den Schatten der Bäume eintauchen können.

Wir schnattern ohne Unterlass. Wer uns so sähe, der würde nicht glauben, das wir beide einst total schüchtern waren.

»Ja«, sagt Gaëlle, als wir darauf zu sprechen kommen, »die überwundene Schüchternheit ist eine unserer Gemeinsamkeiten!«

»Ich hab mich schon oft gefragt, ob ich das auch ohne den Umzug nach Leipzig geschafft hätte. Da musste ich ja aus mir herauskommen, um nicht isoliert zu bleiben. Ich selbst habe es gar nicht so gemerkt, aber als mich meine Freundin Nico aus der Eifel besuchte, machte sie mich darauf aufmerksam. ›Rebecca‹, sagte sie, ›ich erinnere mich, wie du nicht einmal antworten konntest, als dich jemand fragte, wo du deine Jacke gekauft hast, und jetzt fragst du wildfremde Leute, wo wir heute Abend noch tanzen gehen können!‹. Ich kann heute selbst kaum glauben, wie schüchtern und verängstigt ich früher war. Ich hab einfach nie den Mund aufgemacht, nie! Als beispielsweise Nicos Oma Geburtstag hatte, erschien es mir unmöglich, ihr zu gratulieren. Ich konnte schon tagelang vorher nicht schlafen, weil ich wusste, dass ich in einem Raum voller Menschen laut ›Herzlichen Glückwunsch‹ sagen sollte. Das Wohnzimmer war plötzlich hundert Meter lang, alles geschah in Zeitlupe, ich war mir sicher, dass die gesamte Festgesellschaft, die im Übrigen nur aus Nicos Eltern bestand, jede einzelne Geste von mir durchs Brennglas begutachtete. Ich bekam die Glückwünsche nur mit gesenktem Kopf und erstickter Stimme heraus. Nico litt regelrecht mit mir. Sie besucht mich übrigens auch auf dem EB!«

»Mir hat der tägliche Kundenkontakt im *ZierlichManierlich* geholfen«, entgegnet mir Gaëlle. »Ach, was haben wir über die Jahre nicht schon alles erlebt dort! Gutes und Schlechtes.«

Und das stimmt. Wir hatten meist viel zu lachen, aber es gab auch Dramen, Unfälle und eine Kündigung mit Hausverbot. Paare fanden und trennten sich. Während die einen Familien gründeten, wurden andere alleinerziehend und wieder andere hatten Schwangerschaftsabbrüche. Ein Mitarbeiter wurde schwer krank. Eine Kollegin nahm sich das Leben.

Da wir erst nachmittags in Opava losfuhren, kommen wir an diesem Tag nicht weit. Wir zelten zwischen Feldrand und einer jungen Schonung und werden morgens unsanft von Mähdreschern geweckt, die Runde um Runde im Getreidefeld drehen.

Unser Wasser reicht gerade noch für das Frühstück. Im nächsten Dorf versuche ich, einer alten Dame über den Gartenzaun klarzumachen, dass wir Wasser brauchen. Aber erst, als die Enkelin dazukommt, wird das Wedeln mit den leeren Flaschen erhört. Während die junge Frau den Gartenschlauch zückt, führen wir mit der Oma ein Gespräch ohne gemeinsame Sprache. Ich versuche ihr Gemüsebeet zu loben, denn die Worte für Gurken, Tomaten und Salat habe ich mir aus den Speisekarten gemerkt.

Über die politischen Systeme Kanadas und Deutschlands plaudernd kommen wir zur Lebenssituation Selbstständiger in der Kulturbranche. Wir reden lange darüber, wie wir über die Runden kommen. Wie es ist, wenn man sich mit Nebenjobs durchhangelt, immer in der Hoffnung, eines Tages an dem Punkt im Leben anzukommen, wo man hoffentlich so etabliert ist, dass man nicht mehr jobben muss. Und schließlich kommen wir auf unsere Familien zu sprechen. Wie es ist, wenn man so weit weg von seinen Verwandten wohnt wie Gaëlle, deren Familie auf drei Kontinenten verteilt lebt. Das kenne auch ich ein bisschen, denn meine Verwandtschaft lebt in Kanada, Neuseeland, Australien, Frankreich und Israel. Aber natürlich können mir meine weit entfernt lebenden Tanten, Onkel, Cousins und Cousinen nicht das Ausmaß des Vermissens verdeutlichen, das Gaëlle bezüglich ihrer Eltern und Geschwister empfinden muss. Den größten Teil des Tages aber reden wir über unsere Kinder. Vor allem über die Sorgen, die wir uns um sie machen, und die auch dann nicht aufhören, wenn sie erwachsen sind.

»Ich fand die Zeit der Adoleszenz am schlimmsten und schwersten. Dagegen waren die durchwachten Nächte, die Trotzphasen und die Schulprobleme nichts. Wenn dein Baby schreit, dann weißt du, was zu tun ist. Stillen, Wiegen, Bauch massieren. Wenn dein Kleinkind trotzt, musst du einfach stabil und klar bleiben und zur Not in ein Kissen boxen. Wenn es Ärger in der Schule gibt, musst du dich den Gesprächen mit den Lehrern stellen und wenn es im Haushalt eine faule Nuss und Dreckschleuder ist, liest du ihm ab und zu die Leviten. Aber wenn dein Kind erwachsen wird und nicht klarkommt im Leben, dann stehst du da, vollkommen hilflos.« Das zumindest ist mein Fazit nach über zwanzig Jahren Kindererziehung.

Wir reden so viel und intensiv, dass wir darüber ganz vergessen, dass wir eigentlich laut im Wald singen wollten. Allerdings ist vom Wald eh nicht viel zu sehen. Den ganzen Tag geht es in der prallen Sonne über Feldwege und Asphaltstraßen. Die Hitze erschlägt uns. Es gibt kaum Schatten. Kommen wir in einen Ort, hangeln wir uns von Kaktus-Eis zu Kaktus-Eis, von gekühlter Limo zu eiskalter Cola. Dazwischen herrscht Dürre: Die Gasthäuser sind verschlossen und die in den Offlinekarten eingezeichneten Quellen und Brunnen existieren alle nicht mehr.

Von der prallen Sonne bekomme ich dank des neuen Unterhemdes zusätzlich zur Bauarbeiterbräune Sonnenbrand. Dazu eine Staubkruste vom Hosensaum bis zur Sockenkante, strähniges, wirr abstehendes Haar und ein salzverkrustetes Hemd. Ja, der EB hat mich wirklich wieder! Aber immerhin kann ich mit knallroten Finger- und Fußnägeln auftrumpfen. Wären da nicht die Kopfschmerzen, die von Minute zu Minute schlimmer werden. Übel ist mir auch. Irgendwann wird mir klar: Ich habe einen waschechten Sonnenstich.

»Oh Gott, Gaëlle!«, stöhne ich am späten Nachmittag. »Ich schwöre, ab jetzt führt kein Weg mehr am Idiotenhut vorbei! Wieso hab ich die Kibbuzmütze nicht gleich heute Morgen aufgesetzt?«

Gaëlle war schlauer als ich, sie trägt die ganze Zeit eine kleine lustige Schirmmütze.

Als wir abends die Oderniederung erreichen, sind die Kopfschmerzen unerträglich. Mir sind sogar die Mücken und Bremsen egal, die uns in der feuchten Wiese belagern und sich nicht das geringste bisschen vom großzügig verteilten Mückenspray beeindrucken lassen. Es geht mir wirklich schlecht. Auch hier, an der jungen Oder, kommen wir leider nicht ans Wasser. Die Uferböschung ist zu dicht. Also wird es nichts mit der abendlichen Abkühlung. Wir müssen schweißgetränkt und staubgebadet ins Zelt kriechen. Sobald wir auf unseren Isomatten liegen, steht die Luft und von der Plane tropft Kondenswasser auf unsere erhitzten Gesichter. Wir öffnen beide Vorzelte, um Durchzug und wenigstens ein bisschen frische Luft zu haben.

»Seit ich losgelaufen bin, habe ich das Gefühl, mich von einem Wetterextrem ins nächste zu begeben«, stöhne ich. »Ob Schnee im Mai, ständige Gewitter, Dauerregen oder tropische Temperaturen – wo ist das moderate Wanderwetter mit achtzehn bis vierundzwanzig Grad und leichtem Windhauch?«

Die für den Monat Juni ungewöhnlich starke Hitzewelle rollt am nächsten Tag erbarmungslos weiter über Europa. Auch nach dem Odertal ist der Weg immer noch urbaner, als wir es gerne hätten. Die meiste Zeit geht es durch langgezogene Straßendörfer. Auf den Strommasten thronen Störche in ihren Nestern. Zwischen den Dörfern schattenlose Feldwege. Wir müssen sogar eine Autobahn unterqueren. Aber so kommen wir wenigstens an Erfrischungen. Schon um zehn Uhr morgens essen wir an einem Dorfladen das erste Eis und schütten literweise Saft in unsere staubtrockenen Kehlen. Am späten Nachmittag entern wir eine Softeisbude, in der es neben Vanilleeis auch welches in der Sorte Kaktus gibt. Der Geschmack hat aber leider nichts mit meinem heißgeliebten Stieleis gemeinsam. Dann müssen wir auch noch mehrere Kilometer an einer Fernstraße ohne Seitenstreifen entlang. Hautnah heizen die LKW an uns vorbei. Ich halte einen Trekkingstock hoch, damit man uns nicht überfährt. Und dann ist da plötzlich – direkt an der Schnellstraße – ein Badesee. Wir brauchen einen Moment, um uns klar zu werden, dass es sich nicht etwa um eine Fata Morgana handelt, sondern um einen echten, kleinen, von saftiger Wiese umgebenen Kiessee. Aber dann lassen wir uns nicht lange bitten, werfen die Rucksäcke ab und springen in Klamotten ins kühle Nass.

Derart erfrischt können wir bald die pralle Hitze der Teerstraße hinter uns lassen. Die Beskidy empfangen uns mit weit geöffneten Armen ihrer schattigen Wälder. Und so kann ich auch den hässlichen Hape-Kerkeling-Gedächtnishut wieder am Rucksack verstauen.

Ein einfacher Unterstand wird zum Nachtlager auserkoren. Wir schmücken ihn mit unseren verschwitzten Kleidern wie einen Weihnachtsbaum mit Lametta, in der Hoffnung, dass sie im Wind trocknen. Das Zelt stellen wir auf den leicht abschüssigen und zudem sehr steinigen Boden, in dem die Heringe kaum halten. Aus Angst, nachts auf Gaëlle zu rollen, schlafe ich so angespannt, dass mein Körper am nächsten Tag ganz steif ist.

Endlich ist um uns herum wieder nichts als Natur. Die Wipfel rauschen, die Vögel singen, der Wald verströmt Harzgeruch. Kreuzottern liegen träge zusammengerollt in der Sonne. An einer sprudelnden Quelle halten wir unsere Beine in den glasklaren Strahl. Kräftiger Wind lässt die Flamme im Kocher zucken. Es dauert, bis das Wasser endlich kocht.

Den Rest des Tages laufen wir einsam von Hügelkuppe zu Hügelkuppe, die sich immer höher hintereinander aufschwingen. Noch immer hat unser andauernder Dialog keine Erschöpfung gefunden, wir reden wirklich pausenlos.

In der Dämmerung kommen wir an eine weite Lichtung, von der man die Holzkapelle auf dem Gipfel des Radhošt' sehen kann. Dort bauen wir das Zelt auf.

Johann meldet sich. Er ist nur wenige Kilometer hinter uns.

»Kann sein, dass Johann uns einholt. Du wirst dich vielleicht ein bisschen wundern, denn er ist ganz anders als ich. Er ist Bauarbeiter, redet starken Dialekt und trinkt ganz viel Bier.«

»Äh, du hast gerade im Grunde genau meinen Vater beschrieben«, sagt Gaëlle gespielt konsterniert. Wir müssen beide lachen. Ich habe Gaëlles Eltern einige Male getroffen, wenn sie ihre Tochter in Deutschland besuchten. Sie sind beide drahtig, braungebrannt, witzig und herzlich. Die Mutter ist noch sehniger als ihr Mann. Während eines Besuchs absolvierte sie in Deutschland einen Iron Man, und es war nicht der einzige, den sie in diesem Jahr mitmachte. Die beiden Sportskanonen kamen gerne zum *ZierlichManierlich*, wo sie mit mir witzelten, wahlweise in Englisch oder Frankokanadisch, das so ganz anders klingt als mein Schulfranzösisch. Auch Gaëlle ist eine der sportlichsten Personen, die ich kenne. Sie fuhr hochschwanger mit dem Rennrad so schnell von Leipzig nach Prag, dass ihr Freund kaum hinterherkam.

»Man redet schon über dich und Johann in Leipzig. Alle wollen wissen, was da genau los ist.«

»Tja, was auf dem EB passiert, bleibt auf dem EB. Da können die Leute tratschen, wie sie wollen.«

Während die Linsen köcheln, sehen wir zu, wie der Umriss der Gipfelkapelle im zarten Licht des verklingenden Tages ein letztes Mal aufleuchtet, bevor sich Dunkelheit über die Bergkuppe legt wie ein schützendes Tuch. Trotz der Hitze der letzten Tage ist es auf der Hochebene kühl. Nebel steigt aus den taunassen Gräsern und wir sind froh über die lange Merinowäsche. Eigentlich wollte ich Gaëlle meine Daunenjacke mitgeben, aber an diesem Abend ist es so kalt, dass ich die Jacke doch behalte. Die richtige Entscheidung, denn bis zum Schluss werde ich sie abends fast immer brauchen. Als wir ins Zelt kriechen, erinnert nichts daran, dass wir in den Nächten zuvor schwitzend und stöhnend nach jedem noch so feinen Windhauch lechzten.

Ich hielt Gaëlle für eine ausgemachte Frühaufsteherin, die es spätestens um sieben aus den Federn treibt. Aber jetzt entpuppt sie sich als Langschläferin. Sogar ich bin morgens vor ihr wach und warte Däumchen drehend, dass sie endlich aufsteht. Dabei war eine meiner größten Sorgen im Vorfeld, dass ich noch im Tiefschlaf liege, wenn die Mitwanderer schon ungeduldig an der Zeltleine reißen.

Der Radhošt' ist gänzlich im Nebel verschwunden. Die Sonne ist nur als hell verwaschener Fleck in der dunkelgrauen Masse auszumachen. Als wir zusammenpacken, steht plötzlich Johann neben uns, der nur hundert Meter entfernt auf dem Tisch einer Sitzgruppe übernachtet hat. Zusammen steigen wir über einen Skihang zur Kapelle auf. Die Pforten des mit dunklen Holzschindeln verkleideten und von einer goldenen Kuppel gekrönten Gotteshauses sind verschlossen. Aus dem Nebel schälen sich die Statuen der Nationalheiligen Kyrill und Methodius. Die beiden Slawenapostel, zwei Brüder, missionierten im neunten Jahrhundert das Großmährische Reich und entwickelten das erste slawische Alphabet. Die Statue des slawischen Gottes Radegast ersetzten sie kurzerhand durch ein Kruzifix. Heute findet man sein steinernes Abbild einen Hügel weiter. Eine monumentale, furchterregende Figur mit scharfen Eckzähnen, Stiermaske und Sonnengürtel. Sein Name ist auch in der Moderne allgegenwärtig: Die örtliche Biermarke Radegast ist nach dem Gott des Krieges und der Sonne benannt.

Unweit der Kapelle kehren wir zum Frühstück ein. Wie in allen Gaststätten hinter der deutschen Grenze ist die Allergene-Auszeichnung hervorragend. Meist gibt es zwar nur ein einziges Gericht, das ich essen kann, aber das stört mich schon lange nicht mehr, ich bin so froh, überhaupt was zu essen zu bekommen, da ist es mir tatsächlich vollkommen egal, was man mir auftischt. Außerdem erinnere ich aus meiner Kindheit, was es bedeutet, wirklich Hunger zu haben. Es gab eine Zeit, da waren wir so arm, dass es bei uns nicht genug zu essen gab. Ich weiß noch, wie ich mit knurrendem Magen abends im Bett lag und vor Hunger nicht einschlafen konnte. Tapste ich dann die steile dunkle Wendeltreppe hinab zu meiner Mutter in die Küche, dann machte sie mir manchmal eine Tasse heiße Bouillon. Wenn sie noch ein verquirltes Ei unterrührte, war ich glücklich. Ich liebte es, diese Brühe Schluck für Schluck zu löffeln und dem Kreisen der weißen Eierfetzen zuzusehen. Manchmal gab es aber auch gar nichts oder nur einen Apfel, der den Hunger nicht löschte. Es fällt mir deswegen bis heute schwer, Essen stehen zu lassen oder gar wegzuwerfen. Wenn es pünktlich um zwölf aus den Küchenfenstern der Nachbarhäuser, wo die Mütter nicht arbeiteten, nach deftiger Hausmannskost roch, litten wir. Es roch nach allem, was es bei uns nicht gab: Schnitzel, Braten, Frikadellen, Eintöpfe mit fettigen Würsten. War ich bei anderen Kindern, gierte ich nach dem, was in großen Schüsseln aufgetragen wurde: Knusprige Koteletts, Kartoffeln, sahnige Soßen. Auf Kindergeburtstagen stopfte ich mich so voll mit Kuchen, Würstchen und Fritten, dass mir danach ganz schlecht war. Trotzdem grämte ich mich schon zwei Tage später, dass ich nicht noch mehr gegessen hatte. Bis heute kann ich den Reflex nicht unterdrücken, mir bei Festen wie ein Hamster die Backen vollzustopfen.

Über hundert Jahre alte Berghütten, deren Fassaden, Giebel und Veranden mit traditionellem Schnitzwerk gestaltet sind, lassen erahnen, welch verwunschene Welt ab nun auf uns wartet. Da Gaëlle und ich weiterhin ununterbrochen quatschen, lässt Johann uns bald im Staub seiner schnellen Sohlen zurück. Wir verabreden uns für den nächsten Tag an der tschechisch-slowakischen Grenze. Johann will dort warten, bis ich Gaëlle zum Bus gebracht habe, der sie zurück nach Opava bringen soll. Von dort fährt sie über Prag zurück nach Leipzig, um pünktlich zu ihrem 35. Geburtstag wieder bei ihrer Familie zu sein. Für die Nacht vor ihrer Abreise wollen wir in einem Motel an der Schnellstraße schlafen, an der ihr Bus im Morgengrauen fährt.

Auf dem letzten Stück zur nahen Grenzstraße zerkratzen wir uns Arme und Beine an umgestürzten Fichten und ergötzen uns gleichzeitig am würzigen Nadelbaumgeruch. Das Motel liegt wirklich nur einen Steinwurf entfernt vom Bushäuschen und entpuppt sich als hässlicher, sozialistischer Betonbau mit langen Außenveranden. Die Gaststube ist jedoch das ganze Gegenteil: grobe Holzmöbel, Felle, Geweihe, Traumfänger, Federn, Tierknochen.

»So stellen sich Europäer wahrscheinlich Kanada vor«, flüstere ich Gaëlle zu.

»So stellen sich auch manch Kanadier das ursprüngliche Kanada vor …«, erwidert Gaëlle lachend.

Ich habe mir angewöhnt, noch mit den Kleidern am Leib unter die Dusche zu steigen, um den gröbsten Dreck abzuwaschen, bevor ich sie im Waschbecken einweiche. Und es ist jedes Mal aufs Neue erschreckend, welch braune Rinnsale gurgelnd im Abfluss verschwinden.

»Ahhh!«, rufe ich glückselig. »Wasser – das unbekannte Element!«

Als wir unsere Schuhe zum Lüften vor die Tür stellen, müssen wir feststellen, dass Gaëlles Paar nun auch nicht mehr viel besser aussieht als meins.

Im Abendsonnenschein sitzen wir als einzige Gäste auf dem langen Balkon des Motels, legen die nackten Füße aufs Holzgeländer und überlegen, was der *Klub Drushba* im nächsten Jahr zusammen unternehmen könnte. Leider muss eine der nächsten Mitwanderinnen absagen. Es ist die zweite Absage, und bei beiden waren plötzlich erkrankte Eltern der Grund. Weil wir jetzt die Generation sind.

Am nächsten Morgen stehen wir überpünktlich auf und gehen mit reichlich Vorsprung zur Bushaltestelle, die gegenüber einer Pferdekoppel und einer über und über mit Schnitzereien verzierten Holzkapelle steht. Im Motel hatte man uns erklärt, dass wir dem Bus winken müssten, damit er hält. Also postieren wir uns an der Straße, bereit, jeden Bus energisch heranzuwinken. Nur leider kommt kein Bus, weder von links noch von rechts. Wir studieren den Busfahrplan ein ums andere Mal, besonders die handgeschriebenen Ergänzungen mit Filzstift, bis klar wird: Der Bus, den man uns im Motel angekündigt hatte, fährt schon lange nicht mehr. In einer Stunde soll der nächste

kommen und der kommt dann zum Glück auch wirklich. Trotz-
dem wartet auf Gaëlle aufgrund der Fehlinformation nun ein
Zwölf-Stunden-Ritt mit unzähligen Umstiegen per Bus und
Bahn. Erst tief in der Nacht kommt sie in Leipzig an.

Slowakei, Juni / Juli 2019

Ich eile zum mit Johann verabredeten Treffpunkt an einem Aussichtsturm auf der anderen Seite des Taleinschnittes. Der gute Mann weiß, was gestresste Fernwanderinnen brauchen, und zückt eine Dose Cola zur Begrüßung.

Im Wald sind die Grenzsteine klein, weiß und unauffällig, aber an der Europastraße markiert ein monumentales Partisanendenkmal den offiziellen Grenzübergang.

Ab und zu gibt es eine Berghütte, einen Skilift oder ein Gipfelkreuz. Ansonsten geht es einsam über fichtenreiche Höhenzüge und blumenübersäte Almen. Abends durchwandern wir eine Siedlung aus wenigen, einfachen Bretterhütten. Jemand spielt auf dem Akkordeon, im Stall wird die einzige Ziege gemolken, der Geruch von Rauch und Kohl liegt über den armseligen Buden. Auf der Höhe eine weitere Siedlung, diesmal gepflegte Wochenendhäuschen mit Blumengärten. Einen Steinwurf entfernt ein Denkmal. Eine kleine Familie mit Hund nähert sich. Die Frau spricht ein wenig Deutsch, die Tochter Englisch. Wir fragen, ob wir auf der Wiese am Rand des Denkmals schlafen und ein Lagerfeuer machen dürfen und bekommen die Erlaubnis.

»Ihr könnt aber auch bei uns im Garten übernachten«, bieten sie uns an.

Dankend lehnen wir ab: Wir wollen im Freien übernachten, dem Sternenhimmel ins ungetrübte Antlitz sehen und dem Duett des nächtlichen Waldes mit dem um die Felsen streichenden Wind lauschen.

»Falls euch was fehlt, gebt einfach Bescheid, unsere Datsche ist gleich dahinten.« Sie deuten auf eines der Häuser.

»Wohnt ihr hier?«

»Nur am Wochenende. Niemand wohnt hier noch wirklich.« Und dann erzählen sie uns die Geschichte zum Denkmal. Einst stand hier ein Bergdorf, abgelegen und einsam lebten hier ein paar Bauern. Bis die Deutschen die Häuser in Brand steckten, weil sie verschanzte Partisanen in den einfachen Hütten vermuteten. Der Ort wurde aufgegeben. Bis man aus den Ruinen in den letzten Jahren ein paar kleine, aber durchaus luxuriöse Wochenendhäuser schuf.

Witzigerweise treffen wir sie am nächsten Tag wieder. Wir marschieren stundenlang eine endlos erscheinende Asphaltstraße aus den Bergen hinaus. Als sich ein Auto nähert, halte ich meinen Daumen raus, eigentlich nur, um Johann zu ärgern, der ja unbedingt jeden einzelnen Meter vom EB mit seinen Schuhsohlen küssen will. Das Auto bremst und als Johann sieht, dass es die Familie vom Vortag ist, lässt auch er sich nicht lange bitten, einzusteigen. Sie lassen uns im nächsten Ort an einer Pizzeria aussteigen.

In Bytča passieren wir ein Renaissance-Schloss und eine Synagoge. Während das Schloss eines Mailänder Meisters aus dem 16. Jahrhundert prunkvoll restauriert ist, ist der Zustand der Synagoge ruinös.

Wir sind froh, Verkehrslärm und Abgaswolken der Neustadt hinter uns zu lassen und wieder ins beruhigende Grün der slowakischen Wälder und Wiesen eintauchen zu können. Am nächsten Morgen führt ein Waldweg steil hinauf, dessen erodierte Furchen einen Meter tief sind. Ich komme kaum vorwärts, weiß nicht, ob es besser ist, in einer Furche oder auf deren Rand zu laufen. Da kommt uns plötzlich mit lautem Motorengeknatter ein mysteriöses Gefährt entgegen. Der schlammige Weg ist so tief eingefahren, dass ich es kaum schaffe, aus den Fahrrinnen zu steigen. Johann zieht mich hoch und mit offenem Mund starren wir auf das, was sich da gefährlich schwankend und mit einem grellen Quietschen nähert. Baumstämme stapeln sich turmhoch hinter dem Fahrer, der sein obskures Vehikel trotz des Rumpelns und Pumpelns ganz gemächlich mit einer Hand lenkt. Auf unserer Höhe angekommen, zieht er die Bremse. Das vollkommen überladene Fortbewegungsmittel entpuppt sich als getunter Kindertraktor. Zur Bremsverstärkung wurde hinten ein Nadelbaum dran gebunden. Wie der Schwanz eines Drachen schleift der schon arg malträtierte Baum über die unebenen Krater des ausgewaschenen Forstwege. Lachend begrüßt uns der Mann und steigt ab. Ein Gesicht von unschätzbarem Alter, die Haut ist sonnengegerbt und faltig, zwei, drei Goldzähne blitzen im ruinösen Gebiss. Die Arbeitskleidung starr vor Dreck. Er dreht sich eine Zigarette und redet auf uns ein. Ich kann auf Slowakisch bestellen, aber ansonsten beherrsche ich nur einen Satz, nämlich den, dass ich kein Slowakisch, aber Englisch und Deutsch spreche.

»Zollstock!«, ruft er freudestrahlend. »Schlagbaum! Butterbrot!«

Wir müssen alle drei lachen und dann erklärt er uns ungeachtet der Verständigungshürden sein Gefährt.

Die Zigarette zwischen den Lippen, zeichnet er die Kubikzahl seines Motors in den Schlamm und zeigt mit den Fingern an, dass er nur vier Liter Benzin brauche, während es bei einem Traktor »sto«, also hundert seien. Dann deutet er auf den Weg, den er hinabgekommen ist und der uns noch bevorsteht, und wischt sich mit dem Ärmel imaginären Schweiß von der Stirn. Er hebt unsere Rucksäcke an und äußert sich mit einer anerkennenden Geste, ist aber der Meinung, dass Johann mir noch einiges an Gewicht abnehmen solle. Der Motor knallt ein paar Mal, als er sein Perpetuum mobile startet und uns in einer schwarzen Abgaswolke zurücklässt.

Es bleibt der Tag der kuriosen Begegnungen, denn ein paar Stunden später treffen wir einen älteren Herrn, der uns mit einem großen Wanderrucksack bepackt entgegenkommt. Aber als wir stehen bleiben und ich zum zweiten Mal an diesem Tag in meinem radebrechenden Slowakisch sage: »Dobrý deň, nehovorím slovensky, hovorím nemecky a anglicky!«, scheint dieser Mann an einer Unterhaltung nicht sonderlich interessiert zu sein, denn er stürmt wortlos an uns vorbei. Dabei wollen wir doch so gerne herausfinden, ob es auch Wanderer aus den anderen Gründungsländern des EB gibt, die auf dem Weg unterwegs sind, oder ob der EB tatsächlich schon völlig in Vergessenheit geraten ist. Denn bis jetzt haben wir noch keinen einzigen Menschen getroffen, der je vom EB gehört hat.

Der folgende Kammweg ist beinahe unbegehbar. Der Pfad ist zugewachsen und zusätzlich mit umgestürzten Fichten blockiert. Wir kriechen und klettern, bleiben mit den Rucksäcken hängen, zerkratzen uns Arme und Beine.

»Hier muss der Commander aber mal für Ordnung sorgen!«, schimpft Johann, als es plötzlich anfängt zu bimmeln.

Jeder von uns denkt, es sei das Handy des anderen. Umso blöder gucken wir, denn uns ruft niemand an. Das Bimmeln aber geht fröhlich weiter. Ich denke sogar kurz, dass es tatsächlich Bert ist, dem es reicht, dass wir ihn für alles verantwortlich machen, was uns am EB nervt. Wir folgen dem Klingeln und stellen fest: Es kommt aus einer umgestürzten Fichte. Johann greift beherzt zwischen die Nadelzweige und zieht ein Handy aus dem Gestrüpp.

»Hallo?«, meldet sich Johann und guckt dabei so skeptisch, wie man nur gucken kann, wenn man glaubt, Opfer eines Scherzes zu werden. Hat der Commander seine Abhörgeräte überall? Aber dann wird seine Miene ernster.

Es ist nicht Bert, es ist der Sohn des älteren Herren, dem wir kurz zuvor begegneten. Der ist schon über achtzig und wandert ganz allein in der Slowakei, ist aber Tscheche. Nun ist auch klar, warum er nicht reagierte: Er hat mich schlicht und ergreifend nicht verstanden.

»We try to catch him!«, versprechen wir dem besorgten Sohn. Allerdings ist die Begegnung schon reichlich eine Stunde her und der Mann war zwar alt und weißhaarig, aber nicht gerade langsam. Falls wir ihn nicht mehr einholen, verabreden wir, das Handy per Post zu verschicken. So oder so: Der Sohn will in einer Stunde wieder anrufen. Also hasten wir wieder zurück. Wir rechnen nicht wirklich damit, den hochbetagten Herren einzuholen, aber schon bald kommt er uns schwitzend und vollkommen aufgelöst entgegen. Er ist heilfroh, sein Handy zurückzuhaben. Per Google-Translator ermahnen wir ihn, erst einmal seinen Sohn anzurufen, was er auch tut. Dann unterhält er sich doch kurz mit uns, der Handyübersetzer macht es möglich. So erfahren wir immerhin, dass er in Prag lebt und jedes Jahr ein paar Tage alleine wandert. Vom EB hat er nie gehört. Wir wünschen ihm viel Glück und kraxeln zurück über Stock, Stein und Schneebruch.

Zum krönenden Abschluss der Absurditäten ertönt genau in dem Moment, als wir am Waldrand unsere Füße auf die heiße Asphaltstraße eines kleinen Dorfes setzen, aus den an den Laternen angebrachten Lautsprechern eine Art Marschmusik. Wir fühlen uns, als ob man uns im Dorf mit einem ordentlichen

Blasmusiktusch willkommen heißt, und können gerade noch den Impuls unterdrücken, nach links und rechts zu winken wie die Queen aus ihrer Kutsche oder der Papst aus seinem Papamobil.

Diese Lautsprecher begegnen uns öfter. Wahlweise ertönt aus ihnen Musik oder eine blechern verzerrte Ansage. Wir finden nie heraus, ob es sich um Nachrichten, das Wort Gottes, Werbung oder Wetterwarnungen handelt.

Hühner gackern, Ziegen meckern, Hundegebell schallt über die unebenen Straßen, Stockrosen wiegen sich im Wind. Mannshohe Sonnenblumen und Malven zieren die schiefen Latten ausgeblichener Zäune, Feuerholz stapelt sich unter krummen Schuppen. Störche brüten auf Dächern und Masten. Ein kleiner Bach plätschert neben dem Sträßchen.

Beim Blick in den Sulower Talkessel, eine von bizarren Felsklippen umgebene grüne Talsohle, fühlt man sich wie der Wanderer über dem Nebelmeer auf dem gleichnamigen Gemälde von Caspar David Friedrich. Beim Abstieg in den Talkessel zeichnet sich der Zwiebelturm der Kirche vor der grandiosen Kulisse im Abendrot ab. Weil wir uns so dringend eine Dusche wünschen, checken wir zum ersten Mal auf einem Campingplatz ein. Hundemüde treffen wir erst im Dunkeln dort ein und sind zu schwach zum Selberkochen. Also lerne ich, dass das genüsslichste Grauen einen Namen hat: Knoblauchsuppe. Die ist zwar saulecker, brennt einem aber auch alles weg. Sie wird nicht zu meinem vierten großen K, obwohl sie geschmacklich durchaus das Zeug dazu hätte.

Am nächsten Morgen verlassen wir den von schroffen Kalksteinfelsen umrandeten Súľovske kotlina. Die Hitze ist beinahe unerträglich. Weit wollen wir nicht, wir machen einen Abstecher in den nahegelegenen Kurort Rajecké Teplice, der für ein pompöses Heilbad namens *Aphrodite* bekannt ist. Weil das *Aphrodite* aber schon von außen mit seinen falschen Marmorbrunnen, goldenen Lorbeerkränzen und griechischen Statuen zu vornehm für unsere schmutzigen Gestalten wirkt, verbringen wir den Nachmittag lieber im örtlichen Freibad. Muskelbepackte junge Männer haben sich in knappe Badehosen gezwängt und stehen mit klobigen Goldketten am Rande des veralteten Schwimmbeckens aufgereiht, als fände hier gleich die Wahl zum Mister Universum statt. Die jungen Frauen tragen nicht weniger knappe Bikinis und spritzen sich kreischend mit Wasser nass, die Kinder machen Arschbomben und die Rentnerinnen ziehen mit ihren bunten Badekappen seelenruhig ihre Bahnen durch das überfüllte Becken. Wir dümpeln in diesem lebhaften Durcheinander am Beckenrand und liegen auf der Wiese, bis sich das Freibad aufgrund eines über die Bergkuppen nahenden tiefschwarzen Gewitters schlagartig leert. In einer im Felsen eingelassenen Kellerbar finden wir Schutz, schlechte Musik und grandios billigen Wein.

Tags darauf zieht es uns doch ins *Aphrodite*-Bad. Seichte ABBA-Coverversionen plätschern in Dauerschleife aus den Boxen. Eisblau leuchten die Becken zwischen korinthischen Säulen, von denen die weiße Farbe blättert, und Arkaden aus Marmorimitat. Goldene Götterstatuen, barbusige Nymphen, geflügelte Löwen, Amphoren, Plastikblumen und künstliche Wasserfälle geben dem Etablissement den letzten Schliff. Hier baden die Reichen und Schönen oder zumindest die, die es gerne wären. Lederhaut, Goldschmuck und Insignien teurer Designer, wohin man auch schaut. Wer mag, kann zusätzliche Heilbehandlungen genießen, die im deutschen Prospekt mit »Parafin und Parafango« oder »schottische Schwuppe« beschrieben werden. Für uns ist das kitschige, schon leicht verlebte Ambiente griechischer Antike nicht der richtige Ort und so kehren wir abends erleichtert wieder in der Kellerbar ein, wo der Wein billig, die Bedienung verlebt und die Kundschaft schlecht tätowiert und auffällig zahnlos ist. Die hier vorherrschende Schäbigkeit ist wenigstens echt und in ihrer Authentizität angenehmer als zur Schau getragener Reichtum und künstlicher Pomp.

Lange hält die Erholung des Kurortes nicht an. Sobald wir die geteerten Straßen hinter uns gelassen haben, lässt der EB wieder seine Muskeln spielen. Der Pfad hinauf in die Malá Fatra ist so steil, dass ich streckenweise rückwärts wieder runterrutsche. Einmal auf dem Kamm, entschädigt der Blick für die Mühen. Schmal und schnurgerade entrollt sich zwischen dicken, borstigen Grasbüscheln, die rötlich schimmern, der Kammweg vor uns wie eine braune Paketschnur. Der Weg, der in sanften Wellen von Sattel zu Sattel führt, scheint gottverlassen und einsam, aber die gut gefüllten Gipfelbücher in den mit bunten Aufklebern übersäten Blechkasten erzählen eine andere Geschichte. Weitere Spuren der Zivilisation gibt es nicht. Aber in unserer Offlinekarte ist ein Hotel vermerkt. Das *Grand Hotel Partyzán* ist unser Ziel. Nicht zum Übernachten, aber um vor dem Schlafengehen noch den drei großen K zu frönen. Den ganzen Tag freuen wir uns darauf. Wir besprechen schon, was wir sonst dort noch alles tun werden: in Ruhe aufs Klo gehen, den Schweiß an einem Waschbecken vom Körper spülen, was Warmes essen oder trinken, die Flaschen auffüllen, Tee und Zucker für den nächsten Morgen stibitzen. Doch als wir dort ankommen, entpuppt sich das luxuriöse Grand Hotel als einfache, aus alten Brettern zusammengezimmerte Bruchbude, wo man seinen Schlafsack auf den Holzbohlen ausrollen kann. Die Enttäuschung ist bitter. Okay, vielleicht hätte uns der Name stutzig machen sollen. Aber da die Erinnerung an die Widerstandskämpfer in dieser Gegend so allgegenwärtig ist, hatten wir in unserer Naivität doch tatsächlich geglaubt, dass man ein mondänes Berghotel mit breiter Terrasse, goldenen Türklinken und dicken, ausgerollten Teppichen nach den Partisanen benannt hat. Immerhin: Wasser gibt es an der nahegelegenen Quelle und ein Plumpsklo ist auch vorhanden. Das Grand Hotel ist überfüllt. Zwei Männer, eine unüberschaubare Anzahl frecher Kinder jeder Altersstufe und einige müde Wanderer belagern jeden freien Zentimeter der Partisanenbude. Wir ziehen den Rückzug an und suchen uns ein windgeschütztes Plätzchen, denn es ist mittlerweile bitterkalt. Johann schleppt riesige Äste Trockenholz an und macht Feuer, ich koche. Sobald die Sonne hinter der Bergkuppe verschwindet, nimmt sie nicht nur das rosafarbene Leuchten mit, sondern auch jegliche Restwärme des heißen Tages. Trotz Daunenjacke, Merinowäsche und Feuer bibbere ich vor Kälte. Nachts schlafe ich kaum, so kalt ist mir. Zum ersten Mal hilft nicht mal die zusätzliche Wärme von Johanns Körper. Außerdem knackt und raschelt und poltert es im nahen Unterholz.

Der Blick morgens aus dem Zelt entschädigt für alles: Es ist ganz still und die Landschaft einfach atemberaubend. Die Sonne scheint warm und grell, als wäre sie nie fort gewesen. So haben wir auch eine grandiose Fernsicht auf die imposante Silhouette der Hohen Tatra. Ich verspüre Hochachtung, als ich die Kulisse dieser fulminanten, schneebedeckten Berge in der Ferne ausmache. Es ist kaum zu glauben, dass ich sie in weniger als einer Woche erreichen werde. Und genau dort, so habe ich es mir errechnet, werde ich meinen vierzigsten Geburtstag feiern.

Aber erst einmal liegt noch das Kerngebiet der Malá Fatra vor uns, das es in den kommenden Tagen zu durchwandern gilt.

Um den Nationalpark zu erreichen, müssen wir erst zur Waag hinabsteigen, um an deren anderem Ufer wieder aufzusteigen.

Dass der Waagdurchbruch während des Zweiten Weltkriegs hart umkämpft war, davon zeugt ein gut erhaltenes Geschütz am

Bergsattel. Die grau lackierte Flugabwehrkanone wirkt inmitten der Bergkulisse surreal und bedrohlich zugleich. Im Angesicht der Flak, deren Lauf immer noch einsatzbereit in die Luft ragt, als habe man das Kriegsgerät gerade erst in Position gebracht, halten Johann und ich uns erst recht an den guten alten Spruch: Make love, not war.

Bis jetzt waren wir alleine unterwegs. Aber nach der Überquerung des Flusses, über dem eine Burgruine aufgrund ihres maroden Zustandes majestätisch und finster zugleich thront, ändert sich das schlagartig.

In der Slowakei ist aufgrund eines Feiertages langes Wochenende und alle Welt scheint in die Malá Fatra zu strömen. Der Aufstieg vom Waagdurchbruch zurück in die Berge ist lang, steil und beschwerlich. Auf dem beinahe senkrecht hinaufführenden schmalen Weg reiht sich bei allerschönstem Sonnenschein Wanderer an Wanderer.

»Was ist bei den Slowaken los?«, schimpfe ich. »Haben die noch nie was von Serpentinen gehört? Was hat sich das Fremdenverkehrsamt dabei gedacht? ›Überwinden Sie tausend Höhenmeter hier und jetzt, Sie haben dafür eine hundert Meter hohe Steilwand zur Verfügung ...‹, oder was?! Ist doch unmöglich, hier raufzukommen!«

Auf halbem Weg kehren wir an einer mit lila Fingerhut übersäten Wiese in einer zünftigen Berghütte ein, wo grobe Schinkenwürste von der Decke hängen und Bärenfelle an der Wand. Das Essen wird in angeschlagenen, roten Emaille-Eimerchen serviert.

»Merke:«, schreibe ich später in den *Klub Drushba*, »Sauerkrautsuppe ist lecker, aber vor dem hundsgemeinen slowakischen serpentinenfreien Steilaufstieg keine gute Investition.«

Denn nach der Stärkung in der Hütte jagt ein Gipfel den nächsten. Der Aufstieg bleibt so steil, dass ich nur Füßchen vor Füßchen setzen kann, um Schrittchen für Schrittchen vorwärtszukommen. Mehrmals rutsche ich dabei rückwärts wieder bergab. Auch nach über 1.500 Kilometern Wandern bringt mich dieser Aufstieg an meine Grenzen. Und während ich mich von Stein zu Stein hangele, hämmert in meinem Kopf permanent ein Gedanke: »Ich kann nicht mehr!«

Es ist wie bei einer Geburt, wo man unter den Wehen glaubt, es nicht zu schaffen, und trotzdem weitermachen muss, bis das Kind auf der Welt ist.

Und genau in diesem Moment realisiere ich: Das ist ja dein Körper, genau dieser Körper, der zwei Kinder zur Welt gebracht und gestillt hat, der Körper, der dich seit fast vierzig Jahren durch die Welt trägt, der Körper, der dich jetzt gerade zu sportlichen Leistungen bringt, die du ihm nicht mehr zugetraut hattest. Und endlich begreife ich: Es ist vollkommen egal, ob dieser Körper dick oder dünn ist, es ist immer derselbe Körper, auch wenn er sich äußerlich verändern mag – und er hat vor allem eins verdient: Respekt und Liebe!

Oben angekommen entlohnt mich eine phänomenale Rundumsicht. Egal wie ich mich drehe und wohin ich blicke: Bis zum Horizont reihen sich Bergketten aneinander. Und vor mir, weiß, dünn und krakelig wie ein mit zittriger Hand gemalter Strich, zieht sich die Kammlinie über die felsigen Hügelspitzen. Am Gipfelkreuz sitzt Johann und wartet auf mich, und das, obwohl ich ihn eigentlich überholt hatte und dachte, dass ich wenigstens ein einziges Mal schneller gewesen wäre.

»Sag mal, bist du eigentlich ein verdammter Harry Potter, oder was?«, schimpfe ich. »Du hast doch da nen fliegenden Besen in deinem Rucksack, gib's zu! Wie kannst du vor mir da sein, wenn du hinter mir warst?!«

Der Harry Potter besitzt tatsächlich magische Fähigkeiten, denn während ich mich noch aufrege, zaubert er lachend eine eiskalte Cola aus seinem Rucksack. »Wenn die Frau Salentin Berg-Tourette hat, kann sie nur Cola besänftigen, das weiß ich doch.«

»Oder Kaktus-Eis.«

»Ja, aber um das gefrorenzuhalten, müsste ich wirklich Harry Potter sein.«

Trotz des mühseligen Auf- und Abstiegs wird die Malá Fatra der Abschnitt auf dem gesamten EB sein, der mir am beeindruckendsten und schönsten in der Erinnerung bleibt, ich schieße unzählige Fotos von den Berggipfeln, Panoramen und Bergflanken, die links und rechts vom Gratweg steil abfallen.

»Diese Natur und diese Sauerkrautsuppe – OMG! Was mache ich bloß in Leipzig?«, schreibt Johanna im Klub.

Der Pfad auf dem Kamm ist schmal und steinig, durchsetzt von kargem Gestrüpp, dessen Wurzelstränge von abertausend Sohlen glänzend gescheuert wurden und dennoch gefährliche Stolperfallen bilden. Meine Trekkingstöcke habe ich längst zusammengeklappt und in der Seitentasche meines Rucksacks verstaut, um beide Hände frei zu haben. Und nun lege ich diese Hände an den weißen, zerfurchten Fels, dessen scharfe Kanten von Jahrtausenden Erosion und der Vielzahl von Händen, die ihn angefasst haben, ganz weich und anschmiegsam geworden sind.

So ziehe ich mich von Felsvorsprung zu Felsvorsprung, um in dieser schwindelerregenden Höhe vorwärtszukommen. Im Laufe des Tages ziehen immer dichtere Wolken auf und am späten Nachmittag wird es plötzlich windig und frisch. Als wir am frühen Abend endlich am Gipfelkreuz des mit 1.709 Meter höchsten Bergs der Malá Fatra, dem Velký Kriváň, stehen, schlägt der Wind mein nassgeschwitztes Hemd so unangenehm kalt gegen meinen Körper, dass ich den Berg umgehend Iwan taufe. Wir sind die einzigen Wanderer, die noch unterwegs sind, die letzte Seilbahn ins Tal ist längst weg und auch sonst ist von den Scharen von Wanderern, die morgens mit uns aufstiegen, keine Spur mehr zu sehen.

»Viel zu kalt hier auf dem Großen Iwan!«, mosere ich und ziehe alles an, was ich dabeihabe. Trotzdem merke ich schon beim Abstieg, dass ich eine Blasenentzündung bekomme. Der Wind wird innerhalb von Minuten immer stärker, die Schmerzen auch.

»Lass uns bitte das Zelt irgendwo aufschlagen, wo wir einigermaßen windgeschützt sind!«, schlage ich vor und frage mich, wie ich eine solch eisige Nacht mit Blasenentzündung überstehen soll. Johann steuert die Bergstation der Seilbahn an, in der Hoffnung dort ein windgeschütztes Plätzchen im Schutz einer Mauer zu finden. Wir müssen uns regelrecht gegen den Wind stemmen, dessen Böen ungebremst über das Plateau jagen. Leider ist das Gebäude der Seilbahn ebenfalls von allen Seiten windumtost, auf dem freien Bergrücken bietet auch keine Mauer Schutz. Ein paar hundert Meter weiter steht eine gläserne Skiliftstation, nicht größer als ein Bushäuschen, aber die Tür ist natürlich verschlossen. Auf einem Wegweiser sehe ich, dass es in dreißig Minuten Gehzeit eine Berghütte gibt.

»Lass uns dorthin gehen. Wir werden kein Bett mehr bekommen, aber vielleicht erlauben sie uns, das Zelt draußen aufzustellen, dann hab ich wenigstens eine Toilette in der Nähe.«

Mittlerweile sind die Schmerzen so schlimm, dass mir die Tränen kommen. In meiner Verzweiflung rufe ich Magdalena an, denn sie ist schließlich nicht nur meine beste Freundin, sondern auch Hebamme, hat ergo Fachwissen über mein Problemchen. Während ich noch froh bin, überhaupt Empfang zu haben, legt Magdalena schon los: »Nun ja«, sagt sie. »Dir ist schon klar, dass man eine Blasenentzündung nicht umsonst Flitterwochen-Krankheit nennt?«

»Ja, na gut«, gebe ich kleinlaut zu. »Aber mein Gott Magda, wir waren halt beide vorher lange alleine!«

»Ja ja, ich wollt's ja nur erwähnen …«, frotzelt sie und trotz der Schmerzen muss auch ich lachen. Sie empfiehlt mir, sofort eine Apotheke aufzusuchen.

»Das geht nicht. Wir sind in der Malá Fatra und kommen frühestens übermorgen wieder in die Zivilisation. Ich habe Schmerztabletten und ein Breitband-Antibiotikum für Notfälle.«

»Nimm das auf jeden Fall. Mit Blasenentzündung ist nicht zu spaßen. Wenn du zu lange wartest, knockt es dich nachher nur komplett aus. Und viel, viel trinken, auch wenn es weh tut. Am besten Brennnesseltee.«

Im Licht der untergehenden Sonne trotten wir also auf dem geschotterten Weg zur Chata pod Chlebom und halten Ausschau nach Brennnesseln. Aber obwohl es sie sonst immer zuhauf gab, finden wir keine einzige. Ein paar Himbeerblätter kann ich von einem mageren Strauch zupfen, mehr gibt die karge Vegetation in dieser Höhe nicht her. Ich kann kaum noch laufen, so schlimm sind die Schmerzen mittlerweile. Mir wird richtig bange, weil ich fürchte, dass wir vor einem völlig überfüllten oder womöglich geschlossenen Haus stehen werden, wo wir im schlimmsten Fall nicht einmal unser Zelt aufbauen dürfen. Und was, wenn das Antibiotikum nicht anschlägt? Der Gedanke an die Strecke, die zwischen uns und dem nächsten Arzt oder einer Apotheke liegt, macht mir Angst.

Aber dann stehen wir plötzlich unvermittelt vor einem gigantischen Basislager: Unzählige Zelte scharen sich um eine kleine krumme Hütte, aus deren Kamin Rauch aufsteigt. Im Wassertrog einer Quelle kühlen Wanderer ihre brennenden Füße und waschen ihr Geschirr, auf dem Dachboden der Chata reiht sich Isomatte an Isomatte, Zeltkuppen wohin man auch sieht, selbst am Hang und im Gebüsch. Dazwischen liegen reihenweise Menschen dicht an dicht in bis über die Nasenspitze gezogenen Schlafsäcken und starren in den freien Himmel. In der Chata drängen sich mehr als hundert Leute um dampfende Schüsseln mit Gulasch und Halušky und stemmen große Humpen Bier, während die Kellnerinnen die fertigen Bestellungen über die Köpfe der lautstark schwatzenden Menge hinweg ausrufen. Völlig erschlagen von diesem Gewusel lassen wir uns am einzigen freien Tisch vor der Hütte nieder, wo nicht minder laut gegessen, getrunken und gekocht wird. Und während auch ich meinen Kocher zusammensetze, torkelt alleweil jemand aus der bulligen Wärme in die aufziehende Nacht und verschwindet in der Zeltstadt oder auf dem Dachboden, manch einer auf allen Vieren. Da beschließen wir, dass es in diesem Arrangement fou auch noch ein Plätzchen für unser Zelt geben muss, zumal ich am Zaun neben der Quelle endlich Brennnesseln erspäht habe. Ich koche einen ganzen Liter Tee, den ich trinke, während Johann das Zelt in eine schmale Lücke des Basislagers quetscht und unser Abendessen vor sich hin köchelt. Dann krame ich Antibiotikum und Schmerztabletten aus meinem Medikamentenbeutel und nehme eine Ibuprofen.

»Wenn es in einer Stunde nicht besser ist, nehme ich das Antibiotikum.«

»Mach das. So was kommt halt von so was«, meint Johann.

Zu schade aber auch.

Wenigstens wirkt die Schmerztablette schnell und zuverlässig. Direkt nach dem Essen ziehe ich mehrere warme Schichten an und krieche in den Schlafsack. Das Antibiotikum lege ich griffbereit neben meine Stirnlampe, die ich in dieser Nacht sehr häufig brauchen werde.

Nach Hüttenschluss wird erstaunlich klar und melodiös gesungen, dann hört man nur noch Schnarchen und die knirschenden Schritte verspäteter Klogänger. Bis der morgendliche Aufbruch beginnt, wird es tatsächlich eine friedliche Nacht.

Am nächsten Morgen sind meine Beschwerden merklich besser, und das ganz ohne Antibiotikum. Während manch einer schon das erste Bier öffnet, fülle ich meine Trinkflasche mit frisch gekochtem Brennnesselsud. In den nächsten Tagen sammle und trinke ich präventiv weiter fleißig Brennnesseln und Himbeerblätter. So gewöhne ich mir an, ständig Kräuter zu sammeln und daraus abends Tee zu kochen. Wilder Thymian, Johanniskraut, Minze, Himbeer- und Brombeerblätter landen in der kleinen Tasche meines Bauchgurts und Zuckertütchen aus Cafés und Berghütten in Johanns Hosentaschen. Einmal begehen wir bei unserer abendlichen Teezeremonie den Fehler, meinen Kochertopf direkt in die Flammen des Lagerfeuers zu stellen. Das Wasser brodelt zwar innerhalb von Sekunden, aber danach stinkt der Topf und somit auch mein ganzer Rucksack wie ein hundertjähriger Räucherofen.

Beim Frühstück erfahren wir, dass unsere wilde Übernachtung oberhalb des *Grand Hotel Partyzán* nicht nur verboten, sondern auch gefährlich war. Das hier sei schließlich Bärengebiet. Mir wird im Nachhinein ganz anders, wenn ich daran denke, wie nachts etwas Großes um unser Zelt schlich.

Wir laufen zurück zur Seilbahnstation. Am Großen Iwan ist die Hölle los. Wo wir am Abend zuvor ganz alleine standen, reihen sich die Wanderer bis zum Gipfel aneinander. Aus der Ferne sehen sie aus wie eine bunte geschäftige Ameisenstraße. Es sieht aus wie die Schlange von Bergsteigern, die sich alljährlich am Gipfel des Mount Everest staut. Froh, diesem Rummel entgangen zu sein, folgen wir dem EB, der zwar nicht leer, aber auch nicht so überlaufen ist. Wieder sind es spektakuläre Gratwege. Die hellgrünen Hügelflanken sind mal stark zerfurcht, mal sanft geschwungen. Die mit Wildblumen durchsetzten Wiesen scheinen unendlich. Weit unten die Baumgrenze, wo sich zögerlich das dunkle Grün einzelner Sträucher wie runde Punkte in den helleren Farbton mischt, bevor es zur geschlossenen Fläche tiefer Wälder wird. Manch Berg ist gekrönt von grauen Felsspitzen, die sich scharf und kantig in den Himmel erheben. Über einen davon führt der EB: den Vel'ký Rozsutec, der auch das Wappen des Nationalparks schmückt. Bevor wir uns an den Anstieg wagen, liegen wir in der Talsohle, in der sich zwei Wege kreuzen, im hohen Gras und betrachten den 1.610 Meter hohen Berg. Schon nach der ersten Hälfte sieht das helle Wegkreuz der zwei sandigen Trampelpfade, an dem wir kurz zuvor noch ruhten, winzig klein aus. Der Weg führt steil und schmal zwischen niedrigem Nadelgewächs nach oben. Auf dem sandigen Grund rutsche ich mehrmals rückwärts, denn natürlich geht es auch hier schnurgerade aufwärts, von erleichternden Kurven keine Spur, aber das spielt auf der zweiten Hälfte des Aufstiegs auch keine Rolle mehr, denn ab jetzt heißt es: klettern. An einigen Stellen helfen lange Eisenketten, die im Fels verankert sind, ansonsten muss man selbst gucken, wie man es schafft, sich im dünnen Felsschacht hochzuzichen. Dabei zieht mich das Gewicht des Rucksacks mehrmals bedrohlich nach hinten oder ich bleibe mit den Spitzen der am Rucksack verstauten Trekkingstöcke im Fels hängen. Johann ist natürlich längst vorausgestürmt, nur einmal kann ich seinen Umriss auf einem Vorsprung sehen, wo sich seine Gestalt dunkel vor dem grellen Mittagshimmel abzeichnet.

Kurz vor dem Gipfel sichern an der einen Seite wieder im Fels verankerte Eisenketten den Wanderer davor, in die ungesicherte Tiefe zu stürzen. Einen Pfad gibt es hier nicht, jeder Tritt muss sorgfältig und sicher in den zerklüfteten Fels gesetzt werden.

Das letzte Stück der Kletterpartie zieht sich schließlich über den schmalen Grat des Bergrückens, bis man endlich auf dem mit einem eisernen Kreuz gekrönten Gipfel ankommt.

Natürlich ist das Gefühl, dort oben zu stehen, von absoluter Erhabenheit bestimmt. Es ist die Siegesgewissheit, eine schwierige Aufgabe gemeistert zu haben. Mir wäre allerdings lieber gewesen, vorher gewusst zu haben, was auf mich zukommt. Hinweise darauf, dass es sich um einen Klettersteig handelt, gab es nicht. Ich frage mich, wie viele Menschen wohl auf der Hälfte der Strecke hängenbleiben, unfähig, nur einen Schritt weiter vor oder zurück zu gehen. Für alle, die nicht schwindelfrei und klettererfahren sind, als auch für Kinder und ältere Menschen scheint der Weg mir absolut nicht geeignet zu sein. Also informiere ich die rasende Rentnerin über die vor ihr liegende Kletterstrecke und die damit verbundenen Strapazen und rate ihr, den Vel'ký Rozsutec gemäß der Routenbeschreibung im Wanderführer zu umgehen. Sie bedankt sich in ihrer fröhlichen und zugleich zackigen Art, denn Klettern ist tatsächlich das Letzte, was sie unterwegs erleben will. Obwohl wir uns immer noch nicht persönlich begegnet sind, habe ich sie längst ins Herz geschlossen. Ich ziehe meinen Hut vor dieser Frau, die beinahe doppelt so alt ist wie ich und den Weg der Freundschaft trotz aller Widrigkeiten so unerschrocken und enthusiastisch erobert.

Der Abstieg ist glücklicherweise nicht mit ganz so vielen Kletterpassagen verbunden, aber der anschließende Weg aus dem Nationalpark Malá Fatra hinaus führt genau so steil und gerade bergab, wie er hinaufführte. Ich befürchte, den ersten Muskelkater der Tour zu bekommen. Während Johann mit großen Schritten voranpoltert, komme ich kaum hinterher. Das fehlende Profil meiner Sohlen macht sich unangenehm bemerkbar. Ich versuche, meine eigenen Serpentinen zu laufen, aber da es neben dem Pfad nicht weniger abschüssig ist, ist dieses Vorhaben sinnlos. Irgendwann komme ich zur Überzeugung, dass es wahrscheinlich am einfachsten wäre, auf dem Hintern den Hang hinabzurutschen und zu hoffen, dass man an keinem Baumstamm hängenbleibt, bis man im Tal an der richtigen Stelle landet.

Ich bin richtig froh, dass es in den Tagen danach eher gemäßigt weitergeht, wenn auch wie gewohnt ständig bergauf und berg-ab. Einmal stehen wir völlig unvermittelt mitten in einer riesigen Wildschweinrotte. Die Bachen und Frischlinge gucken uns nicht weniger irritiert an als wir sie. Wer schneller verschwindet, ist nicht überliefert. Auf einem Kamm finden wir ein altes Originalschild aus der Gründungszeit des EB. Es ist rostig und verbogen und beinahe ganz verschlungen vom Baumstamm, an dem man es einst befestigte.

Johann erzählt, dass sich sein Freund Denny vor ein paar Wochen ebenfalls auf den Weg gemacht hat. Der Einfachheit halber hat er den gesamten deutschen Abschnitt übersprungen und ist gleich an der tschechischen Grenze gestartet. Und gegen Denny ist selbst Johann langsam. Keine Ahnung, wie der Kerl das macht, aber er kommt mit Riesenschritten voran. Er hat sogar die rasende Rentnerin überholt.

»Das geht aber nicht, dass der mich nachher noch einholt!«, nörgelt Johann. »Rebecca, ich glaub, ich muss bald ohne dich vorauseilen, sonst ist das ja peinlich!«

»Klar, männlicher Ehrgeiz, ich verstehe.«

Einmal scheitern wir an der Wegführung: Der Pfad verschwindet gänzlich im hohen Dickicht des Waldes, sodass wir für vier Kilometer zwei Stunden brauchen. Während ich noch über diesen hundsgemeinen slowakischen Durchschlagweg schimpfe, ruft Johann einmal mehr: »Das müssen wir aber dem Commander melden!«

Überhaupt bleibt Bert auch über tausende Kilometer Entfernung unser Trailangel: Kommen Fragen zur Geschichte des EB auf, fragen wir natürlich ihn. Und manchmal, wenn es zu völlig absurden Situationen auf dem EB kommt, sagen wir: »Wenn das der Commander wüsste!«

Meist ist die Landschaft einsam und verlassen, kommen wir doch einmal an eine Hütte oder in ein Dorf, ist jedes flatternde Kofola-Schirmchen Grund genug, einzukehren.

Im Juli sind die meisten Heuwiesen abgemäht, junge Maispflanzen stehen aufrecht und knallgrün zwischen verdorrten gelben Grasstoppeln.

Am Oravská priehrada, Stausee und größtes Gewässer der Slowakei, begegnen wir einer Feriengruppe. Zwei Erzieherinnen gehen den in Zweierreihen marschierenden Kindern voraus. Mit erhobenen Stöckchen dirigieren sie nicht nur den Gleichschritt der Truppe, sondern auch die laut vorgetragenen Verse eines Liedes. Voller Inbrunst schmettern die Kinder die vorgegebenen Reime laut und begeistert nach. Melodie und Intonation klingen verdächtig nach einem rassistischen Lied, das ich aus meiner Kindheit kenne. Fassungslos schüttele ich den Kopf.

Und dann ist sie plötzlich direkt vor uns: die Tatra. An ihrem Fuß liegt Oravice. Der Ort besteht aus ein paar Blockhütten, einem Campingplatz, Fressbuden und Souvenirständen. Grund für diese Ansammlung mitten im Nirgendwo sind heiße Quellen. Die polnische Grenze ist nur einen Steinwurf entfernt. Der EB führt vom slowakischen Oravice direkt ins polnische Zakopane und umgeht dabei die Tatra. Ich aber möchte das Hochgebirge genauer erkunden und selbst EB-Musterschüler Johann entscheidet sich im Angesicht der mächtigen Berge für seine erste Abweichung von der Originalroute. Wir beschließen, uns einen Ruhetag im Thermalbecken zu gönnen, um erholt und gestärkt an die Besteigung der höchsten Erhebungen der Karpaten zu gehen.

Das Bad ist klein und einfach und hat gerade deswegen einen ganz besonderen Flair. Man sitzt unter freiem Himmel im heißen Wasser. Der Baustil heißt Brutalismus: Mehr als ein einfaches Betonbecken hat die Anlage mit Sowjetcharme nämlich nicht zu bieten. Das Publikum ist vorwiegend alt. Die Frauen tragen blumige Badekappen, die Männer ausgeblichene Bademäntel mit Mustern, die vielleicht in den Siebzigern modern waren. Im Pool sitzen die Rentner dicht an dicht. Lässig an den Beckenrand gelehnt, die Augen hinter verspiegelten Sonnenbrillen, das schüttere Haar unter Pelzmützen verborgen. Bei jedem Lachen blitzen Goldzähne. Das Bad mag ohne jeglichen Luxus auskommen, aber man hat einen unbezahlbaren Ausblick. Direkt an das Schwimmbadgelände grenzt der dunkle Wald, über dessen Baumwipfeln die Berge der Tatra in den Himmel ragen. Eingehüllt in Schwefeldampf betrachten wir ehrfürchtig diese hohen Buckel, die es in den nächsten drei Tagen zu bewältigen gilt.

Polen, Juli 2019

Zwei Tage vor meinem Geburtstag brechen Johann und ich auf. Wir kommen nicht weit. Es regnet so stark, dass wir das Schlimmste in einer Fressbude neben dem Thermalbad aussitzen. Da der Regen aber kein Ende zu nehmen scheint, kapitulieren wir irgendwann und marschieren trotzdem los. So sind wir die einzigen Wanderer weit und breit in dem weiten Bachtal, das so üppig bewachsen ist, dass man den Bach gar nicht sieht. Am dominantesten ist der Pestwurz vertreten. Die Pflanze ähnelt dem Rhabarber: riesige grüne Blätter an kräftigen, langen Stielen. Vor uns erstreckt sich ein Meer aus Blätterkelchen der Schwemmlandpflanze und darüber, wie sprühende Gischt, der Dunst. Tief und ausgefranst hängen die Wolken über der Erde, verschlucken die dunklen Nadelbäume an den Hängen, verleiben sich schmatzend und schlürfend alles ein, was nicht direkt vor unseren Augen liegt.

Wir stülpen uns Pestwurzblätter über den Kopf, freilich ohne deswegen weniger nass zu werden. Im Wald sind die Wege schlammig. Es geht steil bergan und wird immer kälter, je höher wir kommen. Ich bin einmal mehr froh, dass ich meine Daunenjacke noch habe. Der erste Tag in der Tatra lässt sich am besten mit den Worten arschkalt und klatschnass beschreiben. Auf dem Grat sehen wir nur eine Armeslänge weit. Und es beginnt zu schneien. Nur am Gipfelkreuz des 1.653 Meter hohen Lúčna Grzeš treffen wir andere Menschen, zwei Frauen mit kleinen Tagesrucksäcken. Wir kommen ins Gespräch und es stellt sich heraus, dass sie dem polnischen Tourismusverband PTTK angehören. Vom EB haben sie noch nie gehört, sind aber hellauf begeistert. Sie fragen nach unserer weiteren Wegplanung. Als wir ihnen diese auf unserem Handy zeigen, raten sie uns, lieber umzukehren und mit ihnen in die Schronisko na Polanie Chochołowskiej zu gehen, da die nächste Schutzhütte auf unserem Weg nicht mehr existiere und jede weitere zu weit weg sei, um sie an diesem Tag noch zu erreichen. Wir wiegeln ab, weil wir mit unserem Zelt nicht auf eine Hütte angewiesen sind. Da klären sie uns darüber auf, dass Zelten hier nicht erlaubt ist. Und sie raten uns nochmal ausdrücklich davon ab, weiterzugehen. Der Kammweg sei wegen des Regens und dem Temperatursturz vereist. Jeder Schritt auf den glatt gefrorenen Steinen könne zu Stürzen führen, der Nebel zu Orientierungslosigkeit und Fehltritten. Sie bieten uns an, uns in der Schronisko eine Alternativroute für den nächsten Tag herauszusuchen und uns mit weiteren Tipps zu versorgen. Außerdem wollen sie so viel wie möglich über den EB erfahren. Na gut.

Kurz bevor es dunkel wird, treffen wir an der Berghütte ein. Die aus groben Steinen gemauerte Schronisko liegt auf über tausend Metern geschützt im Tal, polnisch Dolina, Chochołowska. Sie ist gigantisch. Kleine, einfache Zimmer liegen Tür an Tür an ellenlangen düsteren Fluren. Im Speiseraum herrscht geschäftiges Treiben. Menschen wickeln Butterbrote aus, gießen kochendes Wasser auf Fertiggerichte oder balancieren vollbeladene Tabletts durch den Saal. Nachdem wir unsere Betten bezogen haben, sitzen wir mit den zwei Polinnen zusammen, essen und plaudern. Bei einer Tasse Tee beugen wir danach unsere Köpfe über die Papierkarte und lassen uns verschiedene Wegvariationen erklären. Wir entscheiden uns für die Tour, die laut den PTTK-Expertinnen die schönste ist. Es ist im Grunde die, zu der wir morgens aufbrachen, die sogenannte polnische Durchquerung der Tatra. Man wandert von Gipfel zu Gipfel, immer auf dem polnisch-slowakischen Grenzkamm, wobei es gleich mehrere 2000er zu besteigen gilt. Zum Übernachten müssen wir die Schronisko na Hali Ornak erreichen. Da ich mich, meine Aufstiegsaversion und mein Schneckentempo kenne, bekomme ich Angst.

»Wir ziehen das zusammen durch«, beruhigt mich Johann. »Und wenn wir erst um Mitternacht in der Hütte ankommen: Ist doch vollkommen egal!«

Wir brechen früh auf. Regen, Wolken und Nebel haben sich verzogen und endlich können wir mehr als am Vorabend vom Tal und den Bergmassiven sehen, die es einkesseln. Bis zur Gründung des Nationalparks Tatra in den fünfziger Jahren wurde hier Almwirtschaft betrieben. Davon zeugen noch die saftigen Wiesen, die sich den Hang hinaufziehen, und eine handvoll einfache, verwitterte Holzhütten, in denen Käse geräuchert wird. Der Klang der Glöckchen einer Schafherde, die über die Weide zieht, hallt hell und silbrig zu uns hinab.

Erst ist der Weg noch breit und eben, führt immer am Lauf eines Baches entlang, beginnt dann aber stetig zu steigen. Bis zur Baumgrenze ist der Wald tief und einsam. Bald ist der Pfad nur noch ein schmales steinernes Band, das in der Spalte zwischen zwei grünen Hügelflanken kühn hinaufführt. Die Vegetation ist niedrig, aber von dichtem Wuchs: ausladende Farne, Heidelbeerbüsche und krummes Nadelgestrüpp. Je höher wir kommen, desto weniger üppig wird die Flora. Auf dem Bergrücken hat sie sich zu einer kargen steppenähnlichen Graslandschaft ausgedünnt. Der Anstieg ist lang und steil, aber weil er nicht so schnurgerade ist wie in der Malá Fatra, erscheint er mir weniger beschwerlich. Bald gibt es nur noch Geröll und Gras. Wieder entrollt sich der schmale Kammweg vor mir wie der rote Faden der Ariadne, und auch wenn es mühselig ist, so muss ich doch nichts anderes tun, als diesem durch das Labyrinth des Gipfelmeers zu folgen.

Und dann ist es so weit: Zonenbeckis erster Zweitausender ist bestiegen. Wohin das Auge sieht: karge Gesteinsbrocken, Moosflechten und ein paar zähe Büschel Gras. Die Wälder liegen tief unten in den Bergeinschnitten wie dunkle Schatten. In der Ferne die schneebedeckten Spitzen der noch höheren Gipfel, der Berge, die die wirkliche Hohe Tatra bilden und für uns unerreichbar bleiben.

Der heroische Moment wird kurz getrübt, als ein Extremläufer leichtfüßig am Gipfelkreuz vorbeijoggt, um den nächsten Gipfel im Schnelltempo zu stürmen. Den peilen auch wir an, allerdings in weitaus gemäßigterem Schritt. Gemsen springen an der Hügelflanke hinab, waghalsig und furchtlos mit der Überlegenheit der Trittsicheren. Der gesamte Tag besteht aus einem ungleichmäßigen Rhythmus aus Auf- und Abstiegen, mal kraxeln wir über kaltes Gestein, mal geht es über sanft geschwungene Höhenrücken. Schneefelder liegen in den Hügelfurchen, oft leuchtet einige hundert Meter tiefer das Schmelzwasser eisblau in ovalen Bassins.

Wir erreichen die PTTK-Hütte nicht um Mitternacht. Wir sind sogar lange vor Sonnenuntergang dort.

»Sind wir nach der Malá Fatra mit allen Wassern gewaschen oder warum kam mir das jetzt nur halb so schlimm vor?«, wundere ich mich und schlafe mit einem Gefühl von Siegesgewissheit und Vorfreude auf meinen Geburtstag trotz des vielstimmigen Schnarchkonzerts im Mehrbettzimmer selig ein.

Dann ist es Morgen und ich bin vierzig. Der Tag, auf den ich so lange hinfieberte, bricht an.

In der Schronisko herrscht geschäftiges Treiben. Der Wettertafel entnehme ich, dass es mittags gewittern soll. Auf der Wanderkarte daneben fahre ich mit dem Finger die Route nach, die uns die PTTK-Damen für heute empfohlen haben. Erst jetzt sehe ich, wie tief im Tal die Hütte liegt und dass es von ihr gar nicht weit zum Hauptausgang aus dem Nationalpark ist. Ich habe also die Möglichkeit, noch eine mörderische Tagestour zu absolvieren und erst abends in Zakopane einzutreffen oder ganz gemächlich durch das Tal zum Busparkplatz zu spazieren.

Und irgendwie habe ich plötzlich das Bedürfnis, meinen restlichen Geburtstag alleine zu verbringen. Die Zeit mit Johann ist schön, aber es ist eben auch nicht mehr als eine Affäre, eine flüchtige Zufallsbekanntschaft, mit einem, der in mein Leben gestolpert ist. Ich will diesen Tag, der für mich so wichtig ist, diesen Scheitelpunkt in meinem Leben, ganz bewusst spüren. Außerdem hat es zeit meines Lebens an meinem Geburtstag geregnet, auch wenn ich mitten im Juli geboren bin. Und obwohl der Himmel jetzt gar nicht danach aussieht, will ich dem Glauben schenken, was der Wetterdienst ankündigt und wovor die Belegschaft der Hütte die Wanderer eindrücklich warnt. Ich finde es nicht gerade verlockend, mich auf einem kahlen Zweitausender zu befinden, wenn es blitzt und donnert. Mir ist an meinem Geburtstag nun doch eher nach Kaffee und Kuchen, nach Dusche und Bett, nach Sekt und feinem Essen, nach Telefon- und Internetempfang.

Außerdem hat Denny den Ehrgeiz, Johann einzuholen, noch nicht aufgegeben. Weil Johann wiederum den Ehrgeiz hat, sich nicht einholen zu lassen, möchte er ab nun den Speedy Gonzales des EB machen. Und schon am nächsten Tag bekomme ich wieder Besuch: Meine Schulfreundin Tamara sitzt längst mit

Mann und Sohn im Auto, um den langen Weg von München nach Zakopane dem Kind zuliebe in Etappen zurückzulegen. Soll Johann doch rennen, wie er möchte; wir werden uns in aller Ruhe dem Tempo des vierjährigen Aaron anpassen und uns eine Woche lang durch die niedere Tatra chillen.

Waren wir auf dem Kamm noch beinahe alleine, so kommen mir durch das Dolina Kościeliska Scharen von Touristen entgegen, die in ihren bunten Regenponchos aussehen wie Ostereier, denn natürlich lagen Wettervorhersage und Hüttenbetreiber richtig: Es regnet. Als ich mich umdrehe, sehe ich genau dort, wo Johann sein muss, dicke schwarze Wolken.

Der Bach, polnisch Potok, Kościelisko, der parallel zum Weg verläuft, ist geschwollen, in weißen, milchigen Strudeln umspielt das Wasser die Gesteinsbrocken.

Ich flechte mir einen riesigen, ausladenden Kranz aus den Blumen, die ich am Wegesrand finde, (auch wenn ich sehr wohl weiß, dass das im Nationalpark verboten ist, aber ich kann nicht widerstehen, mir diesen Kindheitstraum zu erfüllen, an meinem Geburtstag einen Blumenkranz auf dem Kopf zu tragen).

Mein Geburtstag ist genau so schön, wie ich es mir gewünscht habe. Ich reihe mich in den Strom der Touristenmasse ein, die sich durch Zakopanes Fußgängerzone schiebt, und zwar in Daunenjacke und Schlafleggins, den einzigen trockenen Kleidungsstücken, die ich im Rucksack finden konnte. Ich esse Eis, trinke Sekt und telefoniere stundenlang mit allen, die mir wichtig sind. Zakopane kommt mir vor wie ein eigens für den Tourismus geschaffenes Bühnenbild: Zwar gibt es dunkle, reichhaltig verzierte Holzfassaden, aber dahinter verstecken sich teure Boutiquen. Kutschen bahnen sich den Weg durch die Menge. Die Gassen sind übersät mit kleinen Verkaufsständen, die folkloristisch anmutende Souvenirs feilbieten oder den für die Region typischen Räucherkäse, den Oscypek. Die

Rinde des salzigen Hartkäses aus Schafsmilch ist mit Ornamenten versehen. Man kann ihn kalt essen oder warm mit Preiselbeermarmelade. Käse, Balkenschnitzwerk, Dachgauben, geblümte Tücher, Schürzen mit Lochstickerei, mit Blumen bestickte Westen und Hosen, breite Gürtel und schwarze Hüte: All das gehört zur Kultur der Górale, die das Almenvorland Podhale bewohnen.

Tamara und ihr Mann Gregor sammeln mich vor dem Hotel ein. Ich warte unter dem Vordach, weil es wieder regnet. Als sie kommen, spurte ich auf die Straße und springe eilig auf den Beifahrersitz. Hinter mir sitzt Aaron in seinem Kindersitz. Ich habe ihn zuletzt gesehen, als er ein Baby war. Der kleine Kerl ist unglaublich eloquent und gewitzt für sein Alter und beschwert sich auf meine Frage, wie die Reise bisher war, lautstark über den Rastplatz in Bratislava, wo sie die letzte Nacht schliefen, der habe nämlich ausgesehen wie ein Gefängnis.

Wir lassen das Auto auf dem bewachten Parkplatz der Standseilbahn stehen. Ich bekomme ein Gingerbeer und ein Armband aus essbaren Liebesperlen zum Geburtstag, dann ziehen wir die Regenjacken an, schultern die Rucksäcke und los geht's. Die Standseilbahn bringt uns zügig hinauf zum EB. Auf dem Höhenrücken Gubałówka geht es bequem voran.

Ich kenne Tamara seit der fünften Klasse. Morgens kamen wir mit verschiedenen Schulbussen aus den umliegenden Eifeldörfchen an der Haltestelle unseres Gymnasiums an. Mit drei weiteren Mädchen aus der Klasse bildeten wir bald eine Clique. Es war genau die Clique, die sich damals die Kondome teilte. Zusammen hatten wir uns von unsicheren Sextanerinnen, die auf dem Schulhof umhergeschubst und im Schulbus geärgert wurden, zu coolen Oberstufenschülerinnen gemausert, mit Lederhosen und einem Päckchen Tabak in der Hinterntasche.

Tamara hatte ein Pony, außerdem zwei Hunde, diverse Katzen und eine Zeit lang sogar einen Papagei. Sie träumte davon, Tierärztin zu werden. Nach dem Abitur lernte sie Tierarzthelferin, bevor sie sich mit beinahe dreißig entschloss, doch noch Veterinärmedizin zu studieren. Dazu zog sie nach München. Wir hatten in den letzten Jahren nur noch sporadisch Kontakt, telefonierten ein, zwei Mal im Jahr und sahen uns unregelmäßig zu großen Feierlichkeiten.

Natürlich ist das Wandern mit einem vierjährigen Jungen völlig anders. Wir gehen langsam und machen viele Pausen, der Tag ist bestimmt vom Rhythmus des Kindes und seinen Bedürfnissen. Als Tamara Interesse bekundet hatte, sich am *Klub Drushba* zu beteiligen, war uns allen von Anfang an klar gewesen, dass es in der gemeinsamen Zeit nicht um Kilometer gehen würde.

»Mit Kindern ist es eben immer so, wie es für das Kind am besten ist!«, beruhigte ich sie, als sie Zweifel äußerte, weil sie mich auf der Wanderung nicht bremsen wollten. Ich freute mich so sehr, dass sie mitkommen wollten, dass es mir vollkommen Wurst war, wie weit wir zusammen kamen. Von da an hielten Tamara und Gregor den Klub auf dem Laufenden. Sie machten kleine Probewanderungen mit Aaron und testeten Zelt, Schlafsäcke und Isomatten im heimischen Garten. Gregor fachsimpelte mit mir über alle Fragen rund um die Ausrüstung, fragte nach Wassersäule und Kondensationsproblemen, Kunstfaser oder Daune, Spiritus oder Gas, dabei hat er von solchen Dingen viel mehr Ahnung als ich Greenhorn, weil er schon mehrere längere Touren mit Zelt und Rad unternommen hat.

Das erste gemeinsame Camp schlagen wir auf einer wilden Wiese auf. Das Gras ist nass, aber glücklicherweise regnet es nicht mehr. Unsere Zelte stehen geschützt hinter einer Baumreihe aus dichtem Gestrüpp. Genau das wird uns beinahe zum

Verhängnis, als zwei Quads mit vollem Tempo durch die Böschung brechen.

Als ich meinen Kocher zusammenbaue, fängt Gregor schallend an zu lachen. »Sag mal, Rebecca was genau machst du da? Hast du den etwa die ganze Zeit so zusammengesetzt?«, fragt er und zeigt mir, wie man die einzelnen Teile richtig zusammenschraubt.

»Oh, schön, dass ich das ganze drei Monate lang nicht gecheckt habe. Na ja, aber dafür koche ich jetzt ein teuflisch gutes Kartoffelpüree …«

Auf einer Plane sitzend schneiden Aaron und ich Speck, um ebenjenes fade Püree aufzupeppen. Meine Campingküche ist eintönig: Polenta, Linsen, Kartoffelbrei, Tomatensuppe, Reis, Chinanudeln oder eben die drei großen K. Gesund kann das nicht sein.

Ich verbrachte meine Nachmittage früher immer gerne bei Tamara, nicht zuletzt deshalb, weil es bei ihr einen Fernseher, Joghurtdressing aus der Flasche und Zitronen-Krümel-Tee gab; alles Dinge, die meine Mutter niemals toleriert hätte. Bei uns kamen Sellerieschnitzel und Grünkernpfannen auf den Tisch, getrunken wurde selbst gezüchteter Kombuchatee.

»Stimmt!«, sagt Tamara, als wir uns jetzt an diese Zeit erinnern. »Und ich hab mich immer total gefreut, dass ich mein Wurstbrot gegen dein Avocadobrot tauschen konnte. Ich konnte gar nicht verstehen, dass du so etwas Außergewöhnliches gegen ein profanes Graubrot mit Salami eintauschst.«

Damals waren Avocados eben noch nicht hip, sondern kennzeichneten die Ultra-Öko-Familien. Genau wie Birkenstock-Sandalen, Lederranzen, Camper-Boots und Jutebeutel. Alles, was heute zur Grundausstattung moderner Großstädter und Hipster gehört, sorgte dafür, dass ich ausgelacht wurde. Weil ich die Hänseleien irgendwann nicht mehr ertrug, rebellierte ich, bis meine Mutter nachgab und mir eine billige Jeans und Turnschuhe kaufte.

Wir waren eigentlich brave Kinder, schrieben gute Noten, verbrachten die Nachmittage vor dem Fernseher oder hörten Musik. Manchmal spannten wir das Pony vor die Kutsche und zockelten über die Feldwege. Aber dann gerieten wir mit der Pubertät aus der Spur. Mit dreizehn schauten wir die »*Rocky Horror Picture Show*« in Endlosschleife und konnten alle Lieder auswendig mitsingen. Als Erwachsene stellte ich fest, dass wir damals das reinste Fantasie-Englisch grölten. »I make you a man with blond hair in a tent« war da noch der harmloseste Verhörer. Wir tanzten den *Time Warp*, imitierten alle Bewegungen und Schritte der Choreografie und verstanden nicht einmal die Hälfte aller Anzüglichkeiten des trashigen Kultfilms. Dann hörten wir Manowar und begannen zu rauchen und zu trinken. Kurze Zeit später wollten wir plötzlich Punker sein. Wir rasierten und färbten unsere Haare, rissen Löcher in Strumpfhosen, schnitten Kragen und Bündchen aus guten Pullovern und verpassten ihnen ein unregelmäßiges Muster, indem wir Bleichmittel darüberkippten. Wir durchstießen unsere Ohrläppchen mit Nähnadeln, die wir vorher ins Feuer hielten. Wir trugen Hundehalsbänder und Nietengürtel. Der Film dieser kurzen Phase: »Der kleene Punker«, der Soundtrack: Slime, Wizo, Die Ärzte, Ton Steine Scherben. »Macht kaputt, was euch kaputt macht!«, grölten wir und brachen Mercedessterne ab, traten Laternen aus und stießen mit einem Kugelschreiber Löcher in billiges Dosenbier, um den Inhalt mit drei großen Schlucken auf Ex zu trinken. Meine Mutter bewies, dass sie in Wahrheit die Coolere war: Wenn ich die Kids von der Straße mit nach Hause brachte – gerne auch mal zehn auf einmal – und sie verteilt im ganzen Haus schliefen, drückte sie morgens einem von ihnen ihr Portemonnaie in die Hand und sagte: »Geh mal Brötchen für alle kaufen.«

Wir wurden beim Schwarzfahren und Klauen erwischt. Tamaras Mutter musste uns einmal bei der Bahnhofsmission in Köln abholen, weil wir nicht eingesehen hatten, auch nur eine Mark von unserem Taschengeld für die Zugfahrkarte auszugeben. So quetschten wir uns lieber zu viert in die Zugtoilette. Der Schaffner brauchte kein großes detektivisches Gespür, um zu erraten, warum die Klotür die gesamte Fahrt über verriegelt war. Am Kölner Hauptbahnhof wartete er seelenruhig davor, um uns beim Schlafittchen zu packen. Und weil wir erstens minderjährig waren, zweitens von einer Wald- und Wiesen-Party vom Vorabend noch Stroh und Gras in unseren Haaren klebte und drittens auch noch freche Antworten gaben, hielt er uns für Ausreißerinnen und lieferte uns bei der Bahnhofspolizei ab. Dort waren wir nicht weniger vorlaut. Also rief man unsere Eltern an. Tamaras Mutter trug den Polizisten auf, uns ordentlich schmoren zu lassen. So kamen wir zu den Damen der Bahnhofsmission, die uns mit Leberwurstbrötchen, einer Gardinenpredigt und guten Ratschlägen versorgten. Auch sie gingen aufgrund unseres leicht derangierten Äußeren davon aus, dass wir auf der Straße lebten. Außerdem verboten sie uns, das Fenster zum Bahnsteig zu öffnen. Wahrscheinlich hatten sie Angst, dass wir ausbüxen, sie begründeten das Verbot aber damit, wir könnten uns den Kopf stoßen. Wir öffneten das Fenster natürlich trotzdem, sobald sie aus dem Raum waren. Es kam wie es kommen musste, eine von uns stieß sich prompt den Kopf am Fensterflügel und zwar so arg, dass die Missionsdamen die Platzwunde verarzten mussten.

Wir kifften hinter der Turnhalle, was meine Schüchternheit noch verstärkte, denn danach saß ich immer völlig verkrampft im Klassenraum, hielt mich an der Tischkante fest und betete, dass mich der Lehrer nicht drannahm, weil ich fürchtete, dass mir die Worte in unverständlich gestammelten Brocken aus dem Mund aufs Pult fielen. Nachmittags telefonierten wir so lange, bis unsere Eltern den Stecker zogen, wir lungerten im Park herum oder auf der Rathaustreppe bei den richtigen Punks, die quer über den Kaiserplatz nach ihren Hunden brüllten, die Namen wie Rasta, Keule oder Kiffkiff hatten, und irgendwie gab es immer einen Jungen in der Nähe, der »Take Me Home, Country Roads« von John Denver auf der Klampfe spielte. Wir interessierten uns so wenig für die Schule, dass wir alle miteinander sitzen blieben.

Da beschlossen wir, von nun an lieber Hippies zu sein. Die Netzstrumpfhosen, Springerstiefel und mit Anarchie-Zeichen bemalten Lederjacken wichen Batikblusen, Schlaghosen und langen Röcken. Stundenlang trieben wir uns in einem Secondhandladen namens Lumpes herum, wo es Kleidung aus den Siebzigern zum Kilopreis gab. Wir liebten jetzt Samt, Cord, Wildleder und alles, was eine Häkelborte hatte. Die Haare konnten nun nicht lang genug sein, der Kajalstrich nicht dick genug und die Attitüde nicht geheimnisvoll genug. Wir warfen uns in Kleider nach dem Modell Gardine, trugen Lederketten mit Edelsteinen, und wenn unsere Clique durch die trostlose Fußgängerzone unserer Kleinstadt lief, riefen die Leute: »Da kommt die Kelly Family!«

Ich fing an, mir meine Haare mit Henna zu färben, und hatte meine Rolle gefunden: Die mit den roten Locken. Der Film zu dieser Ära unserer Freundschaft: »Hair«, der Soundtrack: Melanie, David Bowie und The Doors. Wir experimentierten mit Drogen. Im Park, auf dem Rathausplatz oder der Kölner Domplatte lungerten wir immer noch regelmäßig herum, trauten uns jetzt aber auch schon nachmittags in die Stammkneipe. Wir lernten Nico kennen, die ein Jahr älter war und ein anderes Gymnasium besuchte. Ab jetzt hingen wir fast immer zu dritt ab. Und weil uns so furchtbar oft langweilig war, spielten wir ein

Spiel, bei dem der nächste Typ, der die Kneipe betrat, unser Zukünftiger sein sollte. Weil es spät abends keine Busverbindungen mehr gab, trampten wir nachts durch die düsteren Wälder der Eifel. Freitags gingen wir in die Disko, indem wir behaupteten, bei der jeweils anderen zu schlafen, und am Einlass gefälschte Schülerausweise und mit Kartoffeldruck nachgemachte Eintrittsstempel vorhielten.

Auf der Tanzfläche tobten wir uns unter erheblichem Kölsch-Einfluss aus, waren aber auch darauf spezialisiert, den Tanzstil von den Jungs nachzuahmen, die wir cool fanden. Während ich den zukünftigen Vater meines ersten Sohnes perfekt nachmachen konnte – was nicht schwer war, denn ich musste nur eine Hand zum Victory-Zeichen erheben, mir auf die Lippe beißen und dabei auf und ab hüpfen –, war Tamara darauf spezialisiert, den Heavy-Metal-schüttel-dein-langes-Haar-Tanz seines besten Freundes zu imitieren, und Nico beherrschte die perfekte Imitation des Wave-inspirierten Tanzes à la Ein-Storch-watet-durch-den-Salat des dritten jungen Mannes.

Als Nico für ein Jahr nach Italien ging, bastelten Tamara und ich ihr regelmäßig eine »Bild«-Zeitung, in der wir sie über allen Klatsch und Tratsch in unserer Subkultur auf dem Laufenden hielten.

Mit siebzehn schlichen Tamara und ich uns auf das »Bizarre«-Festival, indem wir den anderen Besuchern die überstehenden Enden ihrer Eintrittsbänder abschwatzten und diese mit dem Feuerzeug zu neuen Bändchen zusammenschweißten. Die Toten Hosen fanden wir als Ärzte-Fans eh doof. Als Campino dann bei seinem Auftritt den Text seiner eigenen Lieder vergaß, sahen wir uns darin bestätigt, dass er eine hohle Printe war. Warum wir ein paar Jahre zuvor Wizo cool fanden, verstanden wir jetzt nicht mehr so ganz. Wegen New Model Army waren wir da, vor Rammstein ekelten wir uns, seit wir einmal beim Trampen von ein paar unangenehmen Typen mitgenommen worden waren, die laut »Du riechst so gut« hörten, als sie mit uns in einen Waldweg abbogen und gar nicht verstehen konnten, dass wir das nicht lustig fanden. Nick Cave, den wir aufgrund seines Duetts »Where the Wild Roses Grow« mit Kylie Minogue für einen Schnulzbarden hielten, verzauberte uns und machte uns vom Fleck weg zu Fans. Iggy Pop hingegen schockierte uns Landpomeranzen, weil er sich die Hose runterzog und mit seinem Pimmel Kreise schlug. Weil wir kein Zelt dabeihatten, machten wir die ganze Nacht durch, und zwar mit drei Schäfern aus dem Sauerland, die einen Fünf-Liter-Kanister Rotwein mit uns teilten. Und da wir nicht nur das Geld für den Eintritt nicht hatten, sondern auch sonst keine müde Mark, aßen und tranken wir vom Wein abgesehen nichts. Das führte dazu, dass wir am zweiten Festivaltag so dehydriert und müde waren, dass wir Halluzinationen bekamen. In der prallen Sonne sitzend, wunderten wir uns, warum mitten am Tag der Mond so klar und hell leuchtete und warum es ihn gleich mehrfach gab. »Hej Mädels, trinkt mal was!«, sagte ein wildfremder junger Mann und reichte uns zwei Wasserbecher. Nachdem wir diese durstig geleert hatten, erkannten wir, dass es sich bei den Monden um die Festivallaternen handelte.

Wenn wir zusammen abhingen, sprachen wir meist über Jungs. Maßgeblich interessierten wir uns für die, die es noch wilder trieben als wir. Nicht alle haben diese Zeit überlebt.

Erst als ich selbst Mutter war, begriff ich, in welche Gefahren wir uns begeben hatten, und mir taten unsere Eltern leid, wegen dem, was sie mit uns durchgemacht hatten.

Während ich mich jetzt beim Einschlafen an diese wilde Zeit erinnere, bin ich einmal mehr froh, dass ich so früh Mutter wurde. Ab dem Tag, an dem ich erfuhr, dass ich schwanger war, war das Thema Drogen für mich passé. Drogen und Verantwortung waren und sind für mich unvereinbar.

Ich schlafe so fest, dass Aaron gleich dreimal: »Ich bin's, der Aaron, du sollst aufstehen!«, vor meinem Zelt rufen muss, bis ich wach werde.

Während seine Eltern noch das Zelt abbauen, gehen wir zwei vor. Um Aaron bei Laune zu halten, animiere ich ihn, jedes Stück Müll aufzusammeln, das wir am Wegesrand erspähen. Als wir im nächsten Ort ankommen, bin ich selbst erschrocken, denn es ist ein ganzer Sack voll zusammengekommen. Einige Zeit haben wir einen kleinen, vierbeinigen Begleiter: Ein Hund folgt uns über die Hügel. Endlich scheint wieder die Sonne, es geht nie wirklich steil bergauf, aber was wir an diesem Vormittag noch nicht ahnen: Vor uns liegen viele langweilige Asphaltkilometer, die sich durch endlos erscheinende Straßendörfer ziehen. Nicht nur Aaron wird ihrer bald müde. Da hilft irgendwann auch keine Motivation mit Eis und Limonade mehr. Auch das Wanderbuch zum Ausmalen und Ausfüllen lockt nicht, weitere Erlebnisse zu sammeln. Für einen vierjährigen Jungen ist der beständige Blick auf die Hohe Tatra keine Sensation. Sein Vater nimmt ihn also zusätzlich zum eh schon riesigen Rucksack auf die Schultern.

Besser wird es erst, als wir abends die Ausläufer der Zips erreichen. Im Angesicht von Wiesen und Wäldern hat der kleine Kerl wieder Lust, weiterzugehen.

Bis zum Ende des Ersten Weltkriegs gehörte das Gebiet zu Ungarn. Die Zips, deren größter Teil heute in der Slowakei liegt, ist eine von Landwirtschaft geprägte Gegend, in der seit dem zwölften Jahrhundert vornehmlich Deutsche siedelten, die man seit dem 20. Jahrhundert als Karpatendeutsche bezeichnete. Die

Länderzugehörigkeit des Gebiets wechselte zwischen 1918 und 1990 mehrfach. Wer während des Zweiten Weltkriegs nicht ins Sudetenland oder ins Deutsche Reich geflohen oder evakuiert worden war, wurde, bis auf eine winzige Minderheit, nach 1945 vertrieben.

Je weiter ich dem EB folge, desto mehr habe ich das Gefühl, mich in einem Kriegsspiel zu befinden, in dem es heißt: »Eene, meene muh und raus bist du!«

Weil der Tag so anstrengend war, schlagen wir die Zelte auf der ersten Heuwiese auf, die uns abgelegen genug erscheint.

An diesem Abend erlebe ich beim Gespräch mit Tamara einen Time Warp der anderen Art. Gregor und Aaron schlafen schon, als wir noch auf einer Decke sitzen und uns unterhalten. Vor uns liegt das vom Vollmond erleuchtete Panorama der Hohen Tatra, deren Bergspitzen sich so charakteristisch wie auf einer Postkarte vor der violett glänzenden Nacht abzeichnen. Der Himmel ist funkelnd durchsetzt von Sternen, die zum Greifen nahe sind und deren Sternbilder man mühelos erkennen kann.

Und da erzählt Tamara mir von einem Kapitel aus ihrer Vergangenheit, von dem ich nichts mitbekommen hatte. Als ich Mutter wurde, war ich nicht mehr Teil der Clique. Das ergab sich ganz unbeabsichtigt aus unserem verschiedenen Lebensalltag. Während die anderen ihre frisch erworbenen Führerscheine nutzten, um am Wochenende in die Diskotheken der nahen Großstädte zu fahren, war ich damit beschäftigt, neben dem Windelwechseln für mein Abitur zu pauken. Ich dachte, ich wäre langweilig für meine Freundinnen, denn statt von coolen Konzerten, süßen Jungs und Interrailtouren konnte ich von Brustentzündungen, wundem Po und Koliken berichten. Ich stillte in den Pausen, später pumpte ich ab und durfte die Milch im Kühlschrank der Sekretärin kaltstellen, neben Piccolos und Fruchtquark. Nachts schlief mein Sohn kaum; er war ein sogenanntes Schreikind. Ich hatte wirklich viel damit zu tun, den Spagat zwischen Schule und Muttersein hinzubekommen, da verlor ich meine Schulfreundinnen mehr und mehr aus den Augen. Zumal ich in der Oberstufe die Schule gewechselt hatte: Ich wollte unbedingt Kunst als Leistungskurs belegen und das ging an unserem Gymnasium nicht. Als ich dann nach dem Abitur wieder schwanger wurde, sah ich Tamara fast gar nicht mehr. Ich hatte zu viel damit zu tun, vor meinem Umfeld zu verbergen, wie schlimm es um meine Beziehung zum Kindsvater stand.

Und nun stellt sich heraus, dass Tamara zeitgleich in einer ähnlichen Situation steckte und glaubte, diese wäre der Grund gewesen, dass ich Abstand von ihr nahm.

Ich bin total geschockt. Erstens von dem, was sie mir aus dieser Episode ihres Lebens erzählt, und zweitens über das Missverständnis, das uns beinahe zwanzig Jahre Freundschaft gekostet hat. Wie bitter ist es, dass wir beide als junge Frauen in so furchtbaren Partnerschaften steckten, dass wir glaubten, die Wahrheit darüber der jeweils anderen nicht zumuten zu können? Dabei hätten wir uns in dieser Zeit wahrscheinlich besser gegenseitig starken können, als es irgendjemand anders vermocht hätte.

Ich versuche ihr zu erklären, woran es wirklich gelegen hatte, dass ich mich kaum noch bei ihr meldete: »Ich kannte damals nur einen Gedanken: Du musst jetzt mit diesem Mann zusammenbleiben, koste es, was es wolle. Es war ein Pakt mit dem Teufel. Ich wusste, dass es nur in einer Katastrophe enden konnte.«

Dass ich es schaffen würde, auch zwei Kinder alleine großzuziehen, daran hatte ich keinen Zweifel: Kinder zu versorgen und den Haushalt zu organisieren war meine leichteste Übung, das tat ich schließlich seit der ersten Klasse. Aber in meinem Kopf hämmerte der Gedanke ›Du darfst nicht so sein wie deine Mutter!‹ so laut, dass er alles andere übertönte. Seit meinem siebten Lebensjahr hatte ich regelmäßig zu hören bekommen, dass auch ich bestimmt ganz viele vaterlose Kinder in die Welt setzen würde. Unter diesem Gerede und den bohrenden Fragen nach meinem Vater, die ich nicht beantworten konnte, hatte ich so gelitten, dass ich mir schon als kleines Mädchen schwor, das um jeden Preis zu verhindern.

Die Erzählungen meiner Mutter über unsere Väter hatte ich allerdings lange als hundertprozentige Wahrheit angenommen. Ich hatte keine Zweifel daran, dass unsere Väter und die Männer im Allgemeinen schlecht waren. Als Teenager stellte ich diese Wahrheit in Frage, hatte aber Schwierigkeiten, diese fest verankerten Glaubenssätze loszuwerden.

Trotzdem, ich wollte aller Welt beweisen, dass ich in der Lage war, eine »richtige« Familie zu gründen, Vater, Mutter, Kind.

Ich erkannte jedoch schon damals, dass ich in einem ungesunden Muster feststeckte und mir unbewusst Partner aussuchte, die bestätigten, was ich über Männer gelernt hatte. Ich wollte da raus, aber mir fehlten die richtigen Werkzeuge. Irgendwann konnte ich nicht mehr danach entscheiden, was gut für mich und die Kinder war, sondern nur danach, die Prophezeiung der vaterlosen Familie nicht wahrzumachen. Ich war bereit, alles über mich ergehen zu lassen, nur um nicht als alleinstehende Mutter mit Kindern von verschiedenen Vätern zu gelten. Mein Leben und insbesondere die Schwangerschaft wurden zur Tortur.

Ich hatte so viel mit der zweiten Schwangerschaft, dem Kleinkind, der völlig verkorksten Beziehung und dem Kraftakt zu tun, meine Umgebung glauben zu lassen, dass alles in Ordnung wäre, dass ich für nichts anderes mehr aufnahmefähig war. Und so bekam ich auch nicht mit, wie es Tamara ging.

Im Zelt liege ich noch lange wach und grübele. Über diese schreckliche Zeit in meinem Leben, wo ich genau die Lebensumstände hatte, die ich um jeden Preis hatte vermeiden wollen, und zwar noch bevor mein frisch geborener Sohn einen Namen hatte.

Der Anlass waren Schmerzen und Tränen. Während ich nach der Geburt mit wackelnden Zähnen, geplatzten Äderchen, Muskelkater im ganzen Körper, dem Milcheinschuss und den Nachwehen zu kämpfen hatte, packte der Kindsvater seine sieben Sachen und verschwand.

Und es war genau, wie ich befürchtet hatte: In den folgenden Wochen zerriss man sich das Maul über mich. Selbst gute Bekannte hauten mir laut lachend auf die Schulter und sagten triumphierend: »Wusste ich es doch! Du bist genau wie deine Mutter!«. Dabei wollte ich vor allem eins: dass meine Kinder frei waren, ihre Väter vorbehaltlos zu lieben.

Wie es mir wirklich ging und wie ich es schaffte, den Alltag mit einem Säugling und einem Kleinkind zu meistern, interessierte die wenigsten. Es tat mir um meinen Sohn leid, der einen so traumatischen Start ins Leben hatte. Er schlief nur, wenn ich ihn auf meine Brust legte und ganz fest im Arm hielt.

Ich besaß nicht den Mut, mich dem harschen Urteil meines Umfelds zu widersetzen oder wenigstens zu entziehen, innerlich war ich zerbrochen.

Vor allem aber war ich vollkommen auf mich alleine gestellt.

Zu meinen prägendsten Kindheitserinnerungen gehören ein paar Sätze, die ich häufig zu hören bekam. Obwohl ich sie kaum verstand, haben sie sich bis heute tief in meine Erinnerung eingebrannt. Ein Satz ist besonders präsent geblieben, die Standardantwort meiner Mutter, wenn ich versuchte, mich zu erklären, zu rechtfertigen oder auch nur zu schützen: »Deine Wahrnehmung stimmt nicht.«

Und ich hatte gelernt: Erwachsene haben immer recht.

Als ich noch in der Eifel lebte, spürte ich zwar schon, dass etwas grundlegend falsch lief, aber ich verstand es nicht. Und deswegen hörte ich auf mein Umfeld, das mir sagte, ich gehöre in die Psychiatrie.

Ich hatte gerade abgestillt und konnte zum ersten Mal wieder ausgehen und Alkohol trinken. Wir fuhren nach Köln zur Popkomm. Es war eigentlich ein toller Abend. Wir landeten in einem kleinen Klub. 2Raumwohnung standen auf der Bühne, die Stimmung war ausgelassen, alle tanzten und jubelten, es wurde geraucht und getrunken, Schweiß tropfte von der Decke. Da fing ich plötzlich an zu weinen und konnte nicht mehr aufhören.

So kam es, dass ich einer jungen Ärztin mit hennarotem Haar gegenübersaß. Sie fragte, was mich in die Klinik gebracht hatte. Während meiner Schilderung sah sie mich ernst an. Ich fürchtete mich vor dem, was sie mit mir vorhatte.

»Aha, Sie sind also 22 Jahre alt, haben zwei Kinder, bei deren Erziehung Ihnen niemand hilft, und ein Umfeld, das permanent für Stress und Unruhe sorgt, und da wundern Sie sich, dass Sie beim Anblick unbeschwerter Gleichaltriger heulen müssen? Nichts für ungut, aber nicht Sie sind krank, die Umstände, in denen Sie stecken, sind es.«

Ich hatte damit gerechnet, dass sie mir schwarz auf Weiß bestätigte, dass ich nicht belastbar genug war und außerdem zu empfindlich, zu zimperlich.

»Ich entlasse Sie jetzt wieder«, fuhr die Ärztin fort, noch bevor ich begriff, was geschah. »Aber vorher habe ich eine Frage und ich bitte Sie, genau darüber nachzudenken, bevor Sie antworten. Was wollten Sie gerne werden, bevor Sie Mutter wurden? Was würden Sie gerne aus Ihrem Leben machen?«

Und obwohl diese Aspekte in den letzten Jahren keine Rolle gespielt hatten, kam meine Antwort wie aus der Pistole geschossen: »Ich möchte schreiben.«

»Gut. Kann man das irgendwo studieren?«

»Ich habe gehört, dass es in Leipzig eine Schule dafür gibt, das Deutsche Literaturinstitut.«

»Gut. Fahren Sie nach Leipzig, machen Sie sich schlau, wie man dort angenommen wird, und schauen Sie, dass Sie so viel Abstand wie möglich zwischen sich und Ihre Familie bringen.«

Ich weiß nicht, was aus mir geworden wäre, hätte ein anderer Arzt an diesem Tag Dienst gehabt. Aber dieses Gespräch legte einen Schalter um. Eine Woche später fuhr ich mit dem Zug nach Leipzig und suchte nach einer Wohnung und einem Kindergarten. Für mich als junge, alleinerziehende Mutter entpuppte sich der Osten als Paradies: Ganztagsbetreuung war selbstverständlich und die Wohnungen unverschämt billig. Drei Monate später zogen wir um.

Die Väter waren sauer, der Rest erklärte mich für verrückt. Ich fand, es wäre verrückter gewesen, zu bleiben. Wegzugehen war eine lebensrettende Maßnahme. Ab dem ersten Tag in Leipzig war es, als ob ein dunkler Schleier von mir gehoben wurde. Wir konnten endlich eine kleine glückliche Familie sein.

Jetzt liege ich im Zelt und kann nicht schlafen, weil mir bewusst wird, dass die fatalen Sätze meiner Kindheit immer noch das Lindenblatt zwischen meinen Schultern sind. Ich wälze mich frierend auf meiner knirschenden Isomatte umher. Mein Kopf fühlt sich an wie das Haupt der Medusa: Es ist das reinste Schlangennest. Da muss ich vierzig Jahre alt werden und tausende von Kilometern wandern, um zu begreifen, wie sehr all das zusammenhängt! Muss mehrere Ländergrenzen überschreiten, um zu lernen, meine ganz persönlichen Grenzen besser abzustecken! Ich atme tief durch und beschließe, endlich auf mein Bauchgefühl zu vertrauen. Mich nicht mehr verunsichern zu lassen. Abstand von Menschen zu halten, bei denen ich ein komisches Gefühl habe, auch wenn vordergründig alles in Ordnung scheint. Es ist wie mit den Motten: Wenn sie im Schummerlicht golden glänzend um einen herumflattern, mögen sie ja schön anzusehen sein, aber der Schaden, den sie still und heimlich anrichten, bleibt in den meisten Fällen viel zu lange unentdeckt. Und ich befreie mich von einem weiteren Leistungsdruck: Weg mit der Überzeugung, dass ich erst ein vollwertiger Mensch bin, wenn ich es geschafft habe, eine »glückliche« Paarbeziehung zu führen. Mein Glück hängt davon nicht ab. Und mit dieser Erkenntnis schlafe ich rundum zufrieden ein.

Beim Frühstück gesellt sich ein Mann zu uns, der ebenso redselig wie zahnlos ist. Er legt sich neben unsere Decke ins Gras und brabbelt auf Polnisch auf uns ein, vor allem mit Gregor möchte er sich unterhalten. Er zeigt immer wieder auf uns zwei Frauen und hebt anerkennend den Daumen. Aus den wenigen Worten, die ich verstehe, schließe ich, dass er außerdem gerne Geld für ein leckeres Bierchen hätte. Aaron gefällt die Situation ganz und gar nicht. Also gehen wir zwei ein Stück vor, während seine Eltern noch zusammenpacken. Aaron befindet sich gerade in der Phase, in der er gerne all die Wörter sagt, die seine Eltern nicht gerne hören. Noch lieber streckt er ihnen seine Zunge heraus. Ich mache das nicht weniger gerne. Heimlich einigen Aaron und ich uns darauf, jedes Mal, wenn seine Eltern außer Sichtweite sind, die Zungen rauszustrecken und Furzgeräusche zu machen. Außerdem rufen wir den Wettbewerb um das dämlichste Gesicht aus.

Als ich Himbeeren vom Strauch esse, schaut Aaron mich ganz entsetzt an: »Rebecca! Das darf man nicht, wegen dem Fuchsbandwurm!«

»Ja, du hast recht, aber als ich klein war, hat niemand an den Fuchsbandwurm gedacht und jetzt bin ich erwachsen und darf selber bestimmen, was ich mache. Du bist allerdings ein Kind und musst auf deine Eltern hören.«

Ich will mir das Beerenessen nicht einfach verbieten lassen, dazu sehen sie viel zu lecker aus. »Weißt du, als ich so alt war wie du, da durfte man lauter Dinge, die man heute nicht mehr darf.«

»Was denn zum Beispiel?«, fragt Aaron und hat ganz vergessen, dass er eben noch zu schwach war, um auch nur einen Meter weiter zu laufen.

»Na, man durfte zum Beispiel Cola trinken und Salzstangen essen, wenn man krank war. Man musste sogar, weil unsere Eltern geglaubt haben, dass man davon wieder gesund wird. Außerdem durften wir so lange draußen bleiben, bis die Laternen angingen. Wir mussten uns nie mit Sonnencreme einschmieren. Die Erwachsenen haben im Haus geraucht. Wenn sie neue Zigaretten oder Bier wollten, haben sie uns ein paar Mark gegeben und uns zum Automaten oder zum Laden geschickt. Das ist heute zum Glück verboten. Da bekommt man Ärger mit der Polizei. Außerdem gab es keine Kindersitze. Es gab hinten noch nicht einmal Anschnallgurte. Und deshalb konnten wir die ganze Fahrt im Auto herum turnen, wie wir lustig waren. Manchmal saßen wir zu fünft oder zu sechst hinten, haben unsere Schuhe und Socken ausgezogen und unsere nackten Füße durch das Autofenster nach draußen gesteckt und damit den anderen Autofahrern gewunken.«

Diese Information findet Aaron am faszinierendsten.

»Habt ihr wirklich eure Füße zum Fenster rausgehalten?«, fragt er mich in der nächsten halben Stunde bestimmt zehnmal. Als seine Eltern zu uns stoßen, werden auch sie danach gefragt und tatsächlich erinnert sich Tamara daran, genau dasselbe getan zu haben. Einiges verschweige ich lieber: Etwa, dass wir auch den Schaum vom Bier löffeln und Eierlikör sowie Muckefuck trinken durften und man die Schnuller der Säuglinge in Bier tunkte, damit sie besser schliefen. Oder dass im karnevalistischen Rheinland an Weiberfastnacht die Schule nur bis 11.11 Uhr ging und sich in den Stunden davor die Lehrer gemeinsam mit den Schülern betranken und Polonaise tanzend in albernen Kostümen durch die Flure tanzten.

Die dritte Nacht verbringen wir an einem von hüfthoher Minze und wildem Thymian gesäumten Bach am Fuße eines Hügels, auf dessen Höhe eine einsame Schäferei liegt. Ein voluminöser Baumstamm dient als Brücke über das klare Bächlein. Das Muhen der Kühe, das Blöken der Schafe und das Läuten der Glocken am Hals der Leittiere wehen mit dem Wind leise und leicht verzerrt zu uns hinab. Was schön ist, bis wir morgens davon geweckt werden, dass die Schäfer eine riesige Schafherde inklusive einer ganzen Horde bellender Hütehunde ausgerechnet durch unser Camp treiben. Angesichts der weißen Berghunde, die hechelnd um die Zelte wuseln und den Müll zerfetzen, traue ich mich nicht raus aus meinem Kabäuschen. Die Melange aus Hufgetrappel, Blöken und Glockengebimmel ist beinahe ohrenbetäubend. Die Hirten scheint unser Zeltlager nicht zu stören. Als wir frühstücken, kommt einer der Schäfer zum Holzschlagen an den Bach. Auch er hat nichts gegen unser wildes Camp, im Gegenteil: Gestenreich erklärt er uns die Schönheit der Landschaft und den weiteren Weg, der steil und anstrengend werden soll, wenn wir seine Gebärden richtig verstehen.

Tatsächlich steht der folgende Aufstieg dem hundsgemeinen serpentinenfreien slowakischen Steilaufstieg in nichts nach. Es ist eine schnurgerade, vom Regen ausgewaschene Rinne, durch die Erosion so glatt und rutschig, dass wir streckenweise auf allen vieren kriechen müssen. Während wir Erwachsenen alle paar Meter die Fäuste in die Hüfte stemmen und nach Luft japsend stehen bleiben, fühlt Aaron sich zu wahren Höchstleistungen angespornt. Dank steiler Felsstürze, einem Aussichtsturm, tiefer Erdspalten und Pestwurzhüten wird auch der Rest der Etappe für ihn zum größten Abenteuer. Höhepunkt des Tages ist eine Bärenspur mitten auf dem Weg. Die macht Aaron Angst. Er besteht darauf, dass wir alle zusammen laut singen. Auch uns ist angesichts des deutlichen großen Tatzenabdrucks ziemlich mulmig, also grölen wir im Kanon: »Heho, spann den Wagen an, sieh der Wind treibt Regen übers Land. Hol die gold'nen Garben, hol die gold'nen Garben, heho spann den Wagen an.«

Für den Rest unserer gemeinsamen Zeit wollen wir uns auf einem Campingplatz einquartieren. Das größte Problem, wenn man mit einem kleinen Kind wandert, ist die Wasserbeschaffung. Auf den meisten Tagesetappen gibt es nur eine Quelle oder Siedlung. Da man mit Kind aber nur den Bruchteil einer Etappe schafft, hatten wir in den letzten Tagen Probleme, an ausreichend Wasser zu kommen. Das Schönste am Wandern mit einem Kind, ist, dass man sich die Zeit nehmen muss, Fische, Frösche und Schmetterlinge oder Kräne, Ruinen und Traktoren zu begutachten. Sich mit ganzem Enthusiasmus auf diese kindliche Entdeckungsreise einzulassen und die Umgebung durch seine Augen zu erfassen, macht richtig Spaß.

Als wir am frühen Abend dort ankommen, wo in der App ein Campingplatz verzeichnet ist, stehen wir vor dem Nichts. Wir sprechen eine Passantin an, die uns mit Händen und Füßen erklärt, dass der Platz um drei Kilometer verlegt wurde. Drei Kilometer mögen ein Katzensprung sein, aber nicht, wenn man vier Jahre alt ist und schon den ganzen Tag auf den Beinen war. Nach einer Eispause auf einem Spielplatz werden meine Trekkingstöcke zu den Kolben einer imaginären Dampflokomotive umfunktioniert: »Tufftufftuff die Eisenbahn, wer will mit uns

weiterfahren?«-singend ziehen wir durch den Ort bis zum Zeltplatz.

Der liegt am Jezioro Czorsztyńskie. Dem Kind zuliebe werden wir nicht weiterwandern. Auf der einen Seite des Stausees
liegt eine umfassend sanierte Burg, gegenüber die Ruinen der
Festung Czorsztyn. Den See überquert man mit Raddampfern.
Am Ufer Eisstände, Souvenirbuden und Käsereien, in denen
Oscypek hergestellt wird. An kinderfreundlichem Programm
für die nächsten Tage mangelt es also nicht. Aaron ist glücklich,
auch weil wir auf einem offiziellen Campingplatz sind: Die Bä-
rentatzen gehen ihm nicht aus dem Kopf.

»Das war eben eine echt gefährliche Reise«, beschließen wir.
Als ich die drei am Ende der Woche zur Bushaltestelle bringe, fällt mir der Abschied schwer. Immer, wenn meine Besucher
wieder abreisen, fühle ich mich ein bisschen leer und einsam.

Glücklicherweise empfiehlt der Reiseführer ein Stück vom EB
auszulassen, und zwar zugunsten einer Floßfahrt auf dem Dunajec. Der Dunajec zerschneidet nicht nur das Kalkgebirge Pieniny,
er bildet an diesem Abschnitt auch die Grenze zur Slowakei. Die
Flößer tragen schwarze Hüte mit einer Muschelkette als Hut-
band, blaue, mit bunten Blumen bestickte Westen und weiße,
ebenfalls bestickte Hosen; die Tracht der Górale. Mit langen Stä-
ben stoßen sie ins Wasser, umschiffen Felsen und Stromschnellen
im Durchbruchstal. Welch Luxus, die Kronen der Pieniny, die ich
eigentlich hätte erklimmen müssen, vom Wasser aus vorbeirau-
schen zu sehen! Diese Pfuscherei hat sich ein paar Tage zuvor
erstaunlicherweise nicht einmal EB-Fähnrich Johann nehmen
lassen, der durch unsere kinderfreundliche Bummelei so viel Vorsprung hat, dass ich ihn leider nicht mehr einholen kann.

Nach der willkommenen Abwechslung der Floßfahrt folgt
das gängige Spiel aus Auf- und Abstiegen. Es erinnert mich

daran, wie ich am Abend meines Geburtstages auf dem Hotelbett lag und fernsah. Weil ich beim Zappen kein deutsch- oder englischsprachiges Programm fand, blieb ich an einem Kanal hängen, der die Fahrt eines Zuges aus der Perspektive des Lokomotivführers zeigte. Ich schaltete den Ton ab und während ich mit Freunden und Verwandten telefonierte, sah ich stundenlang nichts anderes als Gleise. Der Wechsel der Landschaft zu beiden Seiten des Schienenstrangs blieb auf das beschränkt, was der Bildausschnitt erlaubte. Und genau so kommen mir die einsamen Tage auf dem EB vor: Vor mir der Pfad, der mich durch den unendlichen Tunnel grüner Wälder leitet. Habe ich die eine Kuppe überwunden, so wartet schon die nächste, eine endlose Aneinanderreihung der Bergketten. Zwar gibt es Abwechslung am Wegesrand, aber auch die scheint auf einen kleinen Radius beschränkt. Und so wie der Eisenbahnfilm etwas Beruhigendes hatte, führten das stupide Pfadfolgen und der Rhythmus der eigenen Schritte zu einer meditativen Tiefenentspannung. Aus dieser Andacht reißt mich nur das Wetter. Es regnet so stark, dass sich das Wasser in den Rinnen des Wegs sammelt, bis es über deren Ränder quillt und der Pfad zu einem unpassierbaren Bach anschwillt. Schlamm und Erde lösen sich, braun fließt das Wasser, trägt Steinchen, Stöckchen und Blattgrün mit sich. Ich versuche, dem schlammigen Strom auszuweichen, so gut es geht, aber links und rechts ist das Unterholz dicht und kaum passierbar. Feuersalamander baden in den Pfützen. Ich bin nass bis auf die Unterwäsche, als ich an einer Alm Schutz suche. Während ich einen Teller Bigos verzehre, lerne ich Andrzej und Irena kennen, ein älteres Ehepaar, das in dieselbe Richtung wie ich muss. Also brechen wir zusammen auf. Sie tragen Regenjacken und kurze Hosen. Andrzej außerdem hochgezogene Socken und Irena Lederhandschuhe. Beide sprechen fließend Englisch, Französisch und Italienisch. Wir switchen zwischen Englisch und Französisch. Sie sind pensioniert. Andrzej ist emeritierter Professor, Irena war beim Zoll. Sie leben in Warschau und sind zur Kur in Krynica-Zdrój, einem Heilbad, durch das auch der EB führt. Die Kurstadt heute noch zu Fuß zu erreichen ist unmöglich, bis dahin ist es einfach zu weit und der Abend zu nah.

»Ach was!«, ruft Andrzej. »Du wirst doch wohl nicht zelten wollen bei dem Wetter! Du kommst mit zu unserem Auto und fährst mit uns nach Krynica, basta!«

Da sich auch die Nebenpfade, über die die beiden mich lotsen, zu Bächen entwickeln, sage ich zu.

Aus unseren Kapuzen tropft es, unsere Haare sind längst durchnässt. Von allen Seiten dringt das Wasser in meine Kleidung, rinnt unter meinen Regenschutz und in den Rucksack. Andrzej und Irina sind unerschütterlich guter Laune. Sie fragen mich über meine Wanderung aus und über meine Familie. Als ich meine polnischen Großeltern erwähne, erzählt Andrzej von seinem Vater: »Er war Zwangsarbeiter im Ghetto. Seine Aufgabe war es, mit einem Karren täglich die Leichen der Liquidierten oder an Typhus Verstorbenen von den Straßen aufzusammeln und zu verbrennen. Meine Mutter und mein älterer Bruder konnten sich in Sicherheit bringen, ich war zum Glück noch nicht geboren. Eines Tages versuchte mein Vater zu fliehen, er wurde gefasst und kam nach Hamburg ins KZ Neuengamme. Ich war vor ein paar Jahren dort und habe in den Unterlagen nach Hinweisen über seine Zeit dort geforscht. Er selbst konnte mir nichts mehr erzählen, aber ich hatte an der Universität viele ältere Kollegen, die mir von ihrer Zwangsarbeit berichteten. Der eine musste Holz schlagen. Abends kam der Kapo und zählte die gestapelten Holzstämme, indem er ein Kreuz auf jede Holzscheibe malte. Sein Trupp schaffte es nie, das Soll zu erfüllen, so wurden sie jeden Abend verprügelt und bekamen noch weniger zu essen als die anderen Häftlinge. Bis sich einer aus einem anderen Trupp erbarmte und ihnen den Tipp gab, die Stämme zehn Zentimeter länger zu lassen und den bereits gezählten und markierten Teil fix abzusägen, während die Aufseher damit beschäftigt waren, andere Stapel zu zählen. So konnte ein Stamm doppelt gezählt werden und das Soll war erfüllt.«

Ich frage mich, welche Zwangsarbeit meine Großeltern wohl verrichten mussten. Das Kehren des Kasernenhofs kann ja nicht alles gewesen sein.

Drei Stunden dauert es, bis wir endlich die asphaltierte Straße erreichen, die zu ihrem Auto führt. In den bergab fließenden Rinnsalen schlängeln sich dick und schwarz unzählige Blutegel.

Ende Juli gehen die Polen in die Blaubeeren. Auf den Bergkämmen schart sich Alt und Jung mit kleinen und großen Eimerchen in den niedrigen Büschen. Die blauverschmierten Münder der Kinder zeigen, wohin die meiste Ausbeute gewandert ist.

Es hört einfach nicht auf zu regnen. Der Dunst sitzt schwer zwischen den Bäumen, glotzt mich stoisch und präpotent an wie eine dicke Kröte, die meinen ächzenden Kampf ums Vorwärtskommen belächelt. Die Wege sind schlammig und aufgeweicht, ich rutsche mehr, als dass ich laufe. Wieder gilt es, jede Bodenerhebung, die die überengagierten sozialistischen Wanderverbände in ihren Ländern ausmachen konnten, zu besteigen. Bei den wenigsten verstehe ich warum. Aber auf der Rotunda schälen sich auf der Kuppe des Bergkegels die gespenstischen Umrisse von fünf pyramidenförmigen Holzschindeltürmen aus dem Nebel. Auf den Spitzen thronen Barockkreuze mit bogenförmigen Schmuckdächern. Hinter dem kreisrunden Wall stehen rund um die großen Grabmäler außerdem zahlreiche Kreuze. Es ist ein alter Soldatenfriedhof aus dem Ersten Weltkrieg. Hier ruhen österreichisch-ungarische und russische Gefallene.

In den Bachtälern der niederen Beskiden steht mir das Wasser knöchelhoch in den Schuhen. Nach zwei Tagen sind meine Fußsohlen so schrumpelig und aufgequollen, dass sie auch nachts nicht mehr regenerieren. Beim Erreichen des Dorfes Wołowiec gebe ich auf. Ich ziehe meine Schuhe aus und laufe barfuß weiter. Eine handvoll verstreute Gehöfte säumen die einzige Straße, ein jedes auf seinem eigenen kleinen Hügel, die sich wie weiche Wollknäuel aneinanderschmiegen. Schafe grasen zwischen den einfachen Holzhäusern, die still und stumm liegen, nur aus einigen wenigen Kaminen strömt Qualm in den Himmel, der jetzt so unschuldig rosé schimmert, als habe er nie auch nur ein Tröpfchen Regen auf mein Haupt fallen lassen. Ich klopfe an die Tür einer rustikalen Bauernhofherberge und habe Glück: Neben der Gemeinschaftsküche komme ich in einem geräumigen Zimmer unter. Ich dekoriere den Raum mit meiner nassen Ausrüstung und den tropfenden Kleidern, bevor ich mir in der Küche Abendessen koche. Und hier treffe ich Izabela und Tomek aus Krakau. Tomek ist Filmemacher und Izabela Fotografin. Wir sind im selben Alter.

»Du hast Glück, dass noch was frei war. Normalerweise ist das Haus immer voll. Wir kommen jedes Jahr, um abzuschalten. Hier gibt es kein Handynetz, keine Kneipe, keinen Laden, einfach nichts. Dieser Ort hat was Mythisches.«

Mit dampfenden Teebechern sitzen wir noch lange in der Küche, während die anderen Gäste sich in ihre Zimmer zurückziehen.

Ich erzähle von meiner Wanderung und dass ich zehn Tage zuvor in der Tatra meinen vierzigsten Geburtstag gefeiert habe.

»Wie bist du in die Tatra gekommen? Über Zakopane?«

»Nein, da bin ich wieder rausgekommen. Ich bin direkt von der Slowakei über den Gratweg rein gewandert.«

»Aber das ist illegal, so über die Grenze zu gehen!«, ruft Tomek.

»Illegal, wieso illegal? Es gibt doch keine Grenzkontrollen mehr!«

»Ja, aber man muss eigentlich Eintritt zahlen, man darf nicht einfach so über die Grenze. Das ist ein Nationalpark.«

»Man muss Eintritt für die Tatra zahlen?«

»Wenn sie dich erwischt hätten, ohne Ticket, dann hättest du ganz schön Ärger bekommen.«

So erfahre ich im Nachhinein, dass ich trotz Schengener Abkommen quasi illegalen Grenzübertritt und Zechprellerei begangen habe. Ich erwähne, dass ich mich seit der Entdeckung der Bärenspuren nachts fürchte.

»Die Wahrscheinlichkeit, dass du beim Wandern ausrutschst und dir beide Arme, beide Beine UND die Nase brichst, ist aber viel höher, als dass ein Bär in dein Zelt kommt«, lacht Tomek. »Und wenn doch, hast du direkt eine gute Story für dein nächstes Buch!«

»Kennst du eigentlich Andrzej Stasiuk?«, fragt Izabela.

»Na klar! Den kennt doch jeder!« Andrzej Stasiuk ist einer der bekanntesten polnischen Gegenwartsautoren.

»Der wohnt zwei Häuser weiter.«

»Andrzej Stasiuk wohnt hier? Oh mein Gott! Ob ich wohl einfach bei ihm klopfen kann? Ich kann ihn bestimmt beeindrucken, weil ich von Deutschland bis hierher zu Fuß gelaufen bin!«

»Das musst du gar nicht. Am Samstag liest seine Frau Monika Sznajderman aus ihrem neuen Buch und alle sind eingeladen. Es heißt *Pusty las*, was so viel bedeutet wie leerer Wald, und erzählt die Geschichte von Wołowiec und den Tälern, die es umgeben.«

Dann erzählen die beiden mir von den Legenden, die über den berühmtesten Reisepoeten der polnischen Gegenwartsliteratur im Umlauf sind.

So erfahre ich, dass er einst Warschau und dem Kapitalismus den Rücken kehrte, um im Dörfchen Czarne für ein paar Monate die Lamaherde eines Freundes zu hüten, der nach Amerika reisen wollte. Vielleicht waren es auch Alpakas. Davor hatte Stasiuk schon von sich reden gemacht, weil er sich nicht nur von der Schule geschlichen hatte, sondern auch vom Militär desertiert war. Gegen seine Inhaftierung protestierte er, indem er sich am ganzen Körper rasierte. Ich habe absolut keine Ahnung, in welchem Zusammenhang haarlose Haut und Wehrdienst stehen, aber mir gefällt diese dadaistische Form des Widerstands. Jedenfalls fand der Kameltierzüchter so viel Gefallen am kapitalistischen Amerika, dass er nicht mehr in die ärmlichen Beskiden und das kommunistische Polen zurückkehrte. Stasiuk war erleichtert, denn die Paarhufer waren ihm eh alle eingegangen. Er blieb in Czarne, gründete mit seiner Frau einen Verlag und nannte ihn nach dem Dorf. Czarne war ihnen aber nicht einsam genug, weshalb sie nach Wołowiec zogen, das nicht einmal zwanzig Bewohner hat. Angeblich bade er nie, sondern dusche immer, und zwar kalt, auch im Winter, aus Umweltschutzgründen. Ein Handy habe er nicht, tränke aber raue Mengen Coca-Cola, vor allem bei den Touren für seine Reisereportagen.

»Zu denen fährt er mit dem Jeep und geht keinen einzigen Schritt zu Fuß!«, sagt Tomek.

»Weil er das Reisen und das Schreiben darüber mag, aber nicht das Laufen«, ergänzt Izabela.

Ich bin beeindruckt und verspreche, zur Lesung wiederzukommen.

Am nächsten Morgen gibt es Aufregung in der Agroturystyka: Ein Wolf griff im Morgengrauen die Schafherde an und jetzt ist auch noch der Stier ausgebüxt. Der rast ums Haus, dicht gefolgt vom Bauern, der bei jedem Haken, den das mächtige Tier schlägt, in seinen Gummistiefeln ausrutscht. Die Gäste der Herberge beobachten das Spektakel durch das Küchenfenster, während sie sich nebenbei ihr Frühstück zubereiten oder Geschirr spülen. Alle zusammen sitzen wir dann am langen Holztisch in der Küche. Draußen regnet es immer noch.

»Morgen soll es aufhören!«, versichert mir einer der Gäste.

»Hmmm, auf dieses Morgen warte ich schon ziemlich lange …«, erwidere ich und verdrehe die Augen.

»Dann musst du den Regen mitgebracht haben, hier war es bis gestern schön!«

»Jetzt wissen wir, wer uns das schlechte Wetter eingebrockt hat!«

Beim Blick in meine Offlinekarten empfiehlt Tomek mir, vom EB abzuweichen. Auf einer Papierkarte zeigt er mir einen Alternativweg, der mich am Nachmittag wieder auf den EB zurückbringt.

»Wenn du oben über den Kamm läufst, ist der Weg nicht nur ziemlich langweilig, du wirst auch nichts von der Historie der Gegend mitbekommen. Dieses Tal hier ist von der Geschichte der Lemken geprägt. Einst waren sie Nomaden, aber dann siedelte ein großer Teil von ihnen hier, in den Niederen Beskiden.«

Ich höre zum ersten Mal von dieser Volksgruppe, einem russinischen Volksstamm. Sie waren Hirten und Bauern, betrieben aber auch Handel. Nach dem Zweiten Weltkrieg verdächtigte Stalin sie, gemeinsam mit ukrainischen Verbündeten gegen die neue Großmacht zu paktieren. Also beschloss man einen Bevölkerungsaustausch. »Im Zuge der Aktion Weichsel wurden sie 1947 bei Nacht und Nebel deportiert. Eine Zwangsumsiedlung vom Karpatenvorland in andere polnische Gebiete. Mehrere Jahrhunderte Besiedelung mit einem Fingerschnippen ausgelöscht. Das war hier mal ein belebter Ort, ein bewirtschaftetes Tal, auch wenn man das jetzt kaum noch glauben mag. Die entvölkerten Höfe und Häuser zerfielen, aber du wirst Reste davon sehen. Der Vater unserer Vermieterin hier war der erste, der nach Wołowiec zurückkehrte, noch vor der Entstalinisierung.«

Er widersetzte sich der Umsiedlung und weil er aus dem Krieg irgendein amerikanisches Papier hatte, ließ man ihn in Ruhe. Er lebte hier mutterseelenallein mit seiner Schafherde. So allein, dass er im Winter komplett von der Außenwelt abgeschnitten war und mit dem Wolf kämpfen musste.«

Ich lerne den Alten später in seiner Blockhütte kennen. Er sitzt auf der Bank des Kachelofens, während seine Tochter auf der Küchenhexe kocht. Sein Gesicht ist wettergegerbt und tief zerfurcht, Goldzähne blitzen in seinem Mund, als er uns freudig begrüßt, der Händedruck seiner von Schrunden überzogenen Finger ist fest.

Die Haut zwischen meinen Zehen ist wund, die Fußsohlen weiß und aufgequollen, meine Socken und meine Schuhe klatschnass. Ich reibe meine Füße dick mit Fettcreme ein. Handyempfang gibt es nur auf dem Hügel hinter dem Haus, kraxelt man dort hinauf, so findet man zwei Bäume und eine Hängematte. Und hier liegen sie alle, der Reihe nach, die nach einem Fünkchen Netzabdeckung gieren. Izabela fotografiert mich zum Abschied mit einer uralten Analogkamera auf der Wiese neben der Agroturystyka. Dann ziehe ich talwärts aus Wołowiec hinaus. Gräser und Brennnesseln stehen bis zur Dachkante der krummen und windgegerbten Scheunen und Schuppen. Am Dorfende beginnt der Magursky Nationalpark. Auf dem schmalen Pfad, der mich durch hüfthohes Gras eines nach wilder Minze duftenden Bachtals führt, sehe ich immer wieder Pfotenabdrücke vom Wolf und frage mich, ob es der war, der morgens im Dorf nach den Schafen gierte. Mannshohe Disteln, Nesseln, Schafgarbe, Johanniskraut und Königskerzen stehen am Weg. Es nieselt. Gräser und Blumen sind noch nass von den vergangenen Regenfällen und weil der Pfad beinahe vollkommen überwuchert ist, läuft das Wasser von Blütenstengeln und Blättern an meinen Beinen hinab bis in die Socken. Es dauert keine Stunde, bis es wieder knöchelhoch in meinen Schuhen steht.

In diesen verwilderten Wiesen, die durch und durch von gelben, weißen, violetten und roten Blüten durchsetzt sind, markieren immer wieder Reste alter Zäune, überwucherte Steinhaufen und völlig verwachsene Obstbäume, wo einst Höfe und Gärten gewesen sein müssen. Das hohe Gras wiegt sich im Wind, hinauf bis zur Hügelkuppe, die von einer Reihe dunkler Bäume gekrönt ist. Alle paar Meter stoße ich auf Bildstöcke mit kyrillischer Schrift. Die steinernen Heiligenbildnisse und Kreuze sind grau und verwittert, die eisernen Kruzifixe rostig. Auch eine Kapelle und ein zerfallender Friedhof zeugen von der längst vergangenen Bewirtschaftung dieses Tals und der byzantinischen Frömmigkeit der einstigen Bewohner.

Sorry Commander, denke ich, aber ich kann über den EB nicht nur Gutes sagen. Für mich hält er sich zu stoisch an die Gipfel- und Gratwege und spart dadurch zu vieles aus, was es an Schönheit, Kultur und Geschichte zu entdecken gibt, nur um zwanghaft über jeden Maulwurfshügel zwischen Eisenach und Budapest zu führen!

Wenige Meter bevor ich wieder auf den EB stoße, passiere ich eine abgezäunte Gedenkstätte. Es ist ein Massengrab. Auf einer großen Betonplatte stehen ein paar Grabsteine, an denen das Regenwasser in dunklen Schlieren herabrinnt. In Stein gemeißelte hebräische Lettern, Davidsterne und siebenarmige Leuchter erinnern an über tausend Juden und Jüdinnen, die 1942 an dieser Stelle ermordet und verscharrt wurden. Kaum ein Dutzend von ihnen ist namentlich aufgeführt.

Die Unterlagen, die ich damals von Yad Vashem über meine Angehörigen erhielt, bezogen sich auf meine Großeltern und die Eltern von Opa Leon. Meine Großeltern hatten Ende der fünfziger Jahre versucht, eine Entschädigungszahlung von der

Bundesrepublik Deutschland zu bekommen. Dafür hatten sie Nachweise und die schriftliche Bestätigung dreier Augenzeugen über ihre Aufenthalte in Zwangsarbeitslagern und KZs vorlegen müssen. Ich habe die Suche auf weitere Angehörige ausgeweitet. Aber in der Datenbank des Holocaust Research Centers gibt es keine Aufzeichnungen über die anderen Familienmitglieder meiner Großeltern. Die Stadt Slonim, wo meine Großmutter geboren wurde, hatte vor dem Krieg einen jüdischen Bevölkerungsanteil von fast 80%. Allein 45.000 fielen Massakern wie Massenerschießungen vor Ort zum Opfer. Auch die am Ufer des Bugs liegende Kleinstadt Włodawa, Leons Geburtsort, bestand zu drei Vierteln aus jüdischen Bewohnern. Auf dem Gebiet der Woiwodschaft Lublin liegen die Vernichtungslager Sobibor, Belzec und Majdanek. Es scheint unmöglich, die Namen und Daten weiterer Verwandter wie beispielsweise des ersten Mannes meiner Oma und ihres Kindes oder ihrer Schwestern und Eltern zu ermitteln. Die Ghettos Sosnowiec und Baranowicze wurden schon vor dem Beginn der Transporte in die Vernichtungslager von Hunger, Typhus und Erschießungskommandos beherrscht. Und was die Lager angeht, in denen sie waren, so wurden beinahe alle Insassen, wenn sie nicht vor Ort verhungerten, an Seuchen starben oder ermordet wurden, am Ende nach Auschwitz oder in die anderen Vernichtungslager deportiert. Dass meine Großeltern überlebt haben, ist mehr als Glück. Dass ich existiere, ist folglich mehr als Glück. Einmal mehr wird mir auf dieser Wanderung bewusst, wie sorglos und privilegiert mein Leben ist.

Ich lege einen kleinen Stein auf einen der Grabsteine.

Erst dann folge ich wieder dem EB.

Am Abend komme ich in Katy für ein paar Złoty in einem schäbigen Zimmer über einem Sklep am Dorfrand unter. Dort tüftele ich einen Plan aus, der mich pünktlich zur Lesung von Monika Sznajderman zurück nach Wołowiec bringen wird. Der EB führt von Wołowiec aus in einem großen Bogen zur offiziellen Grenzüberquerung am Duklapass. Von dort geht es in einem ebensolchen Bogen, quasi spiegelverkehrt, auf slowakischer Seite wieder zurück, bevor der Trail beim Örtchen Zborov scharf in den Süden abknickt, um senkrecht durch die Slowakei bis Ungarn zu verlaufen. So kommt es, dass zwischen dem slowakischen Zborov und dem polnischen Wołowiec gerade mal siebzehn Kilometer Luftlinie liegen. Ich muss es also am besten nach Zborov schaffen, um von dort über die Passstraße zurück nach Polen zu trampen. Allerdings beträgt die Wanderstrecke auf dem EB zwischen Wołowiec und Zborov über hundert Kilometer und das schaffe ich in drei Tagen nicht. Also werde ich nur bis ins slowakische Svidník laufen und die folgende Etappe bis Zborov per Bus überspringen.

Der Tante-Emma-Laden dient anscheinend auch als Dorfkneipe. Bis spät in die Nacht grölen besoffene Männer unter meinem Fenster herum. Als diese endlich Ruhe geben, springt die Alarmanlage an. Aufgrund der abgelegenen Lage scheint sich aber niemand daran zu stören. Der Alarm dröhnt, bis morgens der Sklep wieder geöffnet wird.

Vollkommen gerädert schlüpfe ich in meine feuchten, muffigen Klamotten. Vor dem Sklep schütte ich mir einen zuckersüßen Dosen-Eiskaffee in den Rachen, um wach zu werden. Ich schaue, dass ich Katy hinter mir lasse. Gerade erreiche ich die offenen Wiesen oberhalb der Ortschaft, als mich ein riesiger schwarzer Hütehund, ein sogenannter Bärentöter, verfolgt. Weit und breit ist niemand zu sehen. Das schwarze Fellbündel kommt immer näher, für jemanden, der panische Angst vor Hunden hat, der pure Horror. Ich presse meine Hikingstöcke fest an meinen Körper und gehe mit zitternden Beinen und starrem

Blick stur weiter geradeaus. Mein Herz rast, ich bekomme kaum noch Luft. Jeden Moment rechne ich damit, von hinten angesprungen zu werden. Ich bin kurz davor, in Tränen auszubrechen – aber als ich mich umdrehe, ist der Hund verschwunden.

Kurz vor dem Duklapass zelte ich auf einem Campingplatz. Unter dem Dach der Freiluftküche lerne ich Adam und seine Frau Gosia aus Gdynia bei Danzig kennen, die mit ihren drei Söhnen Urlaub in den Beskiden machen. Als ich von meinem Plan, zur Lesung nach Wołowiec zurückzukehren, berichte, schlägt Adam vor, mich am nächsten Morgen mit dem Auto bis zum Duklapass zu bringen, damit ich schneller vorankomme. Da mir dieses freundliche Angebot dreizehn Kilometer bergnauf und bergnunner erspart, nehme ich es nur zu gerne an.

»Wir sind früher so viel durch Europa getrampt, und mit den Deutschen haben wir die besten Erfahrungen gemacht, sie haben immer am häufigsten angehalten. Ein Mann hat uns sogar einmal in Bayreuth während der Wagner-Festspiele eine private Übernachtung in der völlig überfüllten Stadt organisiert. Es freut uns, davon etwas zurückgeben zu können«, begründet Adam seine Hilfe.

Slowakei, Juli 2019

Als ich am nächsten Morgen am Duklapass aussteige, bin ich
erstaunt. Während auf der Europastraße ein LKW nach dem
anderen über die Grenze donnert, stehe ich vor einem gigantischen Kriegsmonument. Soldatenstatuetten, Grabsteine, Panzer und Büsten bekannter Generäle erinnern an die erbitterte
Schlacht, die beim Vorstoß der Roten Armee an diesem Kar-
patenpass stattfand. Als ich auf der Höhe eines T-34 die Straße
überqueren möchte, um zurück ins friedliche Grün der Wälder zu kommen, rollt vor mir eine Kolonne LKWs mit Panzern
Richtung Polen.

Und so geht es fröhlich weiter: Den ganzen Tag über stoße
ich im Wald, auf Wiesen und in den Dörfern auf zurückgelasse-
ne Panzer, ein Flugzeug der Roten Armee, genauer gesagt eine
Lisunow Li-2, Flakgeschütze, Feldhaubitzen, Schützengräben,
Bunkereingänge, Kriegsgräber. Dazwischen Holzkirchen mit
Zwiebeltürmchen, orthodoxe Bildstöcke, Marienbildchen und
Kruzifixe. Auf den Hügelkuppen ragen die Kanonenrohre der
Panzer in die Luft, als wäre das Kampfgeschehen nicht schon
über siebzig Jahre her. Selbst vor einer Kirche steht ein Sowjet-
Panzer, gleich neben den blumenbekränzten Grabsteinen. Ein
Kriegsrelikt jagt das nächste. Dazu hallt ein Gewitter durch die

Talsohle. Wie ein Tischtennisball wird es in einem fortwährenden Hin und Her von einer Seite des Talkessels zur anderen geworfen.

Zu meiner Überraschung finde ich in der Eistruhe eines kleinen Dorflädchens gleich mehrere Sorten Kaktus-Eis. Zusätzlich zur regulären Sorte in Reggae-Farben gibt es noch drei weitere. Wahrscheinlich hat man das Sortiment aufgestockt, nachdem der Absatz von Kaktus-Eis in Osteuropa exponentiell gestiegen ist, seit ich unterwegs bin. Natürlich kaufe ich von jeder Sorte ein Exemplar und bin in den nächsten Minuten einfach nur im besten aller Länder unterwegs: der Republika Kaktusa.

Wie geplant lande ich abends in Svidník, einer kleinen Stadt mit neongelber orthodoxer Kirche mit lauter lustigen Türmchen, die zwischen sozialistischen Plattenbauten und deutschen Discountern leuchtet und deplazierter nicht wirken könnte.

Am nächsten Morgen nehme ich vom tristen Busbahnhof einen Kleinbus nach Zborov. Zborov war vor dem Krieg ein typisches Schtetl. Spuren von der einstigen chassidischen Gemeinde finde ich nicht.

In Zborov muss ich meinen Daumen gar nicht raushalten: Tomek und Izabela warten an der Bushaltestelle auf mich. Wir queren die Grenze auf einer schmalen Landstraße.

»Das ist angeblich einer der ältesten Handelswege zwischen Ungarn und Polen. Im Volksmund heißt sie deswegen auch die ungarische Straße«, klärt mich Tomek auf.

»Wisst ihr, als ich vor einer Woche so genervt war vom andauernden Regen, und in Zdynia stand, da habe ich auf meiner Outdoor-App gesehen, wie kurz das Stück nach Zborov auf dieser Straße ist. Ich hätte locker mehr als hundert Kilometer vom EB abkürzen können, wenn ich direkt nach Zborov getrampt wäre und mir die riesige Schlaufe über den Duklapass gespart hätte. Zum Glück hab ich es nicht getan! Sonst hätte ich euch nicht kennengelernt! Ich hätte nie von der Lesung erfahren und das verlassene Tal der Lemken im Magursky Nationalpark hätte ich auch nicht gesehen. Das war Serendipity!«

Sie stimmen mir zu. Jetzt passieren wir das Dorf Zdynia. Tomek erklärt, dass hier jedes Jahr ein großes Gathering namens Watra, Hirtenfeuer, stattfindet. Selbst aus Amerika reisen dann Mitglieder an, um tagelang in traditioneller Tracht zu feiern. »Und übrigens: Andy Warhols Eltern waren Lemken! Sie kamen aus einem Dorf bei Svidník.«

Wir biegen in eine kleine bucklige Piste ab, die durch grün beweidete Hügel führt. Izabela deutet mit dem Finger auf eine riesige wilde, mit knorrigen Bäumen durchsetzte Koppel: »Als wir das letzte Mal hier langfuhren, galoppierte eine Herde weißer Pferde mit wehenden Mähnen über diese Hügel. Da erfasste uns eine Art Stendhal-Syndrom. Es war einfach zu viel Schönheit, um es auszuhalten!«

In Wołowiec flanieren wir die Straße hinab, vorbei an krummen Strommasten mit tiefhängenden Kabeln, einem Bach mit flachen Kieseln und verwitterten Holzschuppen bis zur alten Holzschindelkirche, die gerade restauriert wird. Der kleine, dreischiffige Sakralbau steht mitten auf einer grünen Wiese, am Fuße eines Weidehügels. Stufenförmig reihen sich die immer höher werdenden Kammern aneinander, düster, beinahe fensterlos, aber jede für sich gekrönt mit Pyramidendächern, Zwiebeltürmchen und silbernen Kreuzen. Auf der Wiese ein einsames Grab. Eine Professorin überwacht und koordiniert die Arbeiten. Sie zeigt uns die historischen Gemälde an der schlichten Holzwand und -decke und erklärt uns, dass sich vor dem Krieg alle Gemeindemitglieder das Gotteshaus teilten: Samstags wurde der Vorraum zum Betraum für die Juden, während es sonntags eine orthodoxe und eine katholische Messe gab. Die gelehrte Dame spricht so schnell über die komplizierten Zusammenhänge der einzelnen Glaubensströmungen in dieser Region, dass die Begriffe griechisch-katholisch, russisch-orthodox, byzantinisch, orthodox und römisch-katholisch in meinem Kopf ein einziges Chaos ergeben. Gut, ich verstehe: Protestanten mischten hier wohl nie mit. Eine schmale, durchhängende Empore und mit Schnitzereien verzierte Balken lassen den kleinen Raum noch beengter und dunkler wirken, als er eh schon ist. Spinnweben bewegen sich im Lufthauch, der durch die kleine Tür weht, die so niedrig ist, dass Tomek sich bücken muss. Die Ikonostase, die Kirchenschiff und Altarraum voneinander abgrenzt, ist teilweise mit einer Plane abgedeckt. Einige vergoldete Ikonen, Kreuze, Marien- und Jesusbilder stehen kreuz und quer in der winzigen Kirche, zwischen Werkzeugkästen, Holzleitern und Baustrahlern. Besonders ein Kreuz hat es mir angetan, es ist schwarz, unter den Füßen des blutenden Jesu Christi die für ein orthodoxes Kreuz charakteristische schräge zweite Querstrebe. In deren Mitte ein Totenschädel mit gekreuzten Knochen, wie man ihn von Piratenflaggen kennt.

»Die Schräge symbolisiert, dass die Gläubigen mit Jesus in den Himmel aufsteigen, während die anderen hinab in die Hölle rutschen«, übersetzt Tomek die Worte der Professorin. Von der Nutzung als Schule für den Sabbat und die jüdischen Feiertage ist keine Spur mehr zu finden.

Spät nachmittags hat Geschäftigkeit die Gäste der Agroturystyka in Beschlag genommen: Brote werden geschmiert, Kabanosy eingewickelt, Salzgurken aus Gläsern gefischt, Biere gekühlt, Korkenzieher gesucht: Auf dem Flyer zur Veranstaltung war man aufgerufen, Proviant und warme Kleidung mitzubringen. Der Wind trägt die Töne des Soundchecks verzerrt über die Hügel.

Am frühen Abend gibt es erhöhtes Verkehrsaufkommen im sonst so ruhigen Wołowiec. Die schmale Straße ist vollkommen zugeparkt. Ströme von Menschen pilgern zum Grundstück von Monika Sznajderman und Andrzej Stasiuk.

»Das ist die Hippiekommune der Beskiden!«, lacht Tomek angesichts der Menschen mit langen Haaren, zotteligen Bärten, ausladenden Filzhüten und wehenden Kleidern, die sich mit ihren Picknickkörben auf Wolldecken niederlassen. Ein paar ältere Leute sitzen bequemer: Sie haben Klappstühle mitgebracht. Während die Erwachsenen sich mit Bier und Wein zuprosten, toben die Kinder auf Strohballen herum. Ein Lagerfeuer qualmt, der Generator brummt.

Monika trägt eine rote Cordhose und einen bunten Wollponcho. Andrzej, in Cargohosen und schwarzem Kapuzenpullover, hält sich abseits der Menge, um, wie Tomek sagt, seiner Frau nicht die Show zu stehlen.

Pünktlich zur Lesung fängt es an zu tröpfeln.

»Ah ja, logisch: Rebecca ist ja wieder da!«, rufen die Gäste der Agroturystyka lachend.

Monika Sznajderman liest auf einer niedrigen, aus ein paar Brettern improvisierten Bühne. Ein Mikrofon, eine Stehlampe, mehr braucht es nicht. Neben ihr hat eine Band Schlagzeug, Gitarre und Verstärker aufgebaut. In den Lesepausen: Musik. Hinter der Bühne flimmern Filmaufnahmen aus Wołowiec und den angrenzenden Tälern über eine am Holzschuppen angebrachte Leinwand. Der Sound ist leicht verzerrt, metallisch klingende Countrybeats. Diese Musik passt ausgezeichnet zu den Bildern von sonnenverbrannten Hirten, Schafherden, nebelverhangenen Tälern, wogenden Grashalmen und zerfallenen Häusern.

Die Nacht senkt sich über das Event, die Umrisse der Baumkronen auf dem gegenüberliegenden Hügel werden zu einer gezackten Linie, die sich schwarz vor den purpurfarbenen Wolken abzeichnet. Stimmgewirr umgibt mich, leise verklingt nicht nur das Licht des Tages, sondern auch das Echo der letzten Töne der E-Gitarre. Am Lagerfeuer wird tüchtig Holz nachgelegt, Funken fliegen in den stockdusteren Himmel, der hier von keinerlei Laternen erleuchtet wird. Ich muss Tomek und Izabela zustimmen: Dieser Ort hat etwas Magisches.

Am nächsten Morgen kämpft die Streber-Rebecca, die möglichst den ganzen Weg laufen will, gegen die Bonvivant-Rebecca. Ich habe eigentlich keine Lust, nach Svidník zurückzukehren, um die Etappe bis Zborov nachzuholen, auf der als einziger Höhepunkt eine schöne Schutzhütte aufgeführt ist, aber ich will ja immer alles richtig machen. Ich stelle die Gretchenfrage im Klub. Die Antwort der Klubmitglieder fällt eindeutig aus: Einzig EB-Musterknabe Johann ist gegen einen weiteren Cheatday. Ich stelle mich der Mehrheitsentscheidung und erst jetzt, nach beinahe 2.000 Kilometern, befreie ich mich vom letzten Rest Leistungsdruck. Make friends, not kilometers! Was für eine Erleichterung! Ich bin müde all dieser Tage in Schlamm und Regen, müde des Schimmelgeruchs, der an mir haftet, müde der ständigen Gewitter, müde der bewaldeten Gratwege, die austauschbar sind. Ab jetzt entscheide ich mich gegen langweilige Bergrücken und für das Eintauchen in die geschichtsträchtige Atmosphäre der Täler links und rechts. Gegen stupides Durchmarschieren und für das Herumliegen auf Bergwiesen, um einfach mal zwei Stunden in die Luft zu starren und dem Brummen der Insekten um mich herum zu lauschen, und dabei nichts anderes zu tun, außer auf einem Grashalm zu kauen. Wenn schon abgelegene, menschenverlassene Natur um einen herum ist, dann bin ich dafür, sich für die Liebe in die Büsche zu schlagen. Ich bin dafür, auch einmal fünfe gerade sein zu lassen und sinnlose Asphaltkilometer gegen eine Stunde im Café zu tauschen. Nicht einer bestimmten Tagesleistung den Vorzug zu geben, sondern den Menschen am Wegesrand – nur so können neue Bekanntschaften entstehen, und manchmal werden daraus sogar Freundschaften fürs Leben. Und das ist doch, was zählt und am Ende fortbesteht: Drushba!

Als Izabela und Tomek vorschlagen, zu dritt noch einen schönen Tag zu verbringen, lasse ich auch das dreizehn Kilometer lange Wegstück ab Zborov sausen. Stattdessen fahren wir direkt in den Kurort Bardejovské Kúpele, wo wir uns einen schönen Nachmittag im Kurpark machen, Kaffee und Heilwasser trinken und den jazzigen Klängen einer Kapelle lauschen, die unter einer futuristischen 60er-Jahre-Pergola vor dem klassizistischen Kurhotel aufspielt.

Nach dem Abschied setze ich meinen Weg nach Bardejov fort. Es sind lediglich sechs Kilometer, also nicht mehr als ein kleiner Spaziergang und das bei schönstem Sonnenschein.

Bardejov verfügt über eine beachtliche Liste denkmalgeschützter Objekte, der Stadtkern gehört zum UNESCO-Weltkulturerbe. Ich möchte mir den berühmten Marktplatz mit seinen Bürgerhäusern, die Reste von Stadtmauer und Bastion, den jüdischen Friedhof, die Synagoge, die Mikwe und das Holocaust Memorial in Ruhe ansehen und miete mir ein Zimmer.

Als ich abends Bilder der schönsten Bauwerke in den Klub stelle, fragt Johann, ob wir eine Limonade trinken gehen wollen. Ich glaubte ihn mindestens hundert Kilometer im Voraus, stattdessen hängt er seit drei Tagen in Bardejov fest, weil er endlich Einsehen hatte und einen Teil seiner Ausrüstung nach Hause schicken möchte. Dazu muss er bis zum nächsten Morgen warten, da die Post das ganze Wochenende geschlossen war. Wir treffen uns am Marktplatz und plaudern ein wenig über unsere Erlebnisse, bevor jeder in seiner Pension verschwindet.

Der Frühaufsteher ist mir bereits einige Kilometer voraus, als ich aufbreche. Der Weg aus der Stadt hinaus führt vorbei an

Marktständen, an denen riesige Säcke mit krummen, fingerdicken Gurken feilgeboten werden und dicke, fleischige Tomaten. Es folgen Plattenbauten und dann, ganz am Rande der Stadt, vereinzelte, heruntergekommene Grundstücke, wo auf den Höfen Traktoren und Trabants vor sich hin rosten. Danach geht es kilometerlang über Asphalt. Schatten gibt es nicht und natürlich herrscht jetzt, wo es nicht mehr regnet, eine unerträgliche Hitze. Von der prallen Sonne bekomme ich Kopfschmerzen und übel wird mir auch. Im Dörfchen Hervatov stehe ich an der ältesten Holzkirche der Slowakei vor verschlossener Tür. Für diesen Fall gibt es drei Telefonnummern, die man anrufen soll. Weil niemand abhebt und mir immer noch schlecht ist, lege ich mich in den Schatten eines Baums vor der Kirche und döse ein wenig, bis mich einer der drei Schlüsselwärter zurückruft und verspricht, in zehn Minuten da zu sein. Daraus wird eine halbe Stunde, in der sich immerhin zwei junge und drei alte Slowaken, zwei Österreicher, ein paar Darmstädter und eine unübersichtliche Zahl Polen dazu gesellen. Das Entgelt zur Besichtigung ist nicht gerade gering, aber wenigstens bekomme ich eine deutsche Broschüre in die Hand gedrückt (deren Erklärungen allerdings aufgrund der holprigen Übersetzung kryptisch bleiben).

Von der Kirche führt ein zerfurchter Weg hinauf ins Čergov-Gebirge, immer entlang an einer Reihe Heiligenbildchen, die den Kreuzweg Jesu illustrieren. Es ist immer noch heiß, aber wenn man einmal oben angekommen ist, läuft es sich angenehm gerade über den Kammweg.

Johann ruft an und fragt, wo ich bin. Ich erkläre ihm, dass ich Hervatov hinter mir gelassen und das Gebirge erklommen habe.

»Hej, dann bin ich nur wenige Kilometer vor dir. Schau mal in deine Offlinekarten, da gibt es eine Berghütte. Ich wollte dort gerade was essen, aber sie haben geschlossen. Ich habe jedenfalls für heute trotzdem keine Lust mehr, weiter zu laufen, und hier ist es optimal zum Übernachten: Sie haben eine riesige überdachte Grillhütte.«

»Okay, cool, dann komme ich da hin. Ich brauche noch drei Stunden bis zu dir.«

Plötzlich donnert es.

»Sag mal, gewittert es bei dir?«, fragt Johann.

»Eigentlich nicht, zumindest sehe ich nichts davon, der Himmel ist strahlend blau.«

Eine halbe Stunde später renne ich um mein Leben. Das Gewitter hat mich eingeholt. Es gibt keine Möglichkeit, vom Kamm abzusteigen, es gibt nichts zum Unterstellen, auf dem schmalen Grat stehen vereinzelt hohe Bäume, also so ziemlich die blödeste Voraussetzung. Deshalb traue ich mich auch nicht, das zu tun, was man eigentlich tun soll: nämlich sich am Boden zusammenkauern. Ich habe Todesangst. Als ich die Sekunden zwischen Blitz und Donner zählen will, scheppert und blitzt es genau über mir, die Erde bebt unter dem mächtigen Grollen. Ich bin mittendrin. Meine Stöcke schleife ich am Boden hinter mir her, das Handy habe ich längst ausgeschaltet. Geduckt haste ich weiter. Ich heule wie ein Kind und bin kurz davor, mich zu übergeben.

»Nie wieder!«, schwöre ich mir. »Nie wieder gehe ich alleine wandern!«

Ich verfluche den EB und seine beschissenen Gratwege, während ich mir die Seele aus dem Leib schreie, ich heule wie ein Kind und bin kurz davor, mich zu übergeben. Zum ersten Mal begreife ich, was es heißt, um sein Leben zu rennen. Obwohl ich am ganzen Körper zittere und meine Beine regelrecht schlottern, brauche ich statt drei Stunden nur zwei. Kurz bevor ich die Grillhütte erreiche, in der Johann auf mich wartet, verzieht sich das Gewitter. Ich sacke zusammen und rufe Johann an. Als ich seine Stimme höre, fange ich an zu schluchzen.

»Bleib sitzen, ich hol dich ab.«

Kurze Zeit später ist er da, fröhlich pfeifend und mit Regenschirm bewaffnet.

»Warum bist du mir nicht entgegengekommen? Du weißt doch, wie viel Angst ich bei Gewitter hab!«, werfe ich ihm vor und weiß selbst nicht, warum ich das tue.

»Gewitter? Welches Gewitter? Bei mir hat's nur geregnet. Ich habe schon das Donnern gehört, aber das klang total weit weg. Oh Mann, du lässt aber auch kein Unwetter aus!«

In der Grillhütte sitze ich nass und verfroren am Tisch und starre apathisch vor mich hin. Johann wuselt fröhlich rum, richtet das Nachtlager her, baut den Kocher auf und sammelt Holz. Ich kann mich nicht mal umziehen.

»Was ist los mit dir? So hab ich dich ja noch nie gesehen.«

»Ich hab wirklich gedacht, dass ich sterbe. Ich will den EB nicht mehr laufen. Ich kann das nicht.«

»Klar kannst du das. Wir laufen die nächsten Tage einfach wieder zusammen.«

In den Slanské vrchy wandern wir mehrere Tage lang fernab jeglicher Zivilisation über alte Vulkankegel und durch dichten Wald, in dem sich die Markierung so manches Mal im undurchdringlichen Dickicht verliert. Wo uns das GPS-Signal lang schickt, ist längst kein Pfad mehr erkennbar, man bräuchte eine Machete oder eine Motorsäge, um sich durch die Wand aus umgestürzten Nadelbäumen, Brombeergestrüpp und wild wucherndem Gebüsch zu schlagen. Es scheint, als sei seit der Gründung des EB niemand mehr durchgekommen. Ein paar Relikte aus dieser Zeit haben sich erhalten: Alte Nadler zum Durchstechen des Stempelhefts und rostige, verbogene Wegweiser mit dem Emblem des EB. Einmal mehr frage ich mich, wie es war, sich mit Papierkarte und Kompass bis Ungarn durchzuschlagen. Apropos Ungarn: Die ungarische Grenze rückt mit jedem Tag näher und ich verspüre ein Gefühl der Aufregung, das letzte der fünf zu durchwandernden Länder fast erreicht zu haben. Am Anfang erschien mir die Strecke als so gewaltige und unüberschaubare Dimension, dass ich es jetzt gar nicht fassen kann, dass mich nur noch eine Ländergrenze vom Ziel trennt. Gleichzeitig verspüre ich beim Durchwandern der abgeschiedenen Sovarer Berge das befreiende Gefühl, absolut keine Verantwortung für nichts und niemanden außer für mich selbst und meine tägliche Versorgung zu tragen.

Für einen Tag verlassen wir die einsamen Höhen und trampen an einem Pass ins nahe Herľany. Dort gibt es einen Geysir, der ungefähr alle 36 Stunden sprudelt. Außer dem Geysir hat der Ort nichts zu bieten. Man kann sich im Internet über die Eruptionszeiten informieren, aber da wir in den Bergen kein Netz hatten, haben wir den Abstecher auf gut Glück unternommen. Und wir haben Glück: Eigentlich sollte der Geysir um vierzehn Uhr sprudeln, aber als wir am späten Nachmittag eintreffen, warten die Schaulustigen immer noch. Allein, egal wie oft jemand in die Betoneinfassung des Kaltwassergeysirs schaut, sein Ohr an deren Öffnung legt oder gar die eine oder andere Münze hineinwirft: nichts geschieht. Die Tagesgäste verschwinden, der Platz leert sich, Ruhe legt sich über den eh schon verschlafenen Ort. Nur ein paar Hartnäckige harren noch mit uns auf der Bank aus. Und als niemand mehr damit rechnet, da rumpelt und blubbert es schließlich und bald schießt die Fontäne meterhoch.

Weil man sich im einzigen Lokal des Ortes weigert, mir etwas Glutenfreies zusammenzustellen, und sei es nur ein Salat, sehen wir zu, dass wir so schnell wie möglich wieder in die Berge kommen, denn mit scheußlichen Müsliriegeln und trockenen Reiswaffeln kann ich mich auch da vollstopfen. Es ist glücklicherweise das einzige Mal auf der gesamten Wanderung, dass man mich so auflaufen lässt.

Zwei Tage später treffen wir in Košice, der zweitgrößten Stadt der Slowakei, zur fashionablen Stunde ein. Verspiegelte Sonnenbrillen, protzige Armbanduhren, Goldschmuck, glänzende Schuhe, gebügelte, fleckenfreie Kleidung, die Handtaschen größer als die Hündchen – Bling-Bling wohin das Auge sieht. Da ernten wir, denen man ansieht, dass sie ganze Tage im Wald verbrachten, nur abfällige Blicke, als wir uns auf dem Freisitz eines Cafés am Marktplatz niederlassen. »Die müssten mich mal sehen, wie ich normalerweise rumlaufe, da würden die nicht halb so blöd gucken«, mokiere ich mich.

Und Johann, der mich nicht anders kennt als in stinkenden Wanderkleidern, schaut ein bisschen wehmütig.

Die Stadt im Kaschauer Kessel ist Bischofssitz und von unserem Platz aus haben wir beste Aussicht auf den prächtigen Gotikbau des St.-Elisabeth-Doms, der über die älteste erhaltene Zwillingswendeltreppe verfügt. Obwohl Košice bombardiert wurde, gibt es erstaunlich viele historische Gebäude, die Altstadt ist voll von prächtigen Sehenswürdigkeiten. Košice fiel durch das Wiener Diktat 1938 wieder an Ungarn. Die Züge, mit denen die ungarischen Juden nach Auschwitz gebracht wurden, passierten hier die Grenze. So wurde in Košice durch penible Zählungen die genaue Personenzahl jedes einzelnen Transportes erfasst. Teilweise fuhren täglich fünf Züge mit bis zu 17.000 Menschen durch den Bahnhof der Stadt, die von den Deutschen Kaschau genannt wurde. Ich verstehe einmal weniger, warum man meinen Großvater genau entgegengesetzt deportiert hatte.

Je näher wir Ungarn kommen, desto aufgedrehter bin ich. Das Klima wird merklich mediterraner, Pinien säumen die Straßen, in den Gärten der niedrigen, langgezogenen Häuser stehen Wein, Mais und orthodoxe Kreuzbilder. Der Kurort Byšta kúpele ist ein Geisterdorf. Der Mineralbrunnen ist verplombt, die Fenster der Kurhotels eingeworfen, am Kiosk wächst das Unkraut höher als die im Boden verankerten Betontische. Die Reste der Möblierung sind mit Putzbrocken übersät, die Tapeten haben sich von den Wänden gelöst, die Gardinen wehen grau und traurig im Wind. Fliesenmosaik und Kacheln im Badehaus sind von grünem Moos und Algen überzogen, an den Deckenlampen hängen Fledermäuse. Die früheren Behandlungsräume sind immer noch mit Duschvorhängen voneinander abgetrennt, die Gerätschaften verrostet oder zerstört. Das Ganze wirkt so morbide, als habe man hier einst nicht Kurgästen heilende Bäder, Packungen und Massagen verpasst, sondern Frankenstein erschaffen.

Denny holt immer noch zügig auf, aber Johann sagt, ihm sei es jetzt wichtiger, mehr von den Orten und Menschen am Weg mitzubekommen, als Etappe um Etappe abzuhaken. »Soll er doch bis Budapest durchrennen wie ein Irrer, das ist mir irgendwie mittlerweile auch egal.«

Der Grund für Dennys Rasermentalität ist übrigens eine Frauengeschichte: Er möchte so schnell wie möglich wieder in der Heimat aufschlagen.

Kurz vor der Grenze tauchen kilometerlange Sonnenblumenfelder auf. Gelbe, mannshohe Blüten erstrecken sich bis zum Horizont und verleiten uns zu allerhand Blödsinn. Angesichts der Rumalberei wird uns einmal mehr bewusst, dass ab jetzt nicht nur die Zeit auf dem EB begrenzt ist, sondern auch unsere gemeinsame. Also erstellen wir eine To-do-Liste. Wir wollen Eisbecher mit Sahne essen, außerdem Kesselgulasch und gebutterte Maiskolben, Tokajer trinken, mindestens ein ungarisches

Thermalbad besuchen und in einem Biergarten sitzen. Der Rest ist zu unanständig, um ihn hier wiederzugeben.

Ungarn, August 2019

Im Ort mit dem unaussprechlichen Namen Sátoraljaújhely ist es so weit: Ich überquere die letzte Landesgrenze auf der Strecke des EB und bin in Ungarn. Jetzt liegen nur noch 520 Kilometer zwischen mir und Budapest. Selbst wenn ich nur zwanzig Kilometer täglich laufe, werde ich nicht mehr länger als vier Wochen unterwegs sein. Ich kann ab jetzt die Tagesetappen runterzählen wie ein Knastbruder seine Hafttage. Es ist ein komisches Gefühl, dass die Zeit auf dem EB so kalkulierbar geworden ist.

Zwei Besuche stehen noch aus: Erst möchte Nico mich in Eger treffen und dann kommt Julia nach Visegrád am Donauknie, um mit mir das Finale bis Budapest zu wandern. Julia wird das *ZierlichManierlich* und die beiden Kinder ein paar Tage ihrem Mann überlassen. Und die Kinder meiner Freundin Nico, mit der Tamara und ich als Teenager das Trio infernale bildeten, sind in den Sommerferien. Das Außenseitergefühl, das aus meiner Kindheit herrührte, hatte ich damals nur im Kreise meiner engsten Freundinnen ablegen können, und das waren Tamara und Nico. Umso schöner, dass sie beide weiterhin Teil meines Lebens und Teil des *Klub Drushba* sind.

Es fiel mir noch nie schwer, Fremdsprachen zu lernen, aber in Ungarn kapituliere ich. Ungarisch gehört zu den uralischen Sprachen und ist mit dem Finnischen verwandt. Ich schaffe es gerade mal, mir die Wörter Danke (Köszönöm) und Guten Tag (Jó napot) zu merken. Die bläue ich auch Johann ein. Also schleudert der in seiner gewohnt lauten Freundlichkeit nun jedem Passanten ein fröhliches »Jó napot!« entgegen. Meistens öffnen uns seine unvoreingenommene, fröhliche Art und die Angewohnheit des lautstarken Grüßens Tür und Tor, ein paar Mal führte es aber auch dazu, dass sich manch Trinker, Schwätzer oder Streuner länger an unsere Fersen heftete, als uns lieb war. Einmal hätte Johann in der Slowakei sogar fast Prügel bezogen, weil die Besoffskis vor einem Supermarkt weniger Lust auf nette Begrüßungen hatten als auf jemanden, dem sie eine reinhauen konnten.

In Sátoraljaújhely lässt Johann seine Stiefel neu besohlen und ich kaufe mir einen Kamm. Meine Haare sind so lang geworden, dass ich sie nicht mehr mit den Fingern bändigen kann, ich sehe aus wie Momo. Also rufe ich meine Friseurin an, um einen Termin nach meiner Rückkehr festzumachen.

»Alles wie immer?«, fragt sie.

»Nö. Die Haare bleiben kurz. Ich bin sooo happy damit!«

»Okay, also bisschen Spitzen schneiden und färben?«

»Nö. Färben möchte ich auch nicht mehr.«

»Weißt du was? Irgendwie hab ich es geahnt!«

»Da warst du schlauer als ich!«, rufe ich und freue mich zum ersten Mal ein kleines bisschen auf zu Hause.

An einer kleinen Gasse reihen sich zu beiden Seiten eines trockenen Bachlaufs weiße Häuschen mit roten Ziegeldächern, jedes für sich mit einem Weinkeller versehen. Das Tokaj-Weingebiet hat hier seine Ausläufer. Vor einem Häuschen sitzt eine rothaarige ältere Dame. Neben ihr eine Klappliege, darauf ein Mann mit einem Strohhut auf dem Gesicht. Sein Schnarchen ist über die ganze Gasse zu hören. Wir grüßen und werden von der Dame herangewunken. Sie nimmt uns mit in das kühle Innere des rustikalen Gebäudes. Ein einfacher Raum, ein Tisch, ein paar umgedrehte Weinfässer, mehr gibt es nicht. Während ihr Mann vollkommen ungerührt weiter vor sich hin schnarcht, zeigt sie uns die düsteren Treppen in den Weinkeller. Sie gießt uns ein, der helle, leicht gelbliche Wein schmeckt säuerlich, dabei gilt Tokajer als Süßwein. Der erste Punkt der To-do-Liste ist also abgehakt. Wir haben keine gemeinsame Sprache, unterhalten uns dennoch eine Stunde lang prächtig dank universalgültigen Gesten und Worten wie »rabotti« und »zappzarapp«. Zum Abschied bekommen wir noch eine 1,5 Liter PET-Flasche vom Selbstgekellerten in die Hand gedrückt. Als wir gehen, nimmt der Schnarcher den Hut vom Gesicht, präsentiert einen formidablen Schnurrbart und winkt uns fröhlich nach.

In Ungarn ist der EB identisch mit dem Országos Kéktúra. Die Blaue Landestour führt in über tausend Kilometern bis an die österreichische Grenze. Budapest liegt also etwa in der Mitte davon. Ich verliebe mich vom Fleck weg in den Kéktúra. Allein weil die Informationstafel darüber aufklärt, dass man auf der Strecke die Kalorien von 646 Hamburgern, 2074 Äpfeln und 450 Butterbroten verbraucht. 331 Liter Wasser soll man trinken.

Wir marschieren durch stille, mückenverseuchte Buchenwälder. Ab und zu kommt ein Gehöft oder ein Dorf. An den Straßen stehen blaue Wasserpumphähne, an denen wir unsere Flaschen auffüllen und uns Gesicht und Hände waschen können. Es dauert meist keine zwei Minuten, ehe wir angesprochen werden, Slivovitz oder Pálinka trinken müssen und auf der

Couch irgendeines Ömchens untergebracht werden, obwohl wir eigentlich zelten wollten. Dabei ist Ungarn das einzige der fünf EB-Länder, in dem Wildcampen erlaubt ist!

Egal, wo wir an den ersten Tagen auf dem Kéktúra landen: Otto und Zoltán sind schon da. An Stempelstellen, Brunnen, Burgen, Kapellchen, Forsthütten, Tante-Emma-Läden, Wasserlöchern oder bei den Ömchen auf der Couch; wir begegnen uns so oft, dass wir uns bald in nette Plaudereien verstricken. Sie sind Lehrer und wandern immer mal wieder ein paar Tage auf dem Weg. Ihr Kéktúra-Stempelheft pflegen sie sorgsam. Von Johanns Original-EB-Heft aus dem Jahre 1983 sind sie mächtig beeindruckt.

An einem Ziegengehöft wundern wir uns nicht nur über die morbide Deko an den Bäumen, die aus lauter Ziegenschädeln besteht, sondern auch über die Aufschrift »eb óla« an einer Hundehütte. Die beiden klären uns auf, dass der Hund mitnichten Ebola heißt. Es ist ein Wortwitz: »eb« ist ein veralteter, literarischer Begriff für Hund und »ól« ist die Hütte. Eb óla bedeutet also wörtlich übersetzt: Hütte des Hundes.

Bisher hat Denny uns mit Siebenmeilenstiefeln verfolgt, aber jetzt hat er nicht nur einen Hänger, er hat außerdem einen Magen-Darm-Virus und ist deshalb an eine slowakische Pension gefesselt. Wir empfehlen ihm, bis Bardejov zu fahren, da die medizinische Versorgung dort besser ist. Von dort erreichen uns täglich verzweifelte Anrufe und WhatsApp-Nachrichten.

»Er ist einsam. Lade ihn doch ein, ein paar Tage mit uns zu laufen«, ermahne ich Johann. Ich stelle es mir lustig vor, zu dritt. »Ein richtiger kleiner Klub eben!«

»Ja schon, aber dann wird's nix mehr mit den mittäglichen Schäferstündchen in Wald und Wiese«, wirft Johann ein. Ein ziemlich bitterer Wermutstropfen, wie ich zugeben muss.

»Ja, aber er ist doch dein Freund. Wir können ihn nicht einfach hängen lassen«, mahne ich trotzdem.

»Der will eh schon Ende August in Budapest sein. Er kann ein paar Tage mit uns wandern, und dann soll er sich wieder verzischen und vordüsen«, gibt sich Johann geschlagen.

Und so verfolgt uns Denny jetzt nicht mehr per pedes, sondern per Bus und Zug. Mehrere hundert Kilometer überspringt er, um sich mit uns am Kéktúra zu treffen.

Ich laufe derweil nicht nur mein letztes Paar Socken durch, sondern auch die Innensohle eines Schuhs. Johann leiht mir seine Ersatzsocken, aber mit nur einer Sohle läuft es sich mehr schlecht als recht.

Als wir noch die Burgruine Regéc besichtigen, wartet Denny bereits an der dreizehn Kilometer entfernten Burg Boldogkő auf uns. Die ist wirklich spektakulär: Schon von Weitem sieht man die Burganlage auf einem Fels über der Landschaft thronen. Auf dem Feld zu ihren Füßen hocken mächtige bienenkorbförmige Strohhaufen. Pinien und mediterrane Kräuter säumen den Aufstieg. Hunderte Schwalben kreisen über den schwarzen Turmdächern. Denny wartet vor dem Mittelalter-Restaurant. Zur dringend nötigen Abkühlung kaufen wir uns an einem Stand jeder ein Slush-Eis, das unsere Zungen blau einfärbt. Was machen Fernwanderer als Erstes? Sie präsentieren sich gegenseitig ihre Ausrüstung. Denny hat den kleinsten und leichtesten Rucksack von uns dreien. Auch er hat ein Zelt mit, das er nur im Notfall benutzt.

Wichtiger als die Ausrüstung ist nur das Thema Essen. Hunger ist der ständige Begleiter der Thruhiker. Wir kehren in die Burggaststätte ein, die sich in einem Kellergewölbe befindet. Ein düsterer langer Raum, an den Wänden Wappen, Waffen und Fackeln. Hier kredenzt man ganze Hasen, Hühner, Enten und Schweinshaxen auf gigantischen Holzplatten.

Dazu gibt es Grütze, Polenta und Kraut. Gegessen wird mit einem Holzlöffel, getrunken aus Tonkrügen. Die exorbitanten Portionen sind genau das Richtige für den Hiker-Hunger. Und wer sitzt natürlich schon an der langen Rittertafel? Otto und Zoltán!

Obwohl Denny nicht mit essen möchte, weil sein Magen-Darm-Trakt immer noch zwickt, ist er übrigens schon eine Stunde später vollkommen genesen.

»Ich hab doch gesagt, dass er einsam ist!«, flüstere ich Johann zu. »Das hat ihn krank gemacht.«

Nach dem ritterlichen Schmaus plagen wir uns in der Nachmittagshitze über die abgeernteten Stoppeln der Getreidefelder, durchkreuzen welke Sonnenblumenfelder, brechen reife Maiskolben von den trockenen Stängeln und erzählen von den getrennt verbrachten Abschnitten. Den hundsgemeinen slowakischen Steilanstieg in die Mala Fatrá nahm Denny in Rekordzeit. »Da kamen ein paar Waldarbeiter und riefen immer wieder: ›Medved! Medved!‹ Sie hatten also kurz zuvor einen Braunbären gesichtet. Ich glaube, so schnell wie ich war noch keiner den Berg da rauf!«

Manchmal lasse ich mich ein wenig zurückfallen, einmal, weil ich merke, dass ich das Bedürfnis habe, mir in Ruhe Gedanken über die Zeit nach der Wanderung zu machen und in mich hineinzuhorchen. Und zum anderen, weil die beiden sich sicherlich einiges zu erzählen haben. Was mir aber gar nicht gefällt, ist, dass sich Johann, seit Denny zu uns gestoßen ist, mir gegenüber distanziert verhält. Dabei weiß Denny längst, dass unsere Wanderfreundschaft nicht nur platonisch ist, denn er konnte, wie alle anderen aus Johanns Freundes- und Familienkreis, anhand der Statusfotos feststellen, dass Johann, seitdem wir uns im Erzgebirge kennengelernt hatten, plötzlich in einem dunkelgrünen Zelt schlief, statt in seinem leuchtend gelben.

Die Nacht verbringen wir unter freiem Himmel auf einem Aussichtsturm, wo wir einfach auf der oberen Etage unsere Isomatten auf dem Holzboden ausrollen. Während wir oben von Mücken zerstochen werden, zerwühlen unten Wildschweine den Waldboden, das Bellen der Dorfhunde und einmal das Heulen von Wölfen, deren Spuren wir tagsüber schon an den Bachfurten gesehen hatten, schallt aus dem Tal hinauf.

Denny hat ein Paar Socken für mich. So kann ich an dem Fuß, dessen Schuh keine Einlegesohle mehr hat, zwei Socken übereinander tragen. Diese provisorische Lösung sorgt zwar immer noch nicht für ein angenehmes Laufgefühl, aber wenigstens spüre ich nicht mehr jedes Steinchen.

Der Verlauf des Kéktúra führt uns von Dorf zu Dorf. Die meisten Häuser sind sogenannte Laubenganghäuser: Schmale, eingeschossige Gebäude, die an einer Seite eine überdachte, von Säulen getragene Veranda haben. Daran ranken Weinreben, hinter den Gartenzäunen prächtige Blumen- und Gemüsebeete, Brunnen mit Kurbeln und Hühnerställe, in manchen Gärten hat nicht nur der Hofhund, sondern auch jedes Huhn seine eigene Hundehütte. Vor den Tante-Emma-Läden trinken sonnenverbrannte Männer Bier. Zahnlose Omas mit bunten Kittelschürzen und Kopftüchern sitzen vor ihren Gärten. Schwer hängen die Äste der vollbeladenen Obstbäume über die Zäune. Immer wieder kann ich mich mit vollen Händen an Pflaumen, Birnen und Äpfeln bedienen. An den Ortsrändern Romasiedlungen. Autowracks und Elektromüll türmen sich hinter den Zäunen, dazwischen scharren Hühner und meckern Ziegen. Kinder schleppen schwere Eimer Wasser von den blauen Pumphähnen in die heruntergekommenen Höfe der baufälligen Häuser, wo gewaschen, gekocht und diskutiert wird. Wilde Hunde streifen durch die Gassen, von den Fassaden blättert der Putz, intakte Fenster gibt es kaum. Man winkt uns, hält einen Schwatz, weist uns den Weg und manchmal begleiten die Kinder uns ein Stück auf ihren klapprigen Rädchen.

Es ist unerträglich heiß. Seit der Grenzüberquerung scheint das Wetter uns zeigen zu wollen, warum es diesbezüglich schlauer gewesen wäre, in Budapest zu starten. Die Sonnenhüte werden ausgepackt. Nur Johann, der als Zimmermann sein Leben lang auf Dächern arbeitete, macht die Hitze nichts aus. Er setzt weder einen Hut auf, noch cremt er sich ein und er stöhnt und keucht auch nicht so rum wie Denny und ich. Denny mokiert sich über Johann. Er nennt ihn Ledernacken. Die Männer wollen nicht zelten und drängen ständig darauf, lieber in Gästehäusern zu nächtigen. Ich habe darauf wenig Lust, auch wenn es zu netten Begegnungen führt. So erklärt uns ein Mann, im örtlichen Vendégház, dem Gasthaus, bräuchten wir gar nicht klopfen, das sei geschlossen, seitdem es »the two lazy daughters« übernommen haben.

In einem Ort gibt es nicht nur den üblichen Vegyesbolt, also Tante-Emma-Laden, sondern auch einen Discounter. Der hat gerade Sport-Aktions-Wochen und deshalb unter anderem Gelsohlen im Angebot. Meine Füße sind gerettet, dafür müssen ab nun sämtliche Nasen meines Umfelds leiden, denn die Plastiksohlen entwickeln schon nach kurzer Zeit einen überaus strengen Geruch, den keine Tonnen von Seife von meinen Füßen spülen können.

In Tornabarakony, dem kleinsten Dorf Ungarns, scharen sich einige wenige verstreut liegende Laubenganghäuser um eine knallgelbe barocke Kirche. Denny und Johann laufen meist vorneweg und warten nur mittags und abends auf mich. Als ich mich neben sie an einem Picknicktisch auf die Bank fallen lasse, ist in der Ferne das Donnern und Grollen eines Gewitters zu hören. Da kommt eine ältere Dame aus einem der Häuser und spricht uns an. Sie heiße Edit und nutze jede Gelegenheit, um ihr eingerostetes Englisch bei einer kleinen Konversation aufzupolieren. Ob wir mit ihr einen Kaffee trinken wollen? Wir folgen ihr nur zu gerne in ihr kühles Häuschen. Sie berichtet, dass nur noch vier Menschen ständig im Dorf leben. »Mein Haus ist das Lavendelhaus.«

Das sieht man: Im Hof stehen üppige Lavendelsträucher, Lavendelsträuße hängen an den Wänden, Lavendelsäckchen liegen auf dem Tisch, ebenso Lavendelseife und in Honig eingelegte Lavendelblüten. Zum Kaffee reicht sie, wie sollte es anders sein, Lavendelkekse. Die Küche ist mit blau gemusterten Kacheln gefliest, ebenso wie der riesige alte Herd in einer Ecke. Schwarze Holzbalken tragen die niedrige Decke, an den Wänden hängen Ikonen. In den breiten Türrahmen gibt es eingelassene Schranktüren, hinter denen feines Porzellan lagert. Die gute Stube ist mit einer antiken Chaiselongue, einem Bauernbett und einer dunklen Vitrine liebevoll eingerichtet. Edit weist uns darauf hin, dass hier die Wände viel heller sind als in der Küche: »Das ist das weiße Zimmer. Weil es hier keinen Ruß vom Ofen gibt. Früher wurde der Raum nur für Geburten und die Totenwache genutzt.«

Wir fragen Edit, wie es kommt, dass die Roma meist an den Rändern der Siedlungen leben, ihre eigenen Dörfer in den Dörfern haben, aber eben an den Rand gedrängt und abseits, wie ein nach außen abgeschotteter Kosmos, als ob es eine unsichtbare Mauer zwischen den Bevölkerungsgruppen gäbe. In Ungarn fällt uns das noch stärker auf als in den Ländern, die wir zuvor durchwandert haben.

»Ja«, sagt Edit, »das ist das Problem: Sie sind nicht Teil der Gesellschaft, sie leben in einer Art Parallelgesellschaft. Es mangelt vor allem an Bildung. Man lässt sie nicht teilhaben. Man stößt sie aus. Und sie haben so viel Leid erfahren, dass sie lieber unter sich bleiben.«

Was nicht verwunderlich ist: Die Geschichte der Roma und Sinti ist seit Jahrhunderten von Vertreibung, Ausgrenzung und Unterdrückung geprägt. Von den Nationalsozialisten wurden sie verfolgt und ermordet: Porajmos – Das Verschlingen – ist ihr Wort für den organisierten Massenmord in den Konzentrationslagern. Aber erst in den 1980er-Jahren wurde dieser Völkermord anerkannt. Ressentiments und Diskriminierung prägen Leben und Alltag der Roma und Sinti immer noch. Laut einer aktuellen Umfrage lehnen rund 60 % der Ungarn, 80 % der Slowaken, 50 % der Polen und 70 % der Tschechen Roma ab. Bei den Deutschen sind es immer noch ein Drittel der Bevölkerung, aber beinahe die Hälfte der Deutschen gibt an, Roma und Sinti nicht als Nachbarn haben zu wollen, dabei gehören sie bei uns zu einer von vier nationalen Minderheiten.

Es tut regelrecht weh, auf der Wanderung beinahe täglich Zeuge dieser Ausgrenzung zu werden.

Edit wechselt das Thema und zeigt uns einen Zeitungsartikel mit einem Foto von ihr und den Filzkissen, die sie eigenhändig produziert. Aus der Abstellkammer holt sie außerdem große Dörrsiebe und präsentiert uns stolz ihre Ausbeute an getrockneten Pilzen, die sie in den Wäldern rund um das Dorf gesammelt hat. So plaudern wir noch eine Weile gemütlich hin, während es draußen donnert.

»Ach, da müsst ihr euch keine Sorgen machen, die Gewitter regnen sich immer am Steinbruch im benachbarten Tal ab«, beruhigt sie uns, als wir zum Aufbruch drängen.

Kurz nachdem wir uns aus der Gemütlichkeit ihres Hauses losgerissen haben, zeigt sich, dass wir wieder einmal mehr Glück als Verstand haben, oder wie man in der Eifel sagt: »Dat Glück is mit die Doof!« Kaum um die Ecke von Edits Lavendelhaus, fängt es mit schweren Tropfen an zu regnen. Just in diesem Moment hält ein Linienbus neben uns.

»Wir steigen da jetzt ein und fahren bis Bódvaszillas«, fordert Johann. Und weil der sonst darauf besteht, jeden einzelnen Meter vom EB abzulaufen, lachen wir nur laut und halten den Vorschlag für einen Witz. Aber Johann meint es ernst, kauft drei Tickets und steigt ein. Widerrede zwecklos. Denny und ich haben zwar nichts dagegen, ein paar Kilometer zu schummeln, aber wir verstehen Johanns Vehemenz nicht, denn es tröpfelt ja nur. Fünf Minuten später sind wir heilfroh. Erst wird der Regen so stark, dass weder Straße noch Landschaft erkennbar sind. Dann fallen dicke fette Hagelbrocken vom Himmel. Sie prasseln so laut auf das Busdach, dass die Insassen erschrocken aufschreien. Im Schneckentempo kriecht der Bus über die Landstraße, während es um uns herum bollert.

An der Endhaltestelle springen wir vom Bus direkt durch die offene Tür einer Kneipe. Die örtlichen Trinker drängen sich im winzigen Schankraum um zwei Tische und starren fassungslos in das vor der Tür tobende Inferno. Es blitzt und donnert so heftig, dass die Lampen wackeln. Das elektrische Licht flackert. Der Regen fällt so dicht und schwarz, dass selbst die wenige Meter vor der Kneipe stehende Erinnerungssäule kaum zu erkennen ist.

»Das macht keinen Sinn mehr, heute noch weiterzuwandern!«, stellt Denny fest.

Aber auch in der Kneipe wollen wir nicht bleiben, die zahnlosen Gesellen rücken uns nämlich auf die Pelle und wollen uns zum Mittrinken animieren. Also wagen wir uns raus und klappern die Straßen nach einem Vendégház ab. Tatsächlich werden wir fündig und die Verkettung der glücklichen Umstände setzt sich fort, denn unsere Vermieterin Judit spricht zwar weder Englisch noch Deutsch, aber sie hat einen Arbeitskollegen, den sie als Telefonjoker einsetzt. Der richtet uns aus, am nächsten Tag auf keinen Fall weiterzuwandern, es sei zu gefährlich. Judit sei Höhlenführerin im nahe gelegenen Aggteleker Karst und werde uns morgen früh mit zur Arbeit nehmen, wo wir uns in Ruhe die Höhlen ansehen könnten.

Mit Judits klapprigem Kleinwagen fahren wir nach Aggtelek und auf der Strecke wird uns klar, wie viel Glück wir tatsächlich hatten: Die Bäume sind entlaubt, die Ernte zerstört. Autos mit zerdrückter Karosserie stehen am Straßenrand. In den Dörfern hat der Hagel ganze Dächer zerschlagen. Überall Feuerwehr und Freiwillige, die versuchen, die größten Löcher mit Planen abzudecken. Nicht auszudenken, was mit uns in Wald und Zelt geschehen wäre.

Der Telefonjoker dirigiert uns durch den Tag. Erst sind die Höhlen dran. Das Tropfsteinhöhlensystem gehört zum UNESCO-Naturwelterbe. Gigantische Stalaktiten und Stalagmiten leuchten gelb auf, sobald Judit den Lichtstrahl auf sie richtet. Die erste Höhle ist so riesig, dass sie sogar einen Konzertsaal beherbergt. Danach besichtigen wir das historische Dorf Jósvafő. Auf dem Friedhof sind die Gräber streng nach Osten ausgerichtet und neben herkömmlichen Grabsteinen gibt es Kopfpfähle, sogenannte Fejfas. Ein Fejfa ist ein schmaler, hoher Holzbalken aus dunklem Holz. In den Pfahl sind Symbole und Kerben und die Lebensdaten der Toten eingeritzt.

Als wir uns zu Judits Feierabend zu ihrem Auto aufmachen, begegnen wir einem Ranger.

»Rebecca!«, ruft er und wir bleiben einigermaßen verwirrt stehen. »Ich erkenne dich von deinem Profilbild.«

Bei uns klickt immer noch nichts, bis er ruft: »Ich bin der Telefonjoker!«

Als wir am nächsten Tag auf den Trail und somit in den Wald zurückkehren, ist auch hier das Ausmaß der Zerstörung sichtbar: Die Wege sind dick mit grünem Laub und Reisig gepolstert, das der Hagel von den Kronen schlug. Von Denny und Johann sehe ich nicht viel. Sie stürmen so schnell vor, dass ich keine Chance habe, mitzuhalten. Und so geht das beinahe täglich. Allein betrachte ich die Schlucklochhöhlen am Wegesrand. Manche der Dolinen sind riesig. Sie werden nicht umrundet, sondern durchstiegen.

Erst mittags begegne ich den beiden wieder. Mitten im Wald erstreckt sich ein riesiges Wiesental, in dem die Ruinen von Derenk liegen. Auf einer Erhebung die Überreste von Häusern: Fragmente roter Backsteinmauern, in denen noch eine Ahnung von Türen und Fenstern sitzt. Schaut man durch das zerbröckelte, von Menschenhand geschaffene Bauwerk, das einmal ein Haus war, so sieht man, dass im Inneren nicht weniger Bäume, Sträucher und Unkraut wachsen als davor. Alte Obstbäume zieren den Hügel, sie wurden lange nicht beschnitten, nur ihre gerade gewachsenen Stämme zeigen an, dass man sie einst trimmte und in Form brachte, die Äste aber haben jede Beschneidung, jedes Reglement, das man ihnen einst antat, damit sie ihre Kraft in die Früchte steckten, längst überwunden: Sie sind so dicht gewachsen und voller Wasserschösslinge, dass jeder für sich wirkt wie ein dicht gestopftes Vogelnest. Bis hierhin wäre es ein Lost Place, ein Geisterdorf, eine Grabstätte der Spuren der Zivilisation mitten im Nirgendwo. Aber zwischen der ungebremsten Wucht natürlicher Entfaltung flattern schnurgerade, rotweiße Wimpelketten, stehen schöne, frisch lackierte Holzbänke, schiebt sich ein kleines und sauberes Kappellchen beinahe neckisch aus dem Grün. Ein Gebäude sticht noch stärker heraus: Es ist ebenso türen- und fensterlos wie die Backsteinruinen, darf aber ein neues Dach sein Eigen nennen und hat so strahlend weiß getünchte Wände, als wären nicht Jahrzehnte vergangen, seit hier Menschen lebten. In dem Gebäude, das einst die Schule des Ortes war, zeugen Marienbilder von der katholischen Prägung des Ortes und der Erziehung, während Schautafeln die Historie der Wüstung erklären. »Gedächtnishalle der polnischen Minderheit« steht über dem Türsturz. Denn es waren Górale, die Graf Esterházy im 18. Jahrhundert aus Polen geholt hatte, als leibeigene Waldarbeiter und Köhler. Der Name Derenk stammt vom polnischen Wort für Kornelkirsche. Die Polen lebten isoliert, eine Assimilation fand nicht statt, auch nicht, als sie nach dem Vertrag von Trianon frei wählen durften, ob sie zur Tschechoslowakischen Republik oder zum Königreich Ungarn gehören wollten. Sie wählten Ungarn. Das Staatsoberhaupt, der Reichsverweser Miklós Horthy, dankte es ihnen, indem er sie 1938 vertrieb, weil er hier in Ruhe mit seinen Genossen, Getreuen und Verbündeten jagen wollte. 1943 war der letzte Einwohner der polnischen Enklave ausgesiedelt, die kleine Kolonie versank im Dornröschenschlaf, der nur noch von Zeit zu Zeit von den Schüssen der Jäger gestört wurde. Allein, die Vögel zwitschern es von den Bäumen, die Blätter und Gräser wispern es im Wind, die Gemäuer ächzen es bei jedem Knacken, dass ein neuer Wurzelstrang in ihr sprödes Dasein sprengt: Was nicht ist, kann wieder werden. Denn dieses Tal, dieser Hügel, diese Mauern und auch die Gärten, sie haben nicht zum ersten Mal ihrer Entvölkerung ins Gesicht gesehen. Schon zu Beginn des 18. Jahrhunderts hatte die Pest an diesem Ort alles Leben dahingerafft.

Die fröhlich wehenden Wimpel berichten von der Bedeutung, die Derenk bei den über die ganze Welt verstreuten Nachfahren der früheren Bewohner hat: Sie halten das Andenken lebendig.

Als ich meinen Mittagssnack auspacke, scharren die Männer schon ungeduldig mit den Hufen, und bevor ich fertig gegessen habe, sehe ich sie schon wieder nur von hinten.

Beim nächsten Zusammentreffen sage ich, dass ich es schön fände, wenn wir den nächsten Abschnitt zu dritt wandern würden.

»Klar, kein Problem!«, sagen sie – und sind nach ein paar Minuten wieder am Horizont verschwunden. Seit Kindertagen habe ich mich nicht mehr so ausgegrenzt gefühlt wie in dieser Dreier-Konstellation. Ich muss an Johanna denken und frage mich, wie es ihr wohl ergangen wäre, wenn wir sie so zurückgelassen hätten? Genauso schlimm finde ich den Gedanken, wie sehr wir als Gang unserer ganzen Dynamik geschadet und um wie viel Freude und Innigkeit wir uns gebracht hätten, hätten wir nicht zusammengehalten, indem wir uns auf Johannas Tempo einließen.

Klar, wir sind jeder für sich auf das Abenteuer EB gestartet. Und natürlich sollte jeder bei einem Solo-Trip sein eigenes Tempo, seinen Rhythmus und seine Vorstellungen zur Priorität machen. Aber doch nicht, wenn man explizit abgesprochen hat, für ein paar Tage zusammen zu wandern! Ich hatte mir die Zeit zu dritt so lustig vorgestellt, aber jetzt gab es plötzlich nur noch Johann und Denny, für kleine Momente Rebecca, Johann und Denny, aber gar nicht mehr Johann und Rebecca.

Einmal belagert mich Denny mit Tipps, wie auch ich es schaffen könnte, schneller zu werden. Er macht mir vor, wie ich die Trekkingstöcke halten soll und ruft: »Du musst größere Schritte machen! Tiefer in die Knie gehen!«

Wie ein Skispringer federt er, wirft die Arme schwungvoll vor und zurück. Dann zeigt er mir die Gummikappen seiner Trekkingstöcke und führt mir vor, wie er sich damit vom Boden abstößt. »Seit ich die Gumminoppen habe, bin ich so schnell, da fliege ich fast!«, schwärmt er. »An einem Tag bin ich sogar gleich zwei Etappen aus dem Buch gelaufen, weil ich so in Schwung war!«

Er ist so angetan von seiner feurigen Rede, dass ihn nichts mehr hält, schwebt über die hügelige Landstraße und verschwindet mit wehendem Hemd im nächsten Forstweg wie ein großer Impresario, ein Illusionskünstler, der Dinge unter seinen magischen Fingern unsichtbar werden lässt. Johann verschwindet ebenso schnell. Was denken die? Dass ich mit den Gummikappen plötzlich fünf km/h schneller laufe? Dass ich zu Dr. Gadgetto mutiere und mir Sprungfedern unter den Sohlen rausploppen? Und wie kommen sie auf die Idee, dass ich überhaupt schneller sein möchte?

Auch vom ursprünglichen Plan – Denny läuft ein paar Tage mit uns und zieht dann vor – ist keine Rede mehr. Sie haben jetzt einen neuen Plan und der lautet: Rebecca nach Dennys Geburtstagsfeier in Eger im Fersenstaub zurücklassen. Ich bekomme davon nur Wind, weil sie mir, zu den kurzen Gelegenheiten, an denen wir uns überhaupt noch begegnen, verkünden, dass sie sich ab Eger mal wieder so richtig auspowern, vierzig Kilometer am Stück abreißen und richtig hart Vollgas geben wollen.

Ich habe nichts dagegen, dass sich unsere Wege bald trennen, denn ich bin nicht auf den EB gestartet, um zwei Kerlen beim Muskelmessen zuzugucken. In dieser Konstellation ist drei anscheinend eine zu viel. Ich lerne, dass es Gruppen gibt, in denen Zusammenhalt manchmal darüber definiert wird, andere auszugrenzen. Was Denny angeht, ist mir das egal, er gehört ja nicht zum *Klub Drushba*. Von Johann aber bin ich enttäuscht.

Und dann stirbt Nicos Vater. Wir telefonieren, so viel es geht, ich kaufe eine Grabkerze, die ich an einem moosbewachsenen Stein platziere, aber es ist natürlich klar, dass sie nicht kommen kann. Wieder einmal wird klar, dass wir jetzt diese Generation sind.

Durch weite Ebenen, in denen Gras und Wildblumen mannshoch stehen, und endlose Eichen- oder Buchenwälder erreichen wir das Bükk. Auf dem Rücken des Kalkgebirges bilden krumm gebürstete Bäume einen Rundbogen über dem steinigen Pfad.

Dieser natürliche Tunnel ist stummer Zeuge des Windes, der täglich um das Plateau fegt. Auf der Hochebene erstrecken sich wilde Wiesen. Die Disteln am Wegesrand sind so hoch und schlank gewachsen, als wolle mir jede einzelne lila Blüte Guten Tag sagen.

Auf der Hochebene fährt der Luftstrom mit einem gespenstischen Heulen durch die jungen Birken. Das Laub raschelt, wispert und flüstert wie in einem verwunschenen Märchenwald.

In Eger gehen wir zwar zusammen an Dennys Geburtstag aus, aber ansonsten mache ich mein Ding, gehe ins Freibad und schlendere durch die Altstadt, während die beiden ihrer Wege gehen.

Als wir mit dem Bus wieder zurück auf den EB fahren, lasse ich sie ziehen und trödele nach Herzenslust. Sollen sie doch rennen, als gäbe es eine goldene Jagdwurst zu gewinnen: Ich bin froh, wieder nur auf mein Tempo und meine Bedürfnisse hören zu können. Happy crab alone is back!

Als ich am Abend ein Dorf erreiche, ist mein Rachen trocken und staubig. Die nächste Stunde verbringe ich damit, nach einer Unterkunft zu suchen, es ist zu spät geworden, um noch in den Wald zu ziehen, wo ich möglicherweise nur trockene Quellen finde. Aber alle verzeichneten Gästehäuser sind geschlossen, haben keine funktionierenden Telefonnummern oder sind nicht auffindbar. Ich spreche Leute auf der Straße an, doch niemand kann mir helfen oder versteht mich. Ich überlege sogar, wieder nach Eger zu fahren. An der Bushaltestelle muss ich aber feststellen, dass der letzte Bus längst weg ist. Also bliebe nur trampen. Allerdings ist es mittlerweile dunkel. Mal ganz abgesehen davon, dass überhaupt keine Autos auf der Straße unterwegs sind. Also tue ich etwas, was ich noch nie getan habe: Ich klingele am nächstbesten Haus. »I need help«, bringe ich mein Anliegen auf den Punkt.

Und ich bekomme Hilfe. Die Familie spricht nämlich nicht nur fließend Englisch, sie haben außerdem die Nummer des Bürgermeisters und rufen diesen unverzüglich an. Obwohl ich nicht recht verstehe, was der tun soll, verlasse ich mich ganz auf die Hilfsbereitschaft der von mir per Zufall auserkorenen Retter. Der Bürgermeister verweist auf das Gemeindehaus. Man begleitet mich sogar noch bis dorthin, damit ich nicht alleine durch die Dunkelheit muss. Bei diesem Marsch erfahre ich, dass die Familie erst vor Kurzem nach Ungarn zurückgekehrt ist, nachdem sie die vergangenen zwölf Jahre in England gelebt hatte. Weitere Dorfbewohner schließen sich an, bis unsere kleine Karawane in der nirgendwo verzeichneten Unterkunft eintrifft. Für umgerechnet drei Euro bekomme ich ein riesiges Zimmer mit Bad. Meine Retter ziehen wieder ab, nur die örtliche Kneipenwirtin, die sich dem Gänsemarsch angeschlossen hatte, will mich nicht alleine lassen, bevor ich nicht bei ihr getrunken und gegessen habe. So finde ich mich kurze Zeit später zwischen lauter alten Männern in einer mit Hechtköpfen dekorierten Gaststube wieder. Ich bekomme einen Weißwein, der der Einfachheit halber gleich in Colagläsern ausgeschenkt wird, zum sensationellen Preis von etwa einem Euro.

Das billige Gesöff lässt mich den Ärger mit den Jungs schnell vergessen. Hätte ich meinem Bauchgefühl vertraut, hätte ich mich viel früher von ihnen separiert und auf Dennys Geburtstag gepfiffen. Von der Wand starren mich die geöffneten Hechtmäuler mit spitzen Zähnchen an und sagen im Chor: »Genau! Vertrau endlich auf deine Intuition und hör auf deine innere Stimme!«

»Ist gut, ihr Kaventsmänner«, sage ich und proste ihnen zu. Ich konzentriere mich jetzt wieder auf den Weg.

Und da als nächster Punkt die Besteigung des Kékestető ansteht, des mit 1.014 Metern höchsten Bergs Ungarns, tue ich erst einmal das, was mit den Jungs nicht möglich war, nämlich genüsslich ausschlafen. Dann frühstücke ich noch genüsslicher und beschließe, die für mein Empfinden zu lange, durch die Höhenmeter und die Hitze sicherlich anstrengende Etappe zu teilen und den Berg ganz entspannt im Schneckentempo hochzukriechen.

Der Pfad ist so schmal, dass er sich zwischen dem hochgewachsenen Gras beinahe verliert. Krummgewachsene Buchen stehen knorrig am steilen Abhang, eine vergessene Allee im Nirgendwo. Ein einzelner dunkler Fejfa auf einem Steinhaufen erzählt von einem jung Verunglückten. Vor mir schieben sich die von dichten Baumkronen bedeckten Hügel aneinander, weich und plustrig wie ein Berg Wollknäuel. In der Ferne schimmern die Bergketten der Mátra bläulich und daher rührt auch der Name: Kékes bedeutet bläulich und Kékestető Bläulichspitze. Tatsächlich gestaltet sich der Aufstieg entgegen meiner Befürchtung so entspannt, dass ich es trotz meines späten Starts mühelos bis zum Gipfel schaffen könnte. Da sitzen aber schon Denny und Johann im Gipfelhotel, das weiß ich aus Johanns Status. Ich habe wenig Lust, den zwei Eulen aus dem Erzgebirge zu begegnen, also werde ich mir vorher einen Platz für mein Zelt suchen.

Ein wirkliches Problem stellt die Wasserversorgung dar: Ich bin mit vollen Flaschen gestartet und war deshalb noch einigermaßen entspannt, als sich die erste Quelle als trocken entpuppte. Es gab ja noch drei weitere im Verlauf der Etappe. Vorsichtshalber verzichte ich aber darauf, mir mittags Nudeln zu kochen und esse stattdessen Müsliriegel und Reiswaffeln.

Die Hitze ist dick und sämig, auch in der Höhe und unter den Bäumen finde ich kaum Abkühlung. In der zweiten Quelle steht eine brackig braune Pfütze, in der vier tote Frösche mit aufgeblähten Bäuchen treiben. Ich lasse also auch dieses Wasserloch zurück, ohne meine Flaschen aufzufüllen.

Am frühen Abend erreiche ich die letzten zwei Quellen, die nur hundert Meter voneinander entfernt sind. Sie liegen links und rechts von einem großen, leerstehenden Forsthaus, das zwischen zwei riesigen Tannen steht. Hinter dem Haus eine kleine, ebene Wiese, eingebettet in dunkle Tannen und dichtes Brombeergestrüpp. Am Haus eine durchgebogene Holzbank und ein verwitterter Tisch. Hier hat schon lange niemand mehr gesessen. Der perfekte Platz zum Campieren. Ich werfe meinen Rucksack ab, nehme meine Flaschen und mache mich auf die Suche nach den Quellen. Etwa zwanzig Meter neben dem Forsthaus, mitten im Dickicht, steht ein Plumpsklo. Ich öffne die Tür. Es ist so mit Spinnweben verhangen, dass ich gar nicht wissen will, wie lange der letzte Besuch her ist. Durch das Unterholz stapfe ich mit dem Handy in der Hand dorthin, wo die erste Quelle verzeichnet ist. Aber außer braunem Laub finde ich nichts. Auch die zweite Quelle ist so ausgetrocknet, dass man nicht einmal ahnen würde, dass hier Wasser aus dem Berg sprießt, würde mir nicht das GPS-Signal sagen, dass ich genau davorstehe. Ich habe noch genau 200 Milliliter Wasser. Während ich ein paar trockene Reiswaffeln esse und grübele, ob es nicht schlauer wäre, doch noch zum Gipfel aufzusteigen, höre ich auf dem nahegelegenen Waldweg Motorengeräusche. Ich sprinte um das Forsthaus, renne bis zum Waldweg und kann gerade noch den vorbeifahrenden Jeep stoppen. Neben dem Fahrer ein kleines Mädchen, der Mund blau verschmiert von Brombeeren.

»I need water. Do you have some water for me?«, frage ich ihn. Er sagt, dass er kein Wasser habe, aber noch eine halbe Flasche Eistee.

»Ja, das würde mir auch schon sehr helfen. Ich habe fast gar kein Wasser mehr, alle Quellen sind trocken und ich werde erst morgen Vormittag auf dem Gipfel sein.«

»Schlafen Sie etwa hier?«, fragt er mich verdattert. Ich finde es nicht gut, fremden Männern meinen Schlafplatz zu verraten, bejahe seine Frage aber reflexartig.

»Ganz alleine?«, fragt er und ich bereue schon, nicht gelogen zu haben.

»Ich kann Ihnen Wasser bringen.«

»Nein, das ist nicht nötig, der Eistee reicht mir bis morgen früh. Ich habe es dann nicht mehr weit. Vielen Dank.«

Nachdem er weg ist, frage ich den *Klub Drushba*, ob ich besser den Schlafplatz wechseln soll. Die Klubmitglieder sind sich einig: Wenn du dich wohlfühlst, bleib. Und ich finde diesen Ort so schön und idyllisch, dass ich wenig Lust habe, weiterzuziehen. Also trinke ich den Eistee, baue mein Zelt auf und putze mir die Zähne. Als ich gerade ins Zelt krieche, höre ich Motorgeräusche, die Zufahrt zum Forsthaus wird erleuchtet und ein Auto fährt bis kurz vor mein Zelt. Ich öffne den Reißverschluss, fürchte, dass mich nun der Förster verjagt, aber dann erschrecke ich noch mehr, denn es ist der Mann, der mir den Eistee gegeben hat. Angespannt stehe ich im Scheinwerferlicht und starre zum Auto. Der Mann steigt aus. Er greift auf den Sitz. Und kommt mir mit drei Flaschen Wasser entgegen. Und an der Art, wie er dabei guckt, merke ich, dass er genau weiß, wie diese Situation auf mich wirkt. Er streckt die Flaschen weit nach vorne, an seiner Mimik und dieser Geste sehe ich, dass er sich selbst unwohl fühlt.

»Ich bringe nur Wasser. Sie sind eine Frau und Sie sind alleine unterwegs, ich konnte Sie nicht ohne Wasser lassen, dann hätte ich nicht in Ruhe schlafen können.« Er reicht mir die Flaschen und versucht mir dabei nicht zu nahe zu kommen. Ich nehme die Flaschen entgegen, dankbar, aber immer noch skeptisch. Tatsächlich verabschiedet er sich sofort und fährt wieder weg. Kurz wäge ich ab, doch noch einen anderen Schlafplatz zu suchen. Aber dann belasse ich es dabei. Der Platz ist einfach optimal. Ich krieche zurück in meinen kleinen Palast, mache mich in meinem Muschelhäuschen schön breit und fühle mich ausgesprochen frei. Der ganze Ort kommt mir so friedlich und schön vor, dass ich schlafe wie ein Baby.

Bis zu dem Moment, wo mitten in der Nacht mein Zelt taghell erleuchtet wird und die Erde wackelt. Ein Gewitter scheppert zwischen den Bergkuppen. Mein zuvor so lauschig befundenes Plätzchen kommt mir aufgrund der zwei riesigen freistehenden Tannen vor dem Forsthaus nun gar nicht mehr toll vor. Bibbernd liege ich im Zelt und zähle mal wieder die Sekunden zwischen Blitz und Donner. Das Gewitter ist natürlich genau über mir. Und die zwei Tannen ragen weit und breit am höchsten aus dem Baumkronendach heraus. Ich überlege, in den Wald zu fliehen. Es ist die dritte Situation auf dieser Wanderung, in der ich Todesangst habe. Mir fällt die kleine Schutzhütte ein, die sich etwa fünfhundert Meter entfernt direkt am Wanderweg befindet. Aber ich kann mich vor lauter Schreck überhaupt nicht regen. Ich liege stocksteif auf meiner Isomatte und rede laut mit mir selber: »Die Tannen stehen hier bestimmt schon hundert Jahre und haben sicherlich schon tausend Gewitter überstanden«, versuche ich mir selber Mut zuzureden, denn allein im Dunkeln durch den Wald zu rennen, erscheint mir auch nicht unbedingt sicherer, als im Zelt liegen zu bleiben.

»Es wird schon gut gehen, es wird schon gut gehen.« Diesen Satz wiederhole ich wie ein Mantra, während ich im Takt der Blitze zusammenzucke.

Aber zum Glück habe ich wie immer Glück. Genauso schnell wie das Gewitter aufzog, verschwindet es auch wieder. Zumindest für ein paar Stunden. Im Morgengrauen geht es wieder los. Diesmal baue ich das Zelt beim ersten Grummeln ab. Ich schaffe es gerade noch, alles zusammenzuraffen, bevor es heftig anfängt zu regnen. Das Schlimmste sitze ich in der Schutzhütte aus. Dann kann ich mich endlich an die letzten Kilometer zur Bergspitze machen.

Als ich auf dem Gipfelplateau in einem Imbiss ein spätes Frühstück zu mir nehme, erfahre ich, dass es in der Tatra am Tag zuvor ein riesiges Gewitter mit heftigen Blitzeinschlägen gab, die fünf Menschen das Leben kosteten und über hundert schwer verletzten.

Auf dem Kékestető erinnern wiederum Grabsteine, Holzpfähle, Kerzen, Bilder und Stoffschleifen an hunderte verunglückte Motorradfahrer.

Auf dem Mátrarücken stakt eine Armee toter Bäume kerzengerade in die Luft. Ich bin auf der einen Seite froh, wieder alleine unterwegs zu sein, auf der anderen belastet mich das Ende der Wanderfreundschaft mit dem Regenjackenmann. Bergab ist der breite Forstweg schlammig und aufgeweicht vom Gewitterregen. Passend zu meiner Stimmung haften sich dicke Lehmklumpen wie schwere Gewichte an meine Füße. Ich wate und stampfe.

Als der Weg in einer Talsenke endlich trockener wird und sich der Dreck in groben Brocken von meinen Sohlen löst, werden nicht nur meine Schritte leichter, sondern auch meine Gedanken. Weil ich mich unter anderem auf diese Wanderung begeben habe, um mich von negativen Beziehungen zu lösen, mache ich innerlich einen Haken an die Geschichte mit Johann. Schritt für Schritt fällt alle Schwermut von mir ab, ich kann mich wieder ganz dem Gefühl widmen, diese große große Wanderung, diesen weiten weiten Weg, dessen Bewältigung ich mir selbst anfangs nicht zutraute, bald geschafft zu haben. Ich staune, wie rund es sich anfühlt, das, was ich alleine begonnen habe, auch alleine zu Ende zu bringen. Natürlich nicht ganz alleine, denn was zusammengehört, sind der EB und meine Freunde, mein *Klub Drushba*.

Und dann ist da nichts mehr bis auf den Rhythmus meiner Schritte und meines Atems und das Rauschen der Bäume in der leichten Sommerbrise. Alles, worauf ich mich jetzt noch konzentriere: das Summen der Insekten, die reifen Brombeeren am Wegesrand, das Kreischen eines über den Bergen kreisenden Raubvogels und das Wiegen und Wogen der Gräser im Wind. Frösche sitzen in den schlammigen Pfützen der zerfurchten Waldwege. Auch manche Ringelnatter sucht Abkühlung. Die Amphibien tauchen unter, wühlen sich in den Schlamm, sobald sich mein Schatten über ihr kühles Refugium schiebt. Die Luft riecht nach Moos und feuchtem Laub, erdig und würzig.

Über Johanns WhatsApp-Status bin ich bestens informiert, wo sich die Männer herumtreiben. Sie sind so langsam, dass es richtig schwer ist, sie nicht einzuholen. Ich sehe mich gezwungen, förmlich zu schleichen, schlafe extra lange, trödele beim Frühstücken, bummele durch Wald und Wiesen, aber die zwei kommen einfach nicht voran. Von Gas geben, geschweige denn vierzig Kilometern Wegstrecke täglich keine Spur. Es ist ein umgedrehtes Hase-und-Igel-Spiel. Denn obwohl ich mir wirklich alle Mühe gebe, haben sie kaum Vorsprung.

Und eigentlich scharre ich ungeduldig mit den Hufen, kann es langsam kaum erwarten, ans Ziel zu kommen. Denn irgendwann ist jeder Wald nur noch ein Wald, jeder Weg nur noch ein Weg, jeder Berg nur noch ein Berg und jedes Dorf nur noch ein Dorf. Außerdem lässt die Kaktus-Eis-Dichte in dieser Region der Erde sehr zu wünschen übrig.

»Elado« – zu verkaufen – steht an vielen Häusern. »Elado« steht an zugenagelten Kneipen, in denen schon lange niemand mehr saß, »Elado« steht an Läden, in deren Schaufenstern nur noch tote Insekten und ausgeblichene leere Verpackungen präsentiert werden. »Elado« steht an ganzen Dörfern.

Zwischen diesen Dörfern Mais-, Getreide- oder Sonnenblumenfelder. Die Sonnenblumen stehen Ende August schwarz und stumm, die Blütenblätter sind verdorrt. Was einst so fröhlich gelb leuchtete, ist nun eine endlose Weite traurig hängender Köpfe an trockenen Stängeln, die nur noch darauf warten, geerntet zu werden. Durchmischt ist die Agrarlandschaft von der einen oder anderen Schonung. Dann wieder führt der EB stundenlang durch stille Wälder, die so verbuscht oder abfallend sind, dass ich Schwierigkeiten habe, einen geeigneten Stellplatz für mein Zelt zu finden.

Nachdem ich den seit 800 Jahren bestehenden Wallfahrtsort Szentkút mit der riesigen Freiluftkirche vor einem Felsgewölbe, den prächtigen Mosaikbildern und dem legendenumwobenen Heiligen Brunnen, aus dem das Wasser in sieben Hähnen fließt, passiert habe, steht als nächster Höhepunkt die Bohnensuppenkneipe im Wanderführer. Es gibt eine Wegvariante, bei der man sich die zwölf Kilometer lange Schlaufe zur Hülsenfrüchte-Spelunke spart, wenn man im Wald einen Querweg nimmt, der auf direktem Weg zum Tagesziel, dem historischen, auf der UNESCO-Weltkulturerbeliste stehenden Dorf Hollókő führt. Weil die Bohnensuppenkneipe aber nicht nur im Wanderführer so exponiert beschrieben ist, sondern auch auf den Kéktúra-Wegweisern, muss ich unbedingt herausfinden, was es damit auf sich hat. Mir ist klar, dass ich sie an diesem Tag nicht mehr erreichen kann. Wie immer scrolle ich mich durch die Offlinekarten und vergleiche mit der Wegbeschreibung im Wanderführer. Ich suche nach Lichtungen, Quellen, Feuerplätzen, Schutzhütten, Picknickbänken oder verlassenen Waldhütten in dem Eichenhochwald, der zwischen dem letzten Dorf und der Bohnensuppenkneipe auf mich wartet. Eine eingezeichnete Quelle mit Bänken erscheint mir als perfektes Tagesziel.

Aber als ich im Abendsonnenschein den ersten Schritt in diesen Wald setzte, sagt mir meine innere Stimme, dass ich nicht weitergehen sollte. Ich tue es trotzdem. Die Stimme warnt eindringlicher. Dabei ist es noch hell und sonnig, und der Wald hat nichts Gruseliges an sich, es ist einfach nur ein Wald, wie ich ihn seit Monaten um mich habe. Doch das ungute Gefühl wird mit jedem Schritt größer. Mich fröstelt. Ich denke an das Versprechen, das ich mir selbst und den Hechtköpfen gab. Also kehre ich um, und laufe zurück über die buschigen Hügel ins Dorf. Ich umrunde den Dorfplatz, über den sich Dunkelheit senkt, warm und sanft wie ein dünnes Seidentuch. Einen Hinweis auf ein Vendéghaz finde ich nicht. Hemmungen habe ich langsam keine mehr, ich klingele also am nächstbesten Hoftor. Der Hausherr spricht kein Englisch, ruft aber seine Tochter. Die ist ungefähr zwanzig und spricht auch kein Englisch. Sie bespricht sich kurz mit ihrem Vater und bedeutet mir, mich auf die Mauer vor dem Haus zu setzen. Sie zeigt mir mit den Fingern eine zehn und deutet auf ihre Armbanduhr. Was genau geschehen soll, verstehe ich nicht, verlasse mich aber auf die mir mittlerweile wohlbekannte Hilfsbereitschaft der Ungarn. Und tatsächlich, nach genau zehn Minuten kommt ein Auto angebraust, darin zwei Erwachsene und ein Teenager. Der erklärt in bestem Englisch, dass er der Einzige weit und breit sei, der dieser Sprache mächtig sei, und deshalb habe man ihn zum Dolmetscher auserkoren.

»I am your translator!«, versichert er und erklärt mir, man habe seine Mutter, die Gemeindevorsteherin, angerufen, weil sich eine Amerikanerin im Dorf befinde, die Hilfe brauche. Ich schildere ihm mein Anliegen und füge hinzu, dass ich aber Deutsche sei. Sie bringen mich in den Kindergarten. Im Spielraum schieben meine Retter die kleinen Bettchen zu einem großen zusammen und geben mir zwei Wolldecken. Ich solle ruhig alles benutzen, was ich brauche. Auch was sich im Kühlschrank befinde, stehe mir zum Verzehr frei. Die Gemeindevorsteherin drückt mir einen riesigen Schlüsselbund in die Hand. Den soll ich am nächsten Tag bei dem Haus einwerfen, wo ich klingelte. Sie seien gerade auf einem großen Fest gewesen, als der Anruf kam, deshalb hätten sie mir einiges vom Büfett eingepackt. Ich bekomme einen riesigen Teller verschiedenster Speisen. »Köszönöm!«, sage ich und winke zum Abschied, bevor ich die Tür von innen abschließe.

Als ich den Wald am Morgen erneut betrete, kann ich nicht mehr sagen, was mir abends so unheimlich erschien. Zumal es sogar eine Höhle mit Holztüren gibt, in der man schlafen darf. Als ich in dem dazugehörigen Hüttenbuch blättere, kommen mir zwei Männer entgegen. Die ersten Wanderer seit Tagen, die ich treffe. Es sind zwei Ungarn. Stolz berichten sie, jeden Monat ein Wochenende auf dem Kéktúra unterwegs zu sein. Sie zeigen mir ihr Stempelheft und die darin markierte Strecke von bereits 400 absolvierten Kilometern. Heute seien sie an der Bohnensuppenkneipe gestartet.

»Dahin will ich auch! Dort möchte ich meine Mittagspause einlegen.«

»Ja, das können wir nur empfehlen, ist echt super dort! Bis wo läufst du insgesamt?«

»Ich will nach Budapest.«

»Ach Budapest, das ist nicht mehr weit. Ca. 100 Kilometer.«

»Aber nein, es sind noch 200 Kilometer!«

»Nein, nein, direkt vor der Bohnensuppenkneipe verläuft die Schnellstraße bis Budapest.«

»Ja, aber ich will ja nicht den kürzesten Weg, ich bleibe auf dem Kéktúra.«

»Achso. Wo bist du denn eingestiegen?«

»Auf dem Kéktúra bin ich seit Sátoraljaújhely. Aber gestartet bin ich in Eisenach in Deutschland. Im April. Insgesamt habe ich jetzt schon ungefähr 2.500 Kilometer geschafft.«

»Ah ja okay, tschüss!«, ist die knappe Antwort und die beiden verschwinden.

Einigermaßen irritiert bleibe ich zurück und frage mich, ob sie wohl dachten, ich hätte ihnen einen Bären aufbinden wollen.

Die Bohnensuppenkneipe ist nicht nur gerammelt voll, sie macht auch ihrem Namen alle Ehre: Es gibt Bohnensuppen in unzähligen Varianten. Ich kann mich kaum entscheiden, aber wie ich an den Nachbartischen sehe, gehört es hier zum guten Ton, gleich mehrere Teller Suppe zu bestellen. Also tue ich es den lauthals schwatzenden Gästen gleich und bestelle mir Bohnensuppen in verschiedensten Variationen.

In Hollókő hängen Holzleitern, Ackergerät, Maiskolben und alte Wagenräder an den weißen Fassaden der historischen Häuser, deren Dächer dunkel eingedeckt sind. Hinter groben, dunklen Holzzäunen altes Fuhrwerk, Sonnenblumen, Obstbäume und prächtige Bauerngärten. Eine schmale Kopfsteinpflastergasse führt zur Burg Hollókő. Hollókő bedeutet Rabenstein. Ihren Namen verdankt die Festungsanlage einer alten Legende, in der die Raben die Steine der Burg abtrugen. Weit geht der Blick von den grauen Mauerresten der sagenumwobenen Burg über die grünen Hügel des Cserhát. Aber wo gerade noch blauer Himmel dichte Wälder und weite Wiesen erstrahlen ließ, da braut sich in rasender Schnelligkeit ein Gewitter zusammen, das düster und bedrohlich über die eben noch so unschuldig liegenden Höhen heranrollt. Wind kommt auf, bläst mir das wuschelige Haar aus der Stirn, tost durchs Geäst und ist doch nur ein harmloser Vorbote des Donners, der bald darauf vom Himmel knallt, als wolle er die Reste der Burg Rabenstein in tausend Teile zerlegen und zu Ende bringen, was die Raben in der jahrhundertealten Mär nicht schafften.

Der Wald ist still und abgeschieden, in den Senken kleine Dörfer, so tief liegend, dass oft nur die rote Kirchturmspitze aus dem Bett aus Baumkronen schaut. An den Ortsrändern verfallene Friedhöfe. Die alten Grabsteine sind grau und krumm, mitten im hohen Gras erinnern sie an Verstorbene aus vergangenen Jahrhunderten. Ich wundere mich, warum alle János eine Jánosné heirateten, alle Jósefs eine Jósefné und alle Páls eine Pálné, bis Veras Mutter Anikó mich aufklärt, dass die Frau ab dem Tag der Eheschließung mit dem Namen ihres Mannes angeredet wurde. In den Dörfern queren Hühner, Gänse, Katzen und Hunde die leeren Straßen, an deren Rändern reifenlose Autowracks stehen. Aus den Scheunen quillt das Stroh, in den Gärten leuchten rote Tomaten und gelbe Paprika. Geduckte, mit Ried gedeckte Häuschen, die sich um einst prächtige Herrenhäuser scharen, zeugen von einer längst vergangenen Herrschaft der Adligen über ihre Lehnsbauern.

Ein Tag steht unter dem Motto: Dinge, die ich gesehen habe, ohne sie sehen zu wollen, und Dinge, die ich nicht gesehen habe, obwohl ich sie gerne sehen wollte. In Szandaváralja finde ich nur kaputte Wasserpumpen, also frage ich über einen Gartenzaun nach Wasser. Als sich die Hausherrin über den Brunnen bückt, sieht man, dass sie unter ihrem Kittel nichts trägt. In der Eifel sagt man in solchen Momenten: Der Mond ist aufgegangen. Dann kämpfe ich mich den Burgberg Szanda hoch. Der Wanderführer verspricht einen moosbewachsenen Ruinenrest, der auf der winzigen Spitze des Bergs hockt wie ein Affe auf den Felsen von Gibraltar und Basaltsäulen an den steilen abschüssigen Hängen. Auf der Kuppe folge ich brav den Kéktúra-Wegweisern wieder bergab, bis mir in der nächsten Talsohle bewusst wird, dass die Sehenswürdigkeiten mitnichten direkt am Weg lagen, sondern ich den entsprechenden Abzweig verpasst haben muss. Natürlich gehe ich nicht zurück. Dann klang der Ort Romhány im Wanderbuch eigentlich ganz nett, entpuppt sich für mich aber als Ort der Tristesse. Zerfallende Fabriken, Trinker, Müll auf den Straßen. Zurück im Wald liegt der verendete, bereits stark verweste und ausgeweidete Kadaver eines Rehs auf dem Weg. Der bestialische Gestank verfolgt mich noch lange.

Für die Nacht habe ich mir auf den Offlinekarten einen Turm ausgesucht. Als ich dort ankomme, finde ich aufgrund der Picknicktische rundherum einen perfekten Freiluftschlafplatz. Es ist ein schöner Holzturm, mehrere Etagen hoch, von denen sich jede einzelne hervorragend eignet, den Schlafsack auszurollen. Umgeben ist das Holz von einem Metallgeländer. Ein Schild mit vielen Ausrufezeichen macht mich skeptisch. Ich fotografiere es und schicke es Anikó.

»Man soll sich bei Gewitter weder auf dem Turm noch drei Meter daneben aufhalten«, schreibt sie.

Ich frage im Klub: »Was meint ihr? Trotz der Abendstunde weiterlaufen, Zelt drei Meter weg aufbauen oder trotzdem drin schlafen?«

Aber ohne erst die Antworten abzuwarten, ziehe ich lieber weiter, denn ich kenne ja mein Glück mit den Gewittern, die mich verfolgen wie ein Kurschatten alleinstehende Damen. Nach ein paar Kilometern werde ich fündig: Unter dunklen Tannen hinter einem ausgetrockneten Bach steht ein altes, hölzernes Forsthaus, das man über eine primitive Brücke erreicht. Die Fenster sind verrammelt, die Picknicktische und Bänke mit Moos bewachsen, der Patina des Waldes, die lange Perioden des Stillstandes markiert. Eine schiefe Treppe führt auf eine Holzveranda an der oberen Etage. Die dort befindliche Eingangstür ist mit einem Metallgitter verriegelt, rostige Ketten sichern ein dickes Vorhängeschloss. Eine alte Matratze liegt auf der Veranda. Ich schiebe sie zur Seite und baue als Schutz vor den Mücken nur mein Unterzelt auf. Im Schein meiner Stirnlampe koche ich mir an den morschen Tischen Polenta. Es ist jetzt stockdunkel, der Wald knackt, knirscht und raschelt. Ich kratze die Reste mit dem Löffel aus und wische den Topf notdürftig mit etwas Klopapier sauber. Dann steige ich auf die Empore. Meine Trekkingstöcke kreuze ich am oberen Ende der Treppe, damit ich mitbekomme, falls etwas oder jemand nachts die Treppe hinaufkommen sollte. Als ich das Licht meiner Stirnlampe lösche, flattern Fledermäuse dicht über meinem Zelt entlang. Auf dem Dachboden über mir trippelt und trappelt es. Im Wald raschelt es, Hirsche röhren und ein Nachtvogel ruft sein gespenstisches Huhu. Ich erinnere mich, wie ich mit meinen Kindern in Thailand in einer einfachen Bambushütte im Dschungel schlief und wir kaum ein Auge zu machten, weil es unter der Pfahlhütte raschelte und scharrte. Aber was nach gefährlichen Dschungelräubern klang, waren nur Krebse, die sich mit ihren Schneckenhäusern durchs Laub schoben. Also schlafe ich seelenruhig ein. Bis mir etwas Nasses aufs Gesicht platscht.

Och nö, denke ich im Halbschlaf, ich werd doch wohl nicht unter dem Pissoir der Nagetiere liegen? Nicht, dass ich die ganze Nacht von Waschbären, Mardern oder Wieseln voll uriniert werde. Ich verspüre wenig Lust, nochmal aufzustehen und die Plane vom Oberzelt über das Unterzelt zu werfen. Und da es keine weiteren »Einregnungen« gibt, war es wohl nur eine Fledermaus, die sich ausgerechnet in mein Gesicht erleichtert hat. Ich schlafe wieder ein. Dann wecken mich Schüsse. Auch wenn ich auf der Veranda nicht fürchten muss, einem Jäger ins Visier zu gehen, finde ich den Gedanken trotzdem nicht toll, dass um mich herum Männer mit Waffen durch den Wald schleichen.

Ein drittes Mal werde ich wach, weil die Ketten an der Tür klimpern. Mein Herz rast und ich bin wie gelähmt. Angestrengt versuche ich in der absoluten Finsternis auszumachen, was die Treppe hochkam, aber ich bin mit meiner Schwäche, der Nachtblindheit, konfrontiert. Steht da jetzt ein Fuchs an der Treppe oder ist es sogar ein Mensch, dessen Statur sich vor der Brüstung abzeichnet? Habe ich einem Obdachlosen den Schlafplatz streitig gemacht? Mein Herzschlag will sich gar nicht mehr beruhigen, ich habe so viel Angst, dass ich nicht einmal nach meiner Stirnlampe greifen kann. Irgendwann beruhige ich mich, rede mir ein, dass es wohl nur der Wind war, der die Ketten rasseln ließ und schlafe diesmal bis zum Morgengrauen durch.

Während ich Fuß vor Fuß setze, erstelle ich im Kopf Listen, von allem, was ich in Budapest tun und kaufen möchte. Meine Wanderklamotten kann ich nicht mehr sehen und keine noch so gründliche Handwäsche sorgt mehr für Sauberkeit oder Frische. Ein schönes Kleid soll es mindestens sein. Und neue Schuhe. Aber auch Wimperntusche, Deo, Shampoo und Ohrringe wandern in meinen imaginären Einkaufskorb. Nach Monaten mit einem Seifenstück habe ich das dringliche Bedürfnis, mich wieder ein bisschen herauszuputzen. Als ich klein war, liebte ich alles, was rosa und verspielt war: Aber ich durfte solche Kleider nicht haben. Meine Brüder waren angehalten, mit Puppen zu spielen und trugen auch mal einen Rock im Kindergarten, ich bekam Latzhosen und Nickipullover, dabei hätte ich viel lieber Rüschenkleider und Glitzerschmuck gehabt. Und seit ich die Zuordnung zu einer Subkultur nicht mehr brauche, lebe ich all das aus, was mir als Mädchen verwehrt blieb. Auf der Wanderung ist freilich mein einziger Schmuck der knallrote Nagellack, dessen abblätternde Reste ich seit Wochen einfach stoisch überpinsele.

So leuchten meine Fingernägel wie die Hagebutten, die Ende August reif und rot an den Sträuchern stehen. Noch ist das Laub grün, die Kronen voll, aber durch den Duft der reifen, zerplatzten Pflaumen und Äpfel liegt ein Hauch von Herbst über der heißen, verdorrten Landschaft. Die Strahlen der Spätsommersonne tänzeln durch das dichte Blattwerk, Spinnweben schwirren zwischen den Ästen, ein paar letzte Blaubeeren hängen verdorrt an den leer gezupften Sträuchern.

An einem Hang im Wald stehe ich unvermittelt vor einem jüdischen Friedhof. Die Grabsteine stehen hinter rostigen Eisenzäunen, deren Türen in den Angeln quietschen, als ich den Friedhof betrete. Einige Grabsteine sind umgefallen und überwuchert, die anderen zerbrochen oder schief, auf kaum einem liegen Steinchen.

Danach geht es steil bergan. Ich quäle mich wie gewohnt, eine Leistungssportlerin wird aus mir nie werden. Aber nun habe ich fast all die Höhenmeter zwischen Eisenach und Budapest bewältigt. Mein Körper hat mir gezeigt, was er kann. Aus einer Wutzidee wurde eine der schönsten Zeiten meines Lebens. Trotzdem freue ich mich wieder auf zu Hause. Ich würde den Satz, dass es zu Hause immer am schönsten ist, nicht unterschreiben. Aber ich würde sagen, dass es unglaublich schön ist, wenn man ein Zuhause hat, in das man gerne zurückkehrt. Und mein Zuhause, das sind meine Kinder und meine Freunde.

Ich überhole die Männer, ohne es zu merken. Sie haben den EB verlassen und sind mit dem Bus nach Vác an der Donau gefahren. Denny kann es nicht mehr schnell genug gehen, er nimmt den Bus nach Budapest. Und siehe da, kaum ist sein Kumpel weg, plagt Johann das schlechte Gewissen. Er ruft an und entschuldigt sich. Ich halte ihm alles vor, was mich verletzt hat. Er hört geduldig zu und erklärt, dass er selbst nicht versteht, warum er sich so blöd verhalten habe. Er habe sich irgendwie völlig zerrissen gefühlt. Es täte ihm unglaublich leid, denn er habe mich nicht enttäuschen oder verletzen wollen, realisiere aber, dass genau das geschehen sei.

»Was kann ich tun, damit wir das wieder hinkriegen?«, fragt er. Daraufhin rede ich mich direkt wieder in Rage.

»Okay, ich verstehe, ich muss mir das jetzt so oft anhören, bis es für dich gut ist. Ist in Ordnung. Hör zu, ich versuche, dich morgen früh einzuholen, damit wir noch einmal in Ruhe reden und wenigstens noch ein paar Stunden zusammen laufen können, bevor du wieder Besuch bekommst.«

Das tut er und so laufen wir den Abschnitt zum Donauknie zusammen und reden pausenlos. Er erklärt sich wieder und wieder und betont, wie wichtig es ihm sei, dass wir die gemeinsame Zeit zu einem versöhnlichen Abschluss bringen, bevor jeder von uns wieder in seinen Alltag zurückkehrt. Dieses Anliegen teile ich. Und weil ich ihn ins Herz geschlossen habe, verzeihe ich ihm. Ich habe auch wenig Lust, mir die gute Zeit der Wanderung verderben zu lassen.

Zusammen erreichen wir das Donauknie. Von einem steinernen Turm aus haben wir beste Sicht auf die Donau. Wenn wir die überquert haben, sind es nur noch drei Tage bis Budapest.

Ich hole Julia am Bahnhof Nagymaros ab. Sie ist die letzte all meiner Besucher und Besucherinnen auf dem EB. Meine Sachen sind schon in der Unterkunft und dort habe ich auch meine Kleidung mit der Hand ausgewaschen. Trotzdem: Frischer Wäscheduft geht anders. Ein Zustand, den ich zu diesem Zeitpunkt selbst kaum noch ertrage, und so begrüße ich Julia mit den Worten: »Es tut mir richtig leid, dass du ausgerechnet am Ende mit mir läufst, wo meine ganze Ausrüstung mittlerweile nur noch stinkt!«

»Ach was, das macht mir gar nix!«, wiegelt Julia ab.

Na ja, darüber wird sie ihre Meinung ganz schnell ändern, mein Zelt riecht muffig und nach feuchter Erde. Mein Schlafsack, der mehrmals nass wurde, duftet wie die Sporttaschen meiner Söhne. Die Rucksackträger haben weiße Salzkrusten, mehrere Monate Schweißdurchtränkung haben auch hier eine ganz eigene Duftmarke hinterlassen. Und was meine Schuhe angeht: Die haben dank der billigen Einlegesohlen ein Eigenleben entwickelt. Für diesen Geruch finde ich überhaupt keine Bezeichnung, so schlimm ist der.

Wir bringen Julias Sachen in die Pension und gehen essen. Auf dem Weg dorthin wundern wir uns über die deutschen Auszeichnungen von Gaststätten, Schule und Kindergarten, denn so touristisch ist der kleine Ort auch wieder nicht. Auch blauweiß geringelte Maibäume mit bayerisch anmutenden Zunftwappen irritieren uns. Ähnliches war mir in der letzten Zeit öfter begegnet, auch in winzigen Dörfern. Des Rätsels Lösung heißt: Donauschwaben. Zwischen dem 17. und dem 19. Jahrhundert wanderten Deutsche in die Länder der Ungarischen Stephanskrone aus und verblieben nach dem Zerfall Österreich-Ungarns in Ungarn, Rumänien und Jugoslawien. Die Nationalsozialisten zählten sie zu den Volksdeutschen und begeisterten oder rekrutierten sie in ihrer Sache. In den Nachkriegsjahren wurde die Hälfte der Ungarndeutschen enteignet und vertrieben, die anderen wurden magyarisiert.

Als wir vor einem Burgerladen sitzen, kommt Johann um die Ecke. Julia erkennt ihn von den Fotos aus dem *Klub Drushba* und lädt ihn ein, sich zu uns zu setzen.

Wir sprechen über die letzten Etappen bis Budapest. Etwas mehr als sechzig Kilometer, die Donau und das Pilis-Gebirge trennen uns noch vom Ziel.

»Also nur ein kleines Stückchen«, stellen Johann und ich fest.

»Macht das mal nicht so klein! Für mich ist das trotzdem eine große Strecke!«, ruft Julia empört.

Als wir später im Bett liegen, sagt sie: »Der Johann ist total verknallt in dich! Das sieht ja ein Blinder mit Krückstock!«

»Na ja, dafür hat er sich in der letzten Zeit aber ziemlich blöde benommen.«

Ich berichte Julia von der ungünstigen Dreier-Konstellation, in der das Männerduo ständig von meiner Bildfläche verschwand wie der große Houdini.

»Unterstreicht meines Erachtens eher noch meinen Eindruck. Der wollte sich seine Gefühle vor seinem Kumpel bestimmt nicht eingestehen.«

Ich denke, wir haben beide Schwierigkeiten, zu akzeptieren, dass die Tür, die wir für die Welt des anderen geöffnet hatten, keine ist, die man einfach wieder schließen kann, ohne dass es wehtut. Trotzdem bin ich mir sicher, dass das Ende der Wanderung auch das Ende der Liaison ist. Also antworte ich Julia, mit dem, was Johann und ich uns gar nicht oft genug versichern können: »Wir passen halt gar nicht zusammen.«

»Ich finde ihn nett. Aber eine Sache geht gar nicht. Was ist das bitte für ein Bild auf seinem Handy? Ich finde das einfach schändlich!«

»Der ist halt 'n richtiger Bauarbeiter. Ich find's auch furchtbar, aber ich häng mich da nicht rein.«

»Was er wohl sagen würde, wenn du ein Bild von einem halbnackten Mann auf dem Handy hättest?«

»Probieren wir es doch aus! Es muss aber ein Cowboy sein!«

Wir hatten nämlich einst einen Mitbewohner aus Kansas. Einmal berichtete er von den Viehherden, die durch seine Heimat getrieben wurden. »Ich liebe Cowboys!«, rief ich.

»Have you ever seen a real cowboy?«, fragte er.

Und als ich aufzählte, was ich an Cowboys sexy fand, antwortete er mit hochgezogenen Augenbrauen: »Rebecca, I ask you again: have you ever seen a real cowboy?«

Kichernd verbringen Julia und ich die nächsten Minuten mit der Suche nach einem sexy Cowboy. Wir werden schnell fündig: Sixpack, Jeans, Lederchaps und ein tief ins Gesicht gezogener Stetson – dieser Mann wird mein neues Hintergrundbild, auch wenn ich mich dafür schäme.

Mit der Autofähre geht es rüber nach Visegrád und steil hinauf zur gleichnamigen Burg. Die Wege im Pilis-Gebirge sind still, wir plaudern und planen, was wir uns in Budapest alles ansehen wollen. Julia hat einen Reiseführer dabei und für mich außerdem eine Tratsch-Zeitschrift. Ich bin ganz neidisch auf Julias Strohhut. Der sieht viel besser aus als mein Idiotenhut, ist luftiger, lässt sich wunderbar zusammenknautschen und am Rucksack verstauen.

Julia beneidet an meinem Outfit nichts, im Gegenteil, alle paar Minuten beschwert sie sich über meinen Gestank. Sie ist sicher, dass mein T-Shirt der Übeltäter ist. Dabei habe ich es gerade erst ausgewaschen. Ich versuche, Abstand zu halten und presse meine Arme fest an den Körper. Die Fernsichten auf die Donauschleifen sind immer wieder phänomenal: Milchig türkis schimmert der Fluss zwischen den sanften Hügelketten, Sandbanken leuchten in der Sonne.

Zum Abendessen gibt es endlich mal Abwechslung: Julia hat Hirse mitgebracht, die wir mit Nüssen und Trockenobst aufpeppen.

Auch Julia wird im Zelt zur Langschläferin. Entweder bin ich ansteckend oder das Wandern schlaucht stärker, als alle dachten. Der zweite Tag ist ebenso ruhig wie der erste. Breite Forstwege und schmale Steige führen von Wiesentälern zu Höhenzügen.

Ab und an streifen wir eine Ortschaft. Dass die Großstadt nur noch einen Tagesmarsch entfernt ist, ahnt man nicht. Die Landschaft wirkt ruhig, verlassen und ärmlich.

In der letzten Nacht schlagen wir das Zelt zwischen den Mauerresten einer verlassenen Burgruine auf und kochen auf groben Steinbrocken. In dieser letzten Zeltnacht zeigt die Natur noch einmal alles, was sie draufhat: Ein Gewitter zieht urplötzlich laut und scheppernd auf, dann fängt es an zu regnen. Der Geruch der feuchten Erde weht modrig und lehmig ins Zelt.

Morgens rufe ich: »Juchu, das war die letzte Nacht in diesem stinkenden Zeug! Ich habs nur noch ausgehalten, weil ich wusste, dass es das letzte Mal ist!«

Julias trockene Antwort: »Ich auch …«

Ständig klingelt Julias Telefon. Mal ist ein Mitarbeiter nicht zum Dienst erschienen, mal müssen die Bestellungen beim Großhändler aufgegeben werden. Julia telefoniert, organisiert, delegiert. Ich schlendere neben ihr her und bin froh, nicht mehr die Organisation und Verantwortung innezuhaben.

Trockenes Kastanienlaub raschelt unter meinen abgetretenen Schuhsohlen. Julia kann es kaum noch erwarten, endlich in Budapest anzukommen: Sie hat sich noch schlimmere Blasen gelaufen als ich zu Beginn der Tour.

Ich hingegen werde mit jedem Schritt langsamer. Mit dem seltsamen Gefühl, dass dieser lange Weg in wenigen Metern sein Ende hat, dass in wenigen Minuten die Wanderung vorbei sein soll, kann ich nicht umgehen.

Und vorbei ist es dann ganz plötzlich: Der Wald spuckt Julia und mich auf einem schäbigen Parkplatz an einer stark befahrenen Straße aus. Dort stehen wir für einen Moment irritiert blinzelnd in der Mittagssonne, atmen die Abgase der vorbeirauschenden Autos ein, bevor wir Johann vor einer Hamburger-Bude am Rande des Parkplatzes entdecken, wo er wartet, damit wir zusammen am Ziel eintreffen. Wir müssen nur noch die Straße überqueren, um zur Kindereisenbahn, dem offiziellen Endpunkt des EB, zu gelangen. Seite an Seite marschieren Johann und ich zur kleinen Schautafel an der Mauer des Bahngebäudes, die so unauffällig ist, dass man sie beinahe übersieht. Was mit einer vergessenen pinken Regenjacke begann, findet sein Ende darin, dass wir in den Chroniken der Interessengemeinschaft EB als Nummer 85 und 86 der Menschen geführt werden, die die 2.690 Kilometer seit der Gründung des EBs im Jahr 1983 bewältigt haben und als 13. und 14. derer, die es in einem Rutsch schafften.

Julia zaubert zwei Piccolos aus ihrem Rucksack. Bevor wir anstoßen, informiere ich als erstes meine Kinder, dass ich es geschafft habe, und dann den *Klub Drushba*.

Der Sekt prickelt, die Sonne scheint. Es ist einfach ein ganz normaler Nachmittag, aber alles fühlt sich unwirklich an. Die Stimmen von Julia und Johann, die Geräusche der Schnellstraße, der Verkehrslärm und seine Gerüche dringen nur gedämpft zu mir durch.

Ich bin also am Ziel angekommen. Und wo bleibt das Feuerwerk im Kopf, die Erleichterung oder der Stolz? Ich ahne es: Das alles ist längst schon da. Denn nicht im Ankommen liegt die Veränderung, sondern im Losgehen.

EPILOG

Sachsen/Thüringen, November 2019

Im November hole ich die Merinowäsche aus dem Gefrierfach, wo ich sie prophylaktisch verstaut hatte, falls trotz aller chemischen Keulen doch noch Motten in meinen eingelagerten Habseligkeiten überlebt haben sollten.

Das EB-Jahrestreffen steht an und da an diesem Wochenende auch ein Stück auf dem EB gewandert wird, brauche ich, was ich von meiner Ausrüstung noch habe.

Das erste, was ich in Budapest tat, noch bevor ich duschte: Meine Schuhe in der Mülltonne versenken. Ich entsorgte auch den Hape-Kerkeling-Gedächtnis-Hut, denn damit sah ich wirklich idiotisch aus. Auch die Shorts, die so ausgeblichen und ausgeleiert war, dass ich zuletzt den Gummizug mit dem Bärenseil hatte ersetzten müssen, wanderte in den Mülleimer. Die zerlöcherten Wollunterhosen hatten ihren Dienst mehr als getan. Zu Guter Letzt beerdigte ich feierlich die pinke Regenjacke unter der Klappe des Müllcontainers. Sie war längst nicht mehr pink und außerdem undicht.

Die Vorfreude, die ich bei der Vorstellung, was ich in Budapest alles kaufen würde, verspürt hatte, schlug beim Betreten des ersten Ladens in völlige Überforderung um. Ich war erschlagen vom Angebot und kaufte nur ein Outfit. So lief ich in den vier

Tagen, die Julia und ich in Budapest verbrachten, doch täglich in denselben Kleidern herum und fühlte mich pudelwohl dabei. Ich kaufte weder Souvenirs noch Mitbringsel. Diese Konsumverweigerung bezog sich allerdings nicht aufs Essen, da war ich dem Überangebot heillos ausgeliefert.

Julia und ich fuhren mit dem Nachtzug zurück nach Leipzig. Als Erstes tranken wir einen Kaffee am *ZierlichManierlich*. Zwei Tage später bekam ich die Schlüssel zu meiner neuen Wohnung, die mir dank der Leipziger Mitglieder vom *Klub Drushba* vermittelt wurde. Beim Umzug halfen Magdalena, Gaëlle, Moustafa und meine Söhne. Es ist toll, so starke junge Männer als Söhne zu haben. Ich platze vor Stolz und bin erleichtert, dass sie in meiner Abwesenheit den Sprung ins eigene Leben geschafft haben.

Von der Mutter meines Exfreundes habe ich zum Einzug eine Flasche Sekt, Schnapspralinen und das Fotoalbum bekommen, das ich ihm in glücklichen Tagen zum Geburtstag geschenkt hatte. Bis heute hat er nichts von seinen Habseligkeiten bei seinen Eltern abgeholt und nun beginnen sie, seine Sachen wegzuwerfen. Dass das schöne Album auf dem Müll landete, wollte ich nicht. Als ich es durchblättere, muss ich lachen. Trauer oder Wut empfinde ich nicht. Da ist kein Schmerz mehr. Die Ränder der Wunde sind verschlossen, die Narbe noch jung, aber dick und zäh.

Motten haben sich bisher keine blicken lassen.

Meine Haare bleiben kurz und sie bleiben grau, bis ich eines Tages vor dem Spiegel stehe und denke: Das muss rot. Oder blau oder pink. Viele bedrängen mich geradezu, meine Locken wieder wachsen zu lassen und zu färben. Sorry Dudes, aber ich bin jetzt Adventurerin. Und Adventurer haben keine Zeit, sich alle drei Wochen den Ansatz nachzufärben. Witzigerweise werde ich jetzt viel häufiger gefragt, ob ich färbe, als zu den Zeiten, als ich es wirklich tat. Manche sagen aber auch: »Du siehst so alt aus mit den grauen Haaren.« Ich denke dann: Nicht ich sehe alt aus, meine Haare sehen alt aus. Änder mal deine Sehgewohnheiten, denn wäre ich ein Mann, hättest du diese Assoziation nicht. Und alt werden müssen wir alle.

Der *Weg der Freundschaft* hat meine Freundschaften definitiv nachhaltig verändert. Sie sind noch inniger und intensiver geworden als zuvor. Ich habe viel weniger Ängste als bei meinem Start ein halbes Jahr zuvor, denn ich weiß, wer solche Freunde und Freundinnen hat, der braucht sich vor nichts zu fürchten.

Neue Wutzideen gibt es natürlich auch. Und eins ist sicher: Der *Klub Drushba* wird Teil davon sein.

By the way: Zum EB-Jahrestreffen fahre ich mit Johann. Sigmund Jähn, in dessen Geburtsort Morgenröthe-Rautenkranz wir uns kennenlernten, ist im September verstorben. Die Montanregion Erzgebirge, Johanns Heimat, wurde in die UNESCO-Welterbeliste aufgenommen. Sein Handy ziert jetzt ein Foto von seinem Zelt. Ob das was mit dem sexy Cowboy zu tun hat, weiß ich nicht. Aber ich war dabei, als Johann ganz unvermittelt rief: »Ach, das gibt mir irgendwie auch nix mehr!« Und das Pin-up löschte.

Das Treffen findet am Schleizer Dreieck statt, und damit ausgerechnet an einem Teilstück des EB, das ich als furchtbar trist in Erinnerung habe, weil man erst über die A9 läuft und dann an der Schnellstraße entlang, um schließlich ein Stück auf der ältesten Rennstrecke Deutschlands zu marschieren. An den Bäumen, an denen damals junges grünes Laub sprießte, hängen nur noch einige traurig vertrocknete Blätter. Die Wiedersehensfreude mit dem Commander ist riesig.

Wir zwei Neulinge sind die Jüngsten. Wir dürfen uns auf dem Wimpel verewigen, auf dem kaum noch Platz für neue

Unterschriften ist. Verblasste, über dreißig Jahre alte Signaturen wechseln sich mit denen neueren Datums ab. Unter den Teilnehmern trägt manch einer die Jacke, mit der er schon zu DDR-Zeiten wanderte. EB-Stempelhefte werden stolz herumgezeigt und mit dem Stempel zum aktuellen Jahrestreffen aktualisiert. Dafür, dass wir uns mit dem Handy durch die Wälder navigierten, hat manch Hartgesottener nur ein verächtliches Schnauben übrig.

Alle gehen davon aus, dass Johann und ich den EB von Anfang an zusammen bezwungen haben. Wir klären die alten Hasen auf.

»Das hat es ja noch nie gegeben!«, rufen sie begeistert. »Dass sich zwei auf dem EB finden! Und das alles wegen einer Regenjacke!«

»Und die war auch noch knallpink!«, empört sich Johann und erhält gleich noch mehr Bewunderung.

»Johann, die halten uns für ein Pärchen!«, flüstere ich ihm zu.

Ganz falsch liegen sie nicht: Entgegen unserer Erwartung treffen wir uns auch nach der Wanderung regelmäßig: Jedes zweite Wochenende ist jetzt Johann-Wochenende. Manchmal bleibt eben doch nicht alles auf dem EB, was auf dem EB bleiben sollte.

INHALT